U0716769

英豪
YingHao

21世纪 人力资源管理专业系列教材

培训与开发

（第二版）

主　编　杨生斌

副主编　肖　平　高恺元

西安交通大学出版社
XI'AN JIAOTONG UNIVERSITY PRESS

内容提要

　　培训与开发是人力资源管理的一项重要职能和手段。本教材在对培训与开发历史回顾的基础上,主要介绍了以下内容:员工培训的内涵、培训制度与培训流程;培训的战略层面、任务层面和人员层面需求分析的方法;培训项目的目标设定、计划制定、课程设计及教师遴选的注意事项;传统的培训方式、新兴的培训方式以及培训方式的选择;管理技能培训项目的设计;培训效果的评价内容、评价模型、评价方法与过程;学习型组织、学习型员工以及学习型组织的五项修炼。同时结合每章内容附有生动的培训案例、相关资料及思考练习题。

　　本教材内容新颖,体系完整,详略得当,理论与案例相互支持,文字通俗简明,适合于人力资源管理专业及管理类专业的学生使用,也可作为人力资源培训教材,同时可供理论工作者和实际工作者参考。

图书在版编目(CIP)数据

　　培训与开发/杨生斌主编. —2 版. —西安:西安交通大学出版社,2017.3
　　ISBN 978 - 7 - 5605 - 9479 - 8

　　Ⅰ.培... 　Ⅱ.杨... 　Ⅲ.企业管理-职工培训-教材
Ⅳ.F272.92

　　中国版本图书馆 CIP 数据核字(2017)第 052725 号

书　　名	培训与开发(第二版)	
主　　编	杨生斌	
出版发行	西安交通大学出版社	
地　　址	西安市兴庆南路 10 号(邮编:710049)	
电　　话	(029)82668357　82667874(发行部)	
	(029)82668315(总编办)	
印　　刷	陕西元盛印务有限公司	
字　　数	256 千字	
开　　本	727mm×960mm　1/16	
印　　张	14.25	
版　　次	2017 年 3 月第 2 版　2017 年 3 月第 5 次印刷	
印　　数	9001～11000	
书　　号	ISBN 978 - 7 - 5605 - 9479 - 8	
定　　价	34.80 元	

英豪21世纪人力资源管理专业系列教材

编写委员会

学术指导:席酉民

编委会主任兼总主编:杜跃平

编委会副主任:李增利

编委委员(按姓氏笔画排序):

王林雪　孙　波　李　明　李　莉

苏列英　张　琳　杨生斌　林　筠

高　艳　高恺元　夏彩云　魏　伟

总　　序

　　进入 21 世纪以来,经济全球化、全球市场化的进程不断加快,人类正在迈向知识经济时代。从农业经济到工业经济,再到服务经济或以体验经济、眼球经济等各种特征组合成的新经济,除了管理的重心逐步从价格、质量等转向创新、反应速度、信誉等外,经济社会发展所依赖的关键资源也由原来的土地、劳力、资本逐步转向信息、经营能力、知识等(即使在我国经济尚处于多元化的状态下,这种趋势也是明显的)。换句话说,知识、人才等智力资本正在成为经济增长和发展的基础性、关键性、战略性资源。高素质人力资源的知识、能力和创造力,是国家、地区、企业获得竞争优势的根本源泉,高素质人力资源的开发与争夺日益成为国家、地区、企业之间竞争的焦点。各国政府和企业越来越重视人力资源的开发与管理,纷纷采取各种措施努力提升人力资源的素质、能力和知识结构,为参与日益激烈的竞争创造持续的动力和源泉。

　　传统经济学一般认为,决定经济增长的基本要素是人、土地、资本,人被看作是"非资本的"一种自然状态的劳动力,而没有真正考虑到劳动者所拥有的知识和技能的价值与作用。战后以来对经济增长和发展的研究揭示了一个新的现象,在不同的国家和地区,相同的实物资本总投入量带来了差异悬殊的收益增长。经济分析和研究发现,这种差异的真正根源在于人力资源质量的差异,即是由人力资源的知识水平和能力差异所导致的人力资源使用效率的差异所形成的。当代经济学家普遍认为,土地、厂房、机器、资金已不再是国家、地区和企业致富的根本源泉,唯独人力资源才是企业和国家经济社会发展之根本。人力资源是决定经济增长的第一资源。正如西奥多·舒尔茨所指出的"人类的未来并不取决于空间、能源和耕地,而将取决于人类智力的发展"。当代经济学理论的创新,一方面反映了新的经济演化本质和特征;另一方面也不断凸显了人力资源和人力资本在未来经济增长和发展中具有的基础性、战略性地位。

　　在现代经济学不断创新和发展的同时,现代管理学理论和实践模式也在实现着创新和发展。无论是管理学中的人性观的变化,还是系统管理理论的创新、管理目标和模式的调整,日益体现了以人为本的思想和理念,特别是从传统的人事管理向人力资源管理和战略性人力资源管理的变革,集中体现了经济学理论的创新成果和管理理论与实践的创新需要——即人力资源是第一资源，人是企业主体，人在管理中居于主导地位。

当今世界，多极化趋势曲折发展，经济全球化不断深入，全球化市场竞争日益加剧，科技进步也日新月异，人才资源及其作用的发挥在综合国力和竞争中的战略地位及决定性意义日益凸显。本世纪头20年是我国落实科学发展观与建设和谐社会的关键时期，我们面临诸多挑战，特别是在人才及其选拔和作用机制等管理方面的挑战最为严峻。和谐社会，贵在形成一种人尽其才、物尽其用、"君子和而不同"的"多元统一、异质同构"的社会机制和环境，而其中人才的培养、选拔和使用机制及管理又是关键因素。只有努力造就数以亿计的高素质劳动者、数以千万计的专门人才和一大批拔尖创新人才，建设规模宏大、结构合理、素质较高的人才队伍，把我国从人口大国转化为人才资源强国，才能大力提升国家核心竞争力和综合国力，完成建设和谐社会的历史任务，实现中华民族的伟大复兴。

但是，人力资源的主导地位并不必然导致现实的竞争优势，资源优势的发挥依赖于对人力资源的有效开发和管理。因此，人力资源开发与管理具有特别重大的战略意义。

人力资源管理是世界各国，也是我国多层次工商管理教育和培训课程中一门重要的核心课程。由杜跃平教授主编完成的这套《英豪21世纪人力资源管理专业系列教材》，在选题和编写中，体现了知识结构的系统性、理论与方法的前沿性、管理实践的应用性、体裁形式的活泼性，是一套特色鲜明，具有较高水平的作品。

我国从国外引入人力资源管理学科的时间还不长，我国的经济体制和经济发展正处于转型时期，企业管理的变革和创新十分活跃，如何在引进、借鉴国外先进科学的人力资源管理理论与方法的基础上，结合我国经济改革和企业管理的实际，实现我国体制与文化下人力资源的有效开发与管理，仍然是摆在人力资源管理研究者、教育者和实践者面前的重大课题。希望我们不懈努力、积极探索，为形成一种有效的培养、挖掘、释放人力资源能量的适合中国国情的管理机制和环境而出力献策！

西 安 交 通 大 学 副 校 长
教育部高等学校工商管理类学
科专业教学指导委员会主任
管 理 教 授 、 博 士 生 导 师

2006 年 8 月于西安交大管理学院

前　言

　　人力资源是企业的第一资源,人力资源管理是企业管理的重要职能之一。如何有效地进行企业人力资源开发与管理,关系到企业的生存与可持续发展。我国改革开放以来,企业管理的变革不断推进和深化。传统计划经济条件下的人事管理正在向现代市场经济条件下的人力资源管理转变,培养和造就一大批具有国际化、科学化、专业化和本土化的高素质人力资源管理研究者、教育者和实践工作者,是不断提高我国企业管理水平和市场竞争力的一项基础性、战略性的工程。

　　人力资源管理学科兴起和发展于西方发达国家,是改革开放以来引入我国的一门新兴管理学科。如何在引进、借鉴的基础上,紧密结合中国经济发展、企业管理和社会文化背景,实现集成创新和引进消化吸收再创新,是我国人力资源管理领域所面临的一项重大课题。我们在长期的研究、教学和管理实践的基础上,通过大量深入的调查研究,为了适应人力资源管理教学和培训的新需要,组织相关人员编写了这套《英豪21世纪人力资源管理专业系列教材》。丛书的作者都是来自高等院校长期从事人力资源管理教学和研究的专业教师以及企业人力资源管理工作者,他们一方面在人力资源管理理论与方法上有一定的研究和积累,在人力资源管理的咨询、教学和企业培训方面有着丰富的经验;另一方面在长期的企业人力资源管理实践工作中,形成了许多宝贵的、有效的实践技能和方法。这些都为编写这套富有特色的丛书提供了有利的条件和基础。这套丛书具有以下几方面的特色:

　　一是体系的系统性和重点性相结合。丛书的整体策划和分册的设计基本涵盖了这门学科的整个框架,具有系统性;同时,各分册的选题和体例设计中,注重突出人力资源管理学科的核心内容,进行合理选择,力求实现人力资源管理各个核心模块的内容系统、原理准确、重点突出、方法与技术实用、技能性和可操作性强。

　　二是内容的前沿性和作者的研究性相结合。在各分册的编写中,作者尽量收集、整理了国内外相关领域的最新研究成果,并努力恰当地融入写作中,使读者能够通过本书的阅读了解国内外人力资源管理研究的最新进展和创新成果;同时,由于人力资源管理学科是一门还不成熟的学科,许多方面还处于研究和不断完善之中,尤其如何结合我国的实际创造性地应用和发展,是值得深入研究的问题,作者在对某些问题的长期思考和研究中已经形成了自己的看法和成果积累,在写作中也有选择性地在内容中有所体现。尽管某些成果还不成熟,但是也希望与读者共同分享和思索,体现了作者的研究特色。

三是原理的一般性与本土实践经验的提炼原创性相结合。人力资源管理作为一门国内外公认的管理学科,具有它自身基本原理的一般性、共同认可性,在编写中必须准确地反映。同时,由于人力资源管理实践在不同经济、文化背景下又体现了自己的特殊性。因此,作者在写作中将自己为企业的咨询、培训、管理实践的一些体会和有效的做法进行了一定的总结提炼,并在书中给予恰当的反映,体现了一定的本土性和原创性。

四是体例设计上体现了新的风格。在编写中,我们在各章中按照问题引导、材料阅读思考、原理与方法工具介绍、思考题和案例讨论的顺序进行体例设计。在案例选择上尽可能新颖、典型,使读者在阅读中循着提出问题、分析问题、解决问题、案例讨论、总结反思的逻辑过程做到理论与实际相结合,原理与案例相结合,传授知识与培养技能相结合,讲授与讨论相结合,以此达到学习目标与实践效果的统一。本丛书适合高等院校的经济学、管理学的研究生、大学生教学之用,也适合各类企业的专业培训和社会有关人员自学。

五是作者的团队合作。本套丛书的作者均是来自高等院校和企业中专门从事人力资源管理教学、研究、培训和管理实践的人员。他们在人力资源管理领域均有较高的造诣,富有思索和创新精神,知识结构合理,实践经验丰富,从而保证了丛书的编写质量。

本套丛书由陕西英豪人力资源管理公司策划组织。公司在工作人员保障、经费支持、组织运作中提供了条件。本套丛书由七个分册组成,分别是《人力资源管理概论》《工作分析与职位评价》《员工招聘》《绩效管理》《薪酬管理》《培训与开发》《人才测评与职业生涯管理》。作者分别来自西安交通大学、西北大学、西安电子科技大学、西北工业大学、西安石油大学、西安理工大学、西安工业大学、陕西科技大学以及一些知名的管理咨询公司和企业。丛书由西北大学经济管理学院教授、博士生导师杜跃平任总主编。他提出选题和体系安排,在经过编辑委员会成员讨论通过后,由分册主编负责组织编写。初稿完成后,由总主编对各个分册书稿进行审查、修改、定稿。

特别值得一提的是,在丛书的策划与编写过程中,我们得到了我国著名管理学家、西安交通大学副校长、博士生导师、教育部高等学校工商管理类学科专业教学指导会主任席酉民教授的大力支持和悉心指导。他在百忙之中欣然同意担任这套丛书学术指导,并且为丛书作序,使我们感到莫大的荣幸和鼓励。在此,我们全体策划、编写人员谨向他表示最衷心的感谢。

当然,这套丛书的质量和水平还有待读者去评判。作为一种探索和尝试,本套丛书自然还有许多值得探讨和改进的地方,但是我们毕竟走出了第一步,希望读者和同行专家对丛书提出宝贵的修改意见。我们将在不断修改和完善中努力提高水平,以期能为人力资源管理理论和实践水平的提高贡献我们的一份力量。

《英豪 21 世纪人力资源管理专业系列教材》
编辑委员会
2006 年 8 月于西安

目　录

案例分析

绪　　论

一

西方有一句谚语："聪明地执行一个糟糕的计划比糟糕地执行一个聪明的计划要好一些。"计划只是计划,再好的计划,再好的战略,如果缺乏一个相应的、有效的执行过程的支持,计划本身也就失去了意义。一个计划要"聪明地"得到执行,靠的是什么呢? 显然,靠的是计划所关联的人。同样一个计划,由不同的人来执行,会有着迥然不同的两个结果,对于一个组织的领导岗位是这样,对于一个组织的每个具体工作岗位也是这样。

这就是"事在人为":人——为——事。"为"即人的"行为",人的行为的差异,决定着"事物"的不同路径、不同过程和不同结果。而"行为"的不同,则是由"人"的差异造成的。不同的人,有着不同的个性、不同的知识、不同的能力和不同的做事态度,从而出现不同的思维方式和不同的行为方式,进而形成不同的行为结果。所以,"人"通过自己的"为"影响"事"。要做好一件"事",必须从"人"入手。

而"人",则是一个复杂的主体,有感情、有思维、有自己的行为,完全不同于"物",具有复杂性、多变性和难以控制性。一个人,本身就是由很多变数所构成的,而一个组织,数十人、数百人、数千人、上万人,其变数的庞大是可想而知的。左右一个人尚是一件难事,驾驭一个组织则更是一项颇具难度的艺术。

但一个组织要完成自己的使命,必须有一个符合组织发展使命需要的员工群体的支持。那么,如何协调这一矛盾呢? 解决这一问题是一个难题,但并不说明没有办法。任何事物都具有自身发展的规律,而按照组织发展的需要,对员工提供相应的培训和开发,则是解决这一问题的一个有效途径。

二

欧洲及北美的某些企业每年花费 10 亿美元来进行员工知识、技术和能力的更新,其目的就在于希望通过培训使每家分公司、每个部门和每位员工都能理解公司的整体战略,更重要的是实施公司的整体战略。另外,希望通过这些措施来消除企业发展的障碍,比如知识和技术的缺乏,或是根深蒂固的坏习惯——这些会阻碍企业计划的执行。因此,培训和开发的目的是为了创造出杰克·韦尔奇(通用电气前任 CEO)所说的"无障碍组织"①。

管理者希望能够改变员工的思维模式和行为模式,用联想集团柳传志的话来讲,就叫"入模子教育"。

为了改变员工的思维模式和行为模式,心理学家建议企业应该提高员工个人的自我意识、知识和能力,并鼓励员工将新的知识和能力应用于工作当中。

自我意识包括对自己职位和责任的理解。通过培训能够使员工看到自己的行为与企业的文化或价值观之间的差距。培训还能够帮助员工知道别人是如何看待自己的,并让自己知道这些感觉会对别人追求组织目标的方式产生什么样的影响。

之所以强调知识和技能,是因为技术革新要求办公室工作人员在他们的职业生涯中要经历5～8次的再培训。如果人们发现工作要求他们掌握更强的解决问题的能力、分析问题的能力以及团队工作能力,而他们先前所接受的培训并没有为他们培养这方面的能力时,自然就会感到沮丧。美国的创新领导中心(CCL)的报告指出,领导失败的主要原因就是因为他们缺乏人际交往能力和应对变革的能力。

三

据 Blackwell《人力资源管理学百科辞典》③,当学习的事件以系统的方式进行规划,并同工作中的事件相联系时,就叫作培训项目(training program)。从这个角度,培训过程被定义为系统地获得能够提高工作绩效的技能、规则、概念或态度。因此,培训项目能够被设计用来训练出一个更加善解人意的上司或者一个技术更加过硬的技师。

一个完整的教育系统模型包括三个要素:需求评估,培训和开发以及培训评价。有效的培训要强调细致的需求评估,强调为达到教育目标而精确控制的学习过程,以及强调对绩效标准和评估信息的采用。

1. 需求评估

需求评估包括一系列对组织、工作以及实施工作的个人的评估,然后在充分分析的基础上为培训系统的设计和评估提供依据。按照心理学家的说法,"如果你知

①② 詹姆斯·皮克福德. 人员管理精要[M]. 佟博,李小北,译. 北京:经济管理出版社,2003:304 -305.

③ 劳伦斯·H. 彼德斯,等. 人力资源管理学百科辞典[M]. 牛雄鹰,魏立群,译. 北京:对外经济贸易大学出版社,2002:378 - 379.

道人们期望的结果是什么,你就能知道他们做某件事的原因;如果你改变了他们的期望,你就能改变他们的行为。"因此,有效的培训必须建立在充分了解员工需要的基础上。任何培训分析都必须明确指出人们应该做什么、不应该做什么,以及在实施战略过程中应该如何做。

2. 培训和开发

培训可以分为以技术为基础的培训、管理者(高层、中层)培训、对继任者的培训以及指导员工自我管理的培训。

培训是一个充满技巧的过程,需要一个支持性的学习环境。组织希望培训项目可以达到的目标是多种多样的。比如:减少事故发生率、实现一个更好的以消费者为目标的管理系统、增加一些健康导向的生活方式,从而减少因疾病和压力而导致的工作时间的减少等。培训虽然不是能够解决一切社会问题的灵丹妙药,但是设计良好的培训项目已经取得了有益的结果。

在过去的 20 年间,人们总结出了四条有助于提高培训效率的原则①:

(1)安排任务时,确保员工能够获得早期的成功,为人们提供稍加努力就能实现的任务。成功会鼓舞斗志,接受培训者会说:"现在我觉得自己能行。"

(2)为接受培训的人寻找那些条件相仿的人。他们或者已经成功地完成了任务,或者正在努力的过程中,这样,接受培训的人就可以与这些他们认可的、已经完成了课程任务的人们进行交流。作为培训课程的一个常见要素——"标杆作用",虽然"效果最佳",但往往让效率较低的个人或群体感到遥不可及,并受到打击。

(3)为个人和群体确定"重要人物"。人们倾向于按照自己认为的重要人物的期望来行事。这种现象具有两面性:具有影响力的人能够帮助你,也能够毁灭你。培训者应剔除那些会损害参与者自信的人,挖掘那些能够促进参与者信心的人。

(4)设定学习目标。当人们缺乏完成任务所需要的知识或技能时,就应该为其设定学习目标;如果主要的问题是激励而不是学习,则应该设置结果目标。结果目标描绘出期望中的最终状态,比如"将收入提高 18%"。学习目标强调找到解决问题或是完成某项任务的方法,比如"找到五种提高收入的具体方法"。培训者应该让参与者找到完成任务的方法。一旦设定了学习目标,学习的绩效水平就会得到大大提高。

3. 培训评估

在实际工作中,进行培训后的跟踪调查能够让受训者和组织获知培训项目是否取得了期望的结果,是否需要对培训项目进行必要的改变以保证其有效性。从长远来看,系统性的评估所提供的信息能够导致培训项目的改进,而这种改进是组

① 詹姆斯·皮克福德. 人员管理精要[M]. 佟博,李小北,译. 北京:经济管理出版社,2003:306-311.

织目标得以实现的保证。

按照心理学的说法，"能够测量的才能得到实现"，无法测量的则难以实现或者难以证实是否已经实现，这就要求在评估中能量化的一定要量化，不能够量化的要尽量细化。但是，如果组织的测量体系与组织的使命和价值观不一致，大多数人就会只注意测量标准，而忽视组织的价值观。为了确保从培训中获得的知识能够应用于工作中，管理者就必须找到一种方法来评估对接受培训者的影响，并将这种度量手段与绩效评估的过程结合起来。同样，薪酬和晋升也必须在某种程度上与培训技能在工作场所的应用结合起来。因为"只有那些获得嘉奖和奖励的人才能在工作中有所表现"。管理者应该对项目进行严格的评价。如果人们在接受培训后并没有在实施战略的效率上有所提高，或者并不比没有接受培训的人做得更好，那么这个项目就应该立刻停止。

四

培训在企业人力资源管理方面的重要性已经被中外成功企业所证明，其重要性也日益为更多的企业所认识。培训，说到底就是开发企业实施发展战略所需要人力资源的一种有效手段。

但在培训实践中也存在一些相互矛盾的现象。

一种现象是：作为组织的骨干人员，往往由于责任重大，离不开岗位、抽不出时间进行培训，而岗位不重要的人，则有较多的时间参加培训。也就是说，企业发展战略所需要的人员往往培训机会少，而对企业发展战略贡献不大的人则有着更多的培训时间和机会。这种现象存在于部分国有企业和事业单位。这类组织说到底还是没有把培训作为企业发展的一种战略手段来看待，"培训发挥着非培训的作用"，培训原本的功能没有发挥出来，与此相关的是，这种所谓的培训往往与组织战略的联系松散，培训具有很大的随机性和偶然性。当然，要改变这种情况，需要从组织发展战略的高度来重新审视和认识培训，挖掘培训对组织战略发展的内在功能，提高培训在组织发展战略中的贡献率。

另外一种现象是：培训以后，员工的流动性明显加速了。能力较弱的员工，原本流不出去，经过企业投资进行培训后，个人资本增长，跳槽现象普遍。这一现象打击了企业对员工进行人力资本投资的积极性。不培训开发，企业的人力资源水平低，进行培训投资后，培训后的员工又很容易跳到其他企业或者增加了与企业讨价还价的资本，企业的投资为别人做了嫁衣，在某种程度上变成了一种"准公共品"。这种现象主要存在于一些处于发展期的企业或者综合条件比较弱的企业，这些企业本身竞争力不强，既需要人才，又容易流失人才。这确实是一个困扰某些中小型企业的普遍问题，解决之道当然还是要结合企业实际，采取相应的人力资源政策和措施。

　　雇主和员工之间的相互责任形成了所谓的"心理契约(psychological con-tract)"。所谓心理契约,是指一种个人的信仰体系,它能够被组织所塑造,是个人和组织之间的一种交换协议的体现。它包含两个方面:一是雇员确信的组织对自己的行为的期待(例如绩效需求);二是他们对能够从组织中获得的回报的期待(例如薪酬、福利、持续雇用)。理想的契约应该明确员工和组织双方的期望。然而由于有限理性的存在限制了个人信息的取得,一般的契约都是不完备的,并且不断变化的组织环境,使得要明确所有可能出现的情况成为不可能。20世纪80年代,由于合并、收购以及重组导致的员工流失,"心理契约"这一概念开始流行起来[①]。

　　这种契约比正式的契约更为稳定,它不仅规定了员工的义务和行为方式,也规定了雇主的义务和行为方式。尽管这种契约很少有书面形式,但它却在组织中不断地重复出现,所以员工很容易就能记住它。一旦这种契约被打破,员工就会第一个发觉。然而,打破或者修改这种社会契约正是企业经常做的事情。员工为了获得工作保障而回报雇主以忠诚和责任感。一旦员工失去了工作保障——也许是因为企业要缩减规模——他们就会失去对公司的信仰[②]。对员工进行培训开发,是对员工进行的一种人性化投资,从某种程度上来讲,培训也是改良员工与雇主之间心理契约的一种有效途径。

　　发达国家在其发达的市场经济和社会背景下形成了一套比较成熟的培训开发理论。本书也主要是介绍西方的理论,这些理论对于我国企业的人员培训具有重要的借鉴意义。但是如何在我国不同的行业、不同规模的组织内形成一个有效支持组织发展战略的人力资源培训开发体系和机制,则有赖于我们在实践中进行不懈地探索。

---

　　① 劳伦斯·H.彼德斯,等. 人力资源管理学百科辞典[M]. 牛雄鹰,魏立群,译. 北京:对外经济贸易大学出版社,2002:296.

　　② 詹姆斯·皮克福德. 人员管理精要[M]. 佟博,等,译. 北京:经济管理出版社,2003:314

第 *1* 章

培训与开发概述

　　员工培训开发是企业为了实现其目标和满足个人发展需要,使员工通过学习获得有利于完成工作任务的知识、技能、观点、动机、态度、行为,以提高员工岗位工作绩效和个人素质所进行的有计划、有系统的战略性人力资本投资活动过程。随着经济全球化和知识经济的到来,人力资源已成为企业赢得竞争优势的关键,员工的培训和开发日益发挥重要的作用,成为企业发展的战略性要求。

重点问题

⇨ 员工培训的概念
⇨ 员工培训的必要性
⇨ 员工培训与企业核心竞争力之间的关系
⇨ 培训流程和培训制度

　　在当今经济全球化、市场竞争日益激烈的环境中,企业必须要能不断满足顾客在产品、服务等方面日益增长的需求,这样才能长期立于不败之地。要满足顾客多样化的需求,企业必须拥有一支不断接受新知识与新技能培训的员工队伍。这支员工队伍要能够发现问题、分析问题、解决问题,创造性地工作,及时跟上技术的最新发展,灵活地满足市场需要。随着知识经济时代与人力资本投资时代的到来,员工培训与开发成为对员工进行人力资本投资、提高员工素质的重要形式,必将在企业和员工共同发展方面占据日益重要的地位。从某种意义上说,一个企业是否重视员工培训与开发,可以预测其未来的竞争潜力。

1.1　培训与开发的历史回顾

　　有人认为培训与开发是一个新兴的领域,因为从 20 世纪 40 年代这个领域才引起人们的广泛关注,直到 80 年代"人力资源开发"这个概念才开始广泛使用。然而有关人力资源培训与开发的实践早在 18 世纪就已经产生了。近 200 年来,培训与开发主要经历了以下四个阶段:早期的学徒培训;早期的职业技术教育;工厂学校的出现;培训的职业化。

1.1.1　早期学徒培训制度

　　员工培训与开发的起源可以追溯到 18 世纪的学徒培训。那时,由熟练的技术工人经营的小店铺主要经营家庭用品,如家具、衣服和鞋等。为了满足顾客对商品不断增加的需求,工艺店铺的店主不得不额外雇佣工人。由于缺少职业学校和技术学校,店主们不得不自己教授并训练他们的工人。这些学徒向师傅学习手艺,在只拿很少或根本就不拿工资的情况下一般要在店铺工作几年,直至成为熟练工。同样,一名新船员可能通过做年龄稍长、经验丰富的老船员的助手来学习所有的技能。后来,这种模式不仅局限于手工业行业,许多行业也纷纷采用,如医生、教师以及律师等行业也采用学徒培训模式。

　　这个时期进行的员工培训与开发活动中,大部分是"一对一"的师傅带徒弟式培训。因此,早期的学徒制成为一种最普遍、最常用的培训方式。随着时代的发展,这种培训也越来越正规化,成为师傅带徒弟式的培训计划,并且这种培训方式被迅速加以推广,尤其是在那些需要特定工艺技能的行业,这种培训方式得到了更加广泛的应用。

1.1.2　早期的职业技术教育

　　这一时期,有一个比较重要的里程碑事件,就是在 1809 年,戴维德·克林顿在纽约城建立了第一所工人的私人职业技术学校,这是一所手工技能培训学校。建立这所学校的目的是想给失业的或者有犯罪记录的无熟练技术的年轻人提供职业培训的机会。手工技能培训学校在当时非常流行,尤其在美国中西部各州,它为那些一时失足的年轻人提供了机会,解决了这一严重的社会问题。无论出于什么目的,这种早期手工技能培训学校都是职业技术教育的雏形。

　　1917 年,美国国会通过了《史密斯-休斯法案》。该法案认可了职业技术教育的价值,并同意建立基金,用于农业贸易、经济发展、工业和教学等领域的培训项目。如今,职业指导已经成为各国公共教育系统中重要的组成部分。当今世界各国均存在着严重的技术工人短缺问题,特别是对于专门技术工人存在很大的需求,使得职业技术教育变得非常重要。

1.1.3　工厂学校的出现

工业革命时期,制造业的出现打破了传统的作坊式的生产方式。由于新机器和新技术的广泛应用,传统的手工工艺已经不再使用。一方面,大量新工人不具备操作新机器的知识和技能;另一方面经验丰富的老员工也需要重新参加培训,因此学徒制培训已经开始不适应当时的需要了。随着工厂数目的不断增加,对熟练技术工人的需求很快超过了职业技术学校毕业生的供给。当时,许多工厂都希望通过教会非熟练工人使用机器来提高生产效率,同时需要大量的工程师、机械师和熟练的机修师来设计、制造并维修机器。为了满足这种需求,工厂开始尝试自行建立被称作"工厂学校"的机修和机械培训机构。

1872 年,第一个有文件记载的工厂学校在美国的厚和公司(Hoe and Company)成立,该公司是纽约的一个印刷机制造商。之后,1888 年的威斯汀豪斯,1901年的通用电气和包德文机车,1907 年的国际收割者,以及后来的福特、西部电力等公司都建立了自己的工厂学校。工厂学校与早期的学徒制培训有所不同,因为它更倾向于要求工人在短期内掌握完成某项特定工作所需要的技术。其中有代表性的是福特公司的工厂学校。1913 年福特公司生产出了第一台 T 型汽车,T 型汽车是历史上第一辆使用装配线大规模生产的汽车,新的装配线大大削减了生产成本,降低了价格,使得大部分人能买得起 T 型汽车。装配线的生产只需要培训半熟练工人完成少量固定的工作任务。由于对 T 型汽车需求的不断增长,加之其他汽车制造商也开始使用装配线流程,从而使得针对半熟练工人的培训计划得以迅速增长。

第一次世界大战的爆发更加促进了这种对非熟练工人进行培训的机会。一战期间,为了满足对军事设备的巨大需求,许多生产非军工产品的工厂不得不重新装配机器并培训他们的工人,其中包括对非熟练工人的培训。比如,美国海运委员会负责对造船工人进行建造战船的培训。为了增强培训效果,主管查尔斯·艾伦为海运委员会的培训计划创建了四步骤指导方法,即"演示、讲解、操作、检验"。这一方法后来被称之为工作指导培训(JIT),至今仍用于员工的在职培训。

1.1.4　培训的职业化

第二次世界大战的爆发,使得人们又不得不重新开始依赖工厂生产军需用品,像一战时那样,在一些大型的组织和工会中建立了新型的培训计划。美国联邦政府为此建立了行业内部培训服务机构(TWI)来组织和协调这些培训计划,这些培训项目涉及了与国防领域有关的各个工业领域。TWI 同时还培训公司的培训员如何在各自的工厂里开展培训项目。到战争结束时，TWI 已经培训了 23000 多名指导员，并对 16000 个工厂和培训服务机构的 200 万个主管经理进行了培训资格认证。

随后，许多美国国防产业公司利用接受过 TWI 培训的培训指导员建立了自己的培训部门。这些部门制定、组织并协调组织内部的培训项目。1942 年成立的美国培训指导协会（American Society for Training Directors，ASTD）为这个正在兴起的行业领域建立了标准。当时，要成为 ASTD 的全职会员要求具有大学学位及两年以上的培训或相关领域的工作经验，或者具有五年的培训经验。在培训职能部门工作或者正在学院读书的人有资格获得准会员身份。

1.1.5 培训与开发的现状与展望

1. 培训与开发的现状

20 世纪后半叶以来，世界经济和技术发展经历了深刻的变革，知识经济浪潮汹涌澎湃。随着知识成为现代社会发展的主要推动力量，知识的载体——人，被推到了前所未有的重视高度，世界迎来了一个人力资源管理与开发的崭新时代，培训与开发获得了蓬勃发展。

在过去 50 年间，美国和欧洲企业越来越重视员工培训与开发。在不断的实践与摸索中，培训开发体系日趋系统化、规范化和专业化，培训方式日益先进、有效。根据西方大企业对员工培训的统计分析，经过培训后，员工素质得到了极大的提高。企业因工人素质提高付给工人的工资增长了 5%～15%，但员工给企业的回报却提高了 25%。创立于 1878 年的美国通用电气公司透露其永葆青春的秘诀就在于学习、培训，整个企业已经转化为一个学习型组织，公司每年用于员工培训的费用高达 8 亿美元。技术力量非常雄厚的德国西门子公司一贯坚信：员工技术熟练与否以及技术专家的多少是公司保证产品质量、保持竞争能力的关键。因此公司始终非常重视员工培训工作。1871 年在柏林工厂中设立"学徒角"，1906 年成立厂办学校，1922 年建立"学徒基金"，1991 年用于员工培训的投资达 5 亿马克，参加培训的员工达 15 万人之多。美国摩托罗拉公司建立的专门培训机构——摩托罗拉大学，全球有 14 个分校，每年培训费在 1.2 亿美元以上，有力地提升了企业的凝聚力和品牌价值。此外，瑞典的爱立信公司、美国的惠普公司、IBM 公司等知名企业都非常重视员工培训与开发，各自拥有一套培训理念体系。

在中国，有组织的员工培训活动开展的比较晚。当外资、合资企业参与到我国改革开放大潮中后，人力资源的概念才被引入。改革开放三十多年来，我国企业对员工培训日益重视。越来越多的国有大中型企业、高新技术企业、民营企业把员工培训放在企业战略的高度,不少企业提出了"学习型企业""终生教育、继续教育"等鲜明的培训理念。联想集团成立了联想管理学院,海尔集团成立了海尔大学等,有力地提高了员工素质,增强了企业的竞争力。

2. 企业员工培训发展的新趋势

从以上员工培训与开发历史的简单回顾和发展现状可以看出,随着人本管理思想的出现,行为科学研究的深入以及人力资本理论的不断发展,员工培训与开发将成为现代企业中日益重要的一项活动。我国越来越多的企业已经认识到员工培训与开发在现代企业发展中的重要地位,并开始积极探索有效的人力资源开发培训的方式、方法。随着培训开发技术和理念的不断发展,企业的员工培训和开发逐步出现了以下新趋势:

(1)企业借助培训和教育的功能,使企业逐步转变成为"学习型企业"。成功的企业将员工培训和教育作为企业不断获得效益的源泉。"学习型企业"的最大特点是:崇尚知识和技能,倡导理性思维和合作精神,鼓励企业通过员工素质的提高来确保其不断发展。这种学习型企业与一般企业的最大区别就是,永不满足地提高产品和服务的质量,通过不断学习进取和创新来提高效率。

(2)企业培训呈现出高科技趋势。利用高科技来丰富培训手段和提高培训质量,是近年来国际上兴起的企业培训的潮流。特别是电脑多媒体技术被广泛地运用于企业培训工作,如运用光盘进行人机对话、自我辅导培训、利用终端技术互联网进行规模巨大的远距离培训等等,都使培训和教育方式产生了质的变化。这种技术创新,使员工获得新知识和新技术的速度大大加快,使企业可以迅速适应市场的快速变化。

(3)企业培训社会化。现代企业的许多要素,如管理、经营、销售,乃至文化理念,都有许多相通之处,这就为培训的社会化创造了基本条件。同时,现代社会的分工和信息交流的畅通,使得培训能以社会化的形式出现,通过培训产品的组合来满足各方面的需求。

(4)企业培训的深层次发展。许多企业已将企业员工的培训向各个领域渗透,其内涵已远远超过培训本身。比如,一些企业除了对员工知识和技能的培训,还通过一定的形式使培训向企业文化、团队精神等方向发展,使企业行为进入更深层次的领域。这是一个具有重要战略意义的发展趋势。

(5)培训质量成为培训的生命。首先,培训者已经逐步认识到了员工培训的特点,从员工的需求和企业的需求之间寻找最佳结合点。其次,培训有了一个科学和规范的组织程序和操作程序,在时间和空间上最大限度地贴近企业管理和业务的实际,用最佳方法帮助员工获得知识和技能。最后,追求效益的最佳化和成本的合理化。

1.2　员工培训的内涵

1.2.1　员工培训的概念

1. 培训的定义

不同学者对培训给出了不同的定义,有代表性的有以下几种。

加里·德斯勒认为,培训是给新员工或现有员工传授利于其完成本职工作所必需的基本技能的过程。

罗伯特·L.马希斯认为,培训是企业与员工个人的共同投入,是人们获得有助于促进实现企业目标和个人目标的技术或知识的学习训练过程。培训使员工获得既可以用于当前工作又可以为未来职业生涯服务的知识和技能。

基普(Keep)认为,员工培训与发展是人力资源管理运作的内在组成部分,是对人的一种投资。

英国工业培训局提出了"系统化培训",其特点是从明确员工的培训需求入手,通过脱产培训,使员工获得利于令工作更加出色所需掌握的工作态度、知识、技能与行为。

阿姆斯特朗1992年提出"计划培训"概念,强调培训是一种经过设计的、要为提高岗位业绩进行必要学习的干预行为。

罗布·斯波特认为,培训是一种投资。

乔治·威斯特认为,培训的实质是对学习过程的管理,即为保证员工和团体有效率的工作,对其工作、知识、技能、观点加以提高和丰富的过程。

雷蒙德·A.诺伊认为,培训是指公司有计划地实施有助于员工学习与工作相关的能力、知识、技能、创造工作的绩效的行为的活动,是创造智力资本的一个途径。

托马斯·S.贝特曼认为,培训包括两个层次:一般性培训重在使教育水平低的员工知道如何完成本职工作;发展性培训重在提高管理人员与专业人员的技能,使之既能做好现在的工作,又能胜任未来的工作。

从上述各种定义的内容,结合培训实践和发展趋势,可以归结出两点:

(1)培训的要素。培训的要素包括以下四个方面:

培训主体——政府主管部门、企业、企业所有者、企业管理者。

培训对象——企业全体员工、部分外部利益相关者。

培训目的——包括四个递进层次的目的:首先使员工获得当前本职工作需要的和未来职业生涯需要的知识、技能、态度、行为;进而提高学习效应,即通过培训学习使员工个人提高工作灵活性和解决问题的能力,并使有关组织团队改进和优化工作与业务流程,能够协调地、高效率、低消耗地会做、快做、做好工作,实现成本领先;确保提高员工工作效率和工作绩效,并满足员工个人发展需要;全面提高员工素质,构建企业核心竞争力和战略优势,实现企业发展目标。

培训性质——战略性人力资本投资和创造智力资本的过程;是对员工素质发展与学习活动的干预行为、管理过程、优化活动;是人力资源管理的重要组成部分,具有开发的属性。

(2)培训的定义。培训就是企业为实现企业目标和满足员工个人发展需要,通过使员工学习,获得、改进有利于完成工作任务的知识、技能、观点、动机、态度、行为,以提高员工岗位工作绩效和个人素质,所进行的有计划、有系统的战略性人力资本投资活动过程。

2. 员工培训的特点

从员工培训的定义可以看出,员工培训具有以下特点:

(1)目的性。即培训的意义所在。培训的目的包括:一是实现企业目标,包括近期盈利目标和长期发展目标;二是实现员工个人目标,包括提高工作效率、提高个体素质等;三是有效地选拔管理人员;四是达到以培训留住人才的目的。

(2)任务性。即培训是企业发展和管理的一项重要任务。通过培训要真正使员工获得实现企业目标和提高工作绩效所需要的知识、技能、态度、行为,为员工创造更多的成功机会。

(3)战略性。即培训是企业必需的一项战略性人力资本投资,不是可有可无的一种选择。培训是企业发展不可缺少的一项战略性工作,具有关系企业长期健康发展的深远意义。

(4)风险性。即培训是企业的一项风险性投资。企业可能会从其中获得巨额回报,也可能因为"为他人做嫁衣"而血本无归,因此企业必须谨慎把握。

(5)计划性。即培训必须以企业发展战略为指导,以人力资源计划为依据,认真、详细地编制培训计划,按计划实施,切忌盲目性和随意性。

(6)系统性。即培训是企业人力资源管理系统的一个子系统,要按照系统工程的方法进行设计、规划、实施,产生系统效果,高效率、低成本地实现企业目标。

(7)成人性。即培训的主体是针对成年人的,要注意从成年人的生理特征、心理特征出发进行培训设计。

(8)快速性。即经济、科技的快速发展,知识的快速更新,信息的快速流动,市场的快速竞争。成功的企业培训也在不断创新,其关注重点正从传授特定知识技能转为注重培训与实际业务需要相结合,进而转变为通过培训实现知识创造与共享,这就要求培训必须紧紧跟上快速变化的形势,培训内容、培训手段、培训方法等也要快速更新。

（9）职能性。培训与教育一样,具有三项基本功能:发现人才、从事教学、开展研究。而且培训是对员工及其技能进行的维护和保养,是一种资产。

（10）个性化。即企业要考虑每个员工的特定要求和每个企业员工的具体情况,如专业、岗位、年龄、兴趣等不同,尽可能分别进行能满足员工个人发展需要的培训,以增强培训效果,实现企业与员工的双赢。

3. 培训的作用模型

根据对培训的定义和特点的分析,可以得出员工培训的作用模型(见图1-1)。

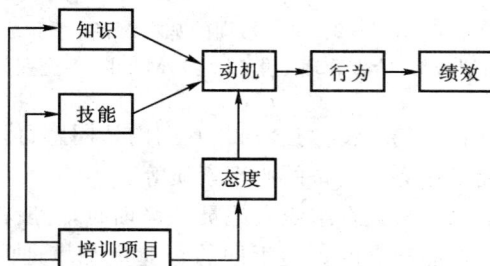

图1-1　员工培训的作用模型

——资料来源:胡君辰,郑绍濂.人力资源开发与管理[M].2版.上海:复旦大学出版社,1999:128.

从图1-1可以看出:员工的绩效是由员工的行为引起的,员工的行为又是由员工的动机引起的,而员工的动机主要由员工的知识、技能和工作态度决定的,其中态度影响动机的作用特别强烈。因此,员工培训的主要内容是增加知识、提高技能、建立正确的工作态度。其中主要以建立正确的态度为突破口,这样才能激发员工正确又强烈的动机,进而使员工产生积极的持久的行为,最终引发企业希望看到的效果。

目前一些企业在选择培训项目时,往往偏重员工知识与技能的提高,甚至有的企业片面追求证书与学历,这样做使得企业投资不少,但效果并不是很理想。

4. 培训的内容与层次

（1）员工培训的内容。无论何种形式的员工培训都是借助一定的手段在知识、技能和态度等方面改进员工的行为方式,以达到某种预期的标准。企业的员工培训一般包括以下三个方面的内容(见图1-2):

①员工的知识培训。使员工具备完成本职工作所必需的基本知识,了解公司经营的基本情况,如公司的发展战略、目标、经营方针、经营情况、规章制度等。

②员工的技能培训。使员工掌握完成本职工作所必备的技能,如谈判技能、操作技能、人际关系技能等,并借此开发员工潜能。

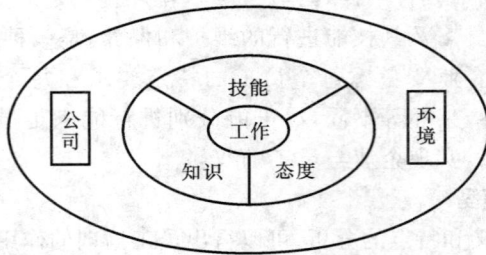

图 1-2　员工培训的基本内容

——资料来源:罗锐韧.哈佛管理全集(上卷)[M].北京:企业管理出版社,1998:626.

③员工的态度培训。培养员工与公司相互间的认同感、信任感,培养员工对公司的忠诚心,以及完成工作应当具备的心理素质等。

(2)员工培训的层次。企业在组织实施员工培训时,一般都能兼顾到培训内容的三个方面——知识、技能和态度。但不同的企业员工培训的侧重点不同。有的企业重视员工与工作相关知识的增长;有的企业重视员工工作技能的掌握和运用;有的企业从员工个人成长和公司长远发展出发,关注员工基本文化素养的提高;有的企业在努力建设企业文化的同时,关注企业文化的传递与成长,把员工培训作为整合企业文化的重要甚至主要途径。

根据员工培训侧重点的不同,可以把员工培训大致分为三个层次:知识技能层次的员工培训;基本文化素养的员工培训;企业文化层次的员工培训。知识和技能培训是员工培训的基础,但如果仅仅停留在这一层次,员工培训就很难满足员工个人成长和企业长远发展的需要,因此需要更高层次的内容来充实。个人的基本文化素养最终决定个人工作效率的可塑性,文化素养的提高同时也是个体成长的深层需求。一些公司组织员工进行基本文化素养方面的学习和训练,透过技能表象看到技能背后的深层基础,就相对纯粹的知识和技能培训而言,无疑是一种进步。该层次培训的局限性在于:基本文化素养距离具体工作往往较远,要转化为生产力需要相当漫长的过程,企业负担的风险较大;提升员工基本文化素养不等于提升企业凝聚力,而后者是企业生存和发展的基本保证。仅仅看到文化素养的重要性还不够,还必须找到基础文化与企业经营之间的最佳结合点——这就是企业文化。

"三流企业做产品,二流企业做品牌,一流企业做文化",这种说法虽然有些偏颇,但可以从一个侧面反映出随着企业规模的扩大,企业文化建设越来越受到重视这一趋势。在一些大企业,员工培训涵盖了知识、技能、文化等各个层次,但所有的培训活动都围绕企业文化展开,员工培训已经成为传递、整合企业文化的重要手段。

1.2.2　员工培训的地位与作用

在企业的人力资源管理活动中,员工培训是非常重要的一环,它与人力资源管理的招聘、绩效考核、薪酬等其他环节紧密相连。员工培训与开发活动是否有效,很大程度上决定了其能否为人力资源管理其他工作提供有力支持。因此,员工培训对于企业的重要作用是不言而喻的。

1. 员工培训在人力资源管理中的地位

培训在当前的企业环境中有着举足轻重的地位,可以这样说,完善的培训是实现企业战略目标的迫切需要,而且,高效率的培训一定是适应企业战略的。

在现代企业管理理论中,企业的培训被视为人力资源管理的重要组成部分。对于从事企业培训工作的人力资源部门而言,要做好培训工作,了解企业战略制定的思路和方法显得尤为重要。这样不仅可以使部门的工作服务于全局,而且也有利于培训的展开。当然,企业的战略不会是一成不变的,因此培训管理者也需要及时调整培训的规模、层次、方法和工具,具备创新意识和战略意识。

纵观新形势下国有企业的人力资源管理工作,对如何完善和提高员工的培训始终没有获得足够重视。许多企业尚未意识到员工培训复杂的系统特性及其在增加效益和吸引人才上的双重作用,而只是当作了一项无关轻重的工作。有关调查显示:有 57% 的被调查者认为,为员工提供培训和发展机会是企业吸引人才的关键,他们都选择了"有培训和发展机会"作为求职考虑的第一因素。可见,我国企业员工培训上的供给和需求存在着较大的差距。

2. 员工培训在人力资源管理中的作用

员工是企业最大的财富,这在知识经济时代早已成为了不争的事实。但是,在新的竞争环境中,企业仍以那种坐拥而足的态度对待手中的"财富",不仅会丧失资产的升值性,还会增加资产流失的风险性。摩托罗拉公司做过的专门调查研究表明:企业投入人力资源的开支和得到的回报比率竟高达 1∶30。完善的培训不仅提高了员工的积极性和创造性,增加了企业产出的效率和价值,使企业受益,而且提高了员工本人的素质和能力,使员工受益,从而增强企业的凝聚力。

培训的作用具体体现在:

(1)可以提高员工的素质。在科技发展迅猛、市场竞争空前激烈的今天,企业要想取得竞争的优势,都必须正视知识技能更新与市场情况快速变化的现实,高素质员工已成为实现企业目标的极为重要的因素,而只有通过培训,提高员工素质,使他们胜任工作,才能使企业的发展目标得以实现。

(2)可以提高企业的效益。通过培训改善人力资源,可以使企业效益大幅增加。美国经济学家舒尔茨在其"人力资本学说"中得出过这样的结论:"只要企业开始有效利用人力资源,并挖掘迄今未发挥的潜力去实现企业的目标,则职工个人生产率提高 50％并不罕见。"因此,视培训为回报率极高的投资,而不仅仅是成本,是现代人力资源管理中的一个重要思想。

(3)有利于员工的职业生涯设计与发展。目前,企业员工的职业生涯已从单一型转向复合型,员工个人都有自己的奋斗目标,都有自身的理想与价值。因此,员工渴望掌握新的知识和技能,并由此获得更高的报酬和待遇。企业可以通过培训直接或间接地满足员工的需求,一方面可以完善员工的个人能力,另一方面也可以降低优秀员工的流失率。

(4)建立优秀企业文化的重要手段。通过员工的培训,能够使员工逐步理解并接受企业的优良传统和企业精神,有效地贯彻企业的组织战略目标,使员工的思想观念和行为有利于企业的运转,与企业融为一体,共同求得生存与发展。

1.2.3 员工培训与企业的核心竞争力

1. 核心竞争力的含义

核心竞争力的概念是美国经济学家普拉·哈拉德和哈默 1990 年在《哈佛商业评论》上提出的,他们认为"就短期而言,公司产品的质量和性能决定了公司的竞争力;但就长期而言,起决定作用的是造就和增强公司的核心竞争力"。此观点一提出,就得到了企业界和学术界的广泛认可,并引起了企业家的高度重视。

什么是企业的核心竞争力? 企业的核心竞争力就是能够为顾客带来特殊价值的一系列知识、技能、技术的组合。简单地说,就是企业在经营过程中形成的不易被竞争对手仿效的能带来超额利润的独特的能力。它是企业在生产经营、新产品开发、售后服务等一系列营销过程和各种决策中形成的,具有自己独特优势的技术、文化或机制所决定的巨大的资本能量和经营实力。核心竞争力主要包括核心技术能力、组织协调能力、对外影响能力和应变能力,其本质内涵是让消费者得到好于、高于竞争对手的不可替代的价值、产品、服务和文化。

全世界人力资源部的职能正在由传统的人事管理向基于战略的人力资源开发与管理的方向转变。之所以出现这种变化的趋势,其原因在于企业的竞争优势越来越取决于组织和员工的素质和学习能力。20 世纪末,《财富》杂志曾预言 21 世纪最为成功的企业将会是那些学习型组织,而一些跨国公司也称自己"唯一长久的竞争优势,是比对手学习得更快的能力"。

2. 员工培训与企业核心竞争力之间的关系

随着知识经济时代的来临,人力资本对于促进经济增长的贡献日益突出,已经成为企业获得竞争优势的主要来源,在企业的发展中发挥着越来越关键的作用。为此,企业的竞争优势将依赖于人力资本——知识、经验、技能等"软"资本,而不再是它们的厂房、设备等"硬"资本。员工的技术、知识、能力以及同顾客间的相互关系,会创造出一种核心竞争力,这种能力远比可购买到的现成的科技能力更加有效。为此,企业可以持续拥有这种竞争优势。

在大多数企业里,人力资本被作为最重要的资本看待。企业在发展的过程中,既要拥有有形资源,如厂房、设备、资金等,同时也要拥有无形资源,如人力资本、品牌知名度等。有价值的、独特的、难以模仿的资源才是企业赢得竞争优势的基础,作为企业重要无形资源的人力资本是最有可能为企业赢得竞争优势的资源,因为它是稀缺的、复杂的以及难以被竞争对手模仿的。而且,企业所拥有的资源,尤其是无形资源在很长时间内很难改变。尽管说人力资本可能会有某种程度的改变,某些能力对于企业来说也许不再有价值了,但是人力资本中特定能力是基于企业的特定知识。个人所拥有的其他知识如果能和企业的资源整合起来,则又会产生新的价值,因此总体上讲不会有太大的变化,企业能够持久地拥有这种竞争优势,就必须将员工培训作为一种更广泛意义上使人力资本增值的途径。

目前许多企业已经开始意识到员工培训对于提高生产率、提高产品质量以及强化竞争力所起到的作用。对员工的技术、知识、才能进行培训与开发,可以使固定形态的人力资本增值,从而提高员工对企业的人力资本付出量。尤其通过对企业的管理人员进行管理机能培训的投资,使他们能够激发下属的工作热情,将员工个人目标同企业目标紧密结合在一起,培养员工的忠诚度和献身精神,提高员工的士气和工作满意度。这种提高员工的努力程度的投资要比提高他们的能力和行为方面的投资更见效,从而有利于提高员工的人力资本付出量。因此从这个角度来讲,员工培训的战略管理职能主要体现为通过开发员工的核心专长与技能,以及培养员工的组织承诺感和组织认同感,帮助企业获得核心能力和竞争优势的提高。

知识经济时代,员工培训与开发对企业的生存与发展起着举足轻重的作用。人力资本已经超过物质资本,成为最主要的生产要素和社会财富,成为社会经济增长的源泉。据有关统计,从 1929 年到 1982 年,美国生产力的提高中有 26% 是由于对员工进行培训和开发所导致的。美国国会技术评估办公室 1990 年的统计数据表明,美国企业每年为正式员工培训的花费约为 300 亿～440 亿美元,平均为每个员工花费 385 美元,相当于美国雇主支付给其员工工资的 1%～2%。像通用电气公司每年用于员工培训和管理开发的费用高达 10 亿美元,占到其工资总额的 3%～5% 左右。并且大多数的培训项目旨在改进工作所必需的操作技能。可以说,对员工培训与开发投资的重视对于企业在日益激烈的国际竞争中立于不败之地尤为重要。

3. 企业为什么要重视员工培训与开发工作

一项对美国 600 家大企业的权威调查显示,组织选派管理者参加培训主要出于以下考虑(见表 1-1)。

表 1-1　企业选派管理者参加培训的主要原因

原因	进高校学习（%）	MBA（%）	外部短期课程（%）	公司专题培训（%）
扩展个人视野	78	74	68	69
获得与其他管理者交流的机会	40	35	31	49
掌握特殊工作所需知识和技能	54	60	88	78
追踪最先进的知识和技能	55	56	77	59
对管理者的奖励形式	6	8	4	2
为未来的工作作准备	27	27	17	21
接受管理技能方面的培训	48	55	35	51
获得对其他项目有关的知识	9	8	23	57
提高工作质量意识	53	45	45	62
了解本公司的管理方法	—	—	—	82

——资料来源：L. M. Sarri, T. R. Johnson. A Survey of Management Training and Education Practices in Companies[J]. Personal Psychology，1998(41)：731 - 743.

　　企业之所以越来越重视员工培训与开发的投入，主要是基于以下五点理由。

　　(1)企业间竞争的实质是员工素质与能力的竞争。随着经济全球化、世界一体化进程的加快，企业间的竞争将日益激烈，而在激烈的企业竞争背后实际上是员工能力和素质的竞争，谁拥有高素质的人才，谁就会立于不败之地。为此企业纷纷加大人力资本投资力度，进一步对员工进行培训和开发显得尤为重要。比如西门子公司每年要接 3000 名大学毕业生，仅用于这批毕业生的继续教育费用每年就要花费 3 亿马克。海尔集团之所以能够成为世界冰箱十强，与该公司着力加强人力资本投资、提高员工素质是分不开的。另据日本的一项研究证实,不同素质的员工对于降低成本的作用大不相同,如果一般工人能够降低 5%的话,受过培训的工人能够降低 10%～15%,受过良好教育培训的工人能降低 30%。许多中外企业的实践都表明了,员工培训与开发是一项长期投资,只要投资,就一定会得到丰厚的回报。

(2)高新技术产业就业机会的增加,新技术的不断应用使再培训的需求增加。全球范围内的竞争,不断发展的新技术,使得许多传统制造业的工作岗位消失,技术与知识的更新速度加快,这一切都迫使企业对员工进行行之有效的培训与开发。如今,报纸和商业杂志上出现了越来越多的有关培训与开发的标题。这种趋势使得企业的管理者开始意识到培训与开发的重要性,并开始大范围地在企业内开展各种形式的培训与开发活动,从而更新了员工的知识与技能。

(3)企业组织结构的变化,要求赋予员工更大的责任,因而需要更多技能的培训与开发。企业组织结构的变化,要求每个员工承担更多的角色和更大的工作职责。从培训的实施效果来看,生产型企业普遍认为,企业推行的培训计划,对于提高员工的自信和士气,增强他们的机械操作能力、沟通能力以及解决问题的能力有着非常重要的作用。另外,培训还带来了产品质量和企业绩效的提高。对于服务型的企业来说,培训还可以提高顾客满意度。研究表明:培训计划实施的长短与生产率改善效果的强弱也有着直接的影响。在大多数情况下,培训计划实施时间越长的企业,所产生的效果也越好。与新实施培训计划的企业相比,那些已经实施培训计划两年以上的企业报告说,他们更为明显地在以下几个方面取得了良好的绩效:提高了人员解决问题的能力,实现了人员在企业内的晋升,降低了企业员工的流动率,改善了顾客关系,提高了生产效率等。

(4)培训和开发的投入可以提高员工的满意度和忠诚度。百事可乐公司曾经在深圳公司受过培训的 270 名员工中选取了 100 名员工进行抽样调查。调查结果发现,80%的员工愿意继续留在公司工作。员工反映培训不仅提高了他们的技能,而且提高了他们对企业文化的认同和对自身价值的认识,对企业目标有了更深刻的理解。大约有 95%的参加者对培训的满意度很高,对满足顾客需要更增强了信心。百事可乐公司的培训投资不仅提高了员工的忠诚度和满意度,而且对于企业业绩的大规模增长也提供了可能。

(5)高额的培训投资回报率。国外学者在对培训与开发收益进行研究时发现,培训和开发投资可以给企业带来较大的收益,最直接影响应是产品质量的改进和服务质量的提高。企业推行培训计划的主要原因是为了提高管理人员的管理技能;解决因技术引进、更新或生产效率较低所引发的问题;降低工作中较高的差错率、返工率和浪费现象;满足顾客的要求,改善与顾客的关系;留住优秀的员工;提高企业竞争力。

　　国家之间的竞争是综合国力的竞争,归根到底是科技和人才的竞争。加入世界贸易组织进一步把中国推向了全球竞争与发展的轨道。正如世界银行《21世纪中国教育战略目标》报告中指出:"21世纪的标志是科技的迅速变化、经济开放与竞争和以知识为基础的产业,在这一环境下,稳定的国家加上受到良好教育和健康的人民,将使高速进步成为现实。"要促进中国社会经济的健康、高速发展,中国企业必须树立人力资源开发的理念,依据现代人力资源开发的理论来设计企业的员工培训与开发体系,从而依靠人力资本的增值来提高中国企业的竞争力,塑造中国企业的竞争优势。

相关链接 1-1

施乐公司通过培训获取竞争优势

　　作为新任施乐公司(Xerox)的 CEO,戴维·凯恩斯(David Kearns)面临一个严重的问题:由于复制行业的竞争已经十分激烈,无论是在本土还是在海外,施乐公司正在经历着市场份额的严重下滑——曾经被称为"复印机之王"的施乐公司,其市场份额从18.5%下降到了10%。

　　凯恩斯先生意识到,要想重新获取竞争优势,施乐公司就不得不大力改善其产品和服务质量。这就意味着必须改变公司员工的行为。施乐公司从而开发并贯彻执行了一个名为"通过质量来领导"的5年计划。该计划有两项基本内容:一是使消费者永远满意,二是把提高质量作为每一位施乐公司员工的工作。

　　为了贯彻这一计划,施乐公司开设了一系列的培训课程,这些课程是为指导员工们做什么而设计的,目的是在质量改进方案中能够完成他们新的工作任务。为开发这些课程,施乐公司从遍及全球的每个运营单位引入了培训专业人员,与公司总部的培训人员一起工作。课程开发出来后,所有教员完成了一个认证过程,该过程教授他们怎样进行质量培训教学。

　　培训从一个取向性阶段开始。在这个阶段中,管理部门向员工们说明为什么施乐公司要从事这样大规模的质量培训计划;高级管理部门所认为的质量的含义是什么,以及每一位员工的任务是什么;总经理被指导怎样成为一个角色榜样,并向员工们提供必要的在职强化培训;

随后,将向部门经理及其员工们提供有效的团队工作和以解决问题的技能为中心的培训。培训后,员工们被鼓励在工作中实践这些新的技能,他们的经理们提供反馈和咨询来帮助员工们调整这些技能。

培训过程是十分昂贵和消耗大量时间的,每次培训估计要花掉1.25亿美元和400万个工时。然而,培训的效果却远远超出了它的支出。因为员工们现在以团队的形式工作,以识别和纠正妨碍优质生产和服务的质量问题。消费者对施乐公司的认知戏剧性地改变了,消费者的满意度增加了40%,同时对有关质量方面的投诉降低了60%。更重要的是,施乐公司已经在美国的复印机市场重新夺回了"王位"。

——资料来源:郑晓明.人力资源管理导论[M].2 版.北京:机械工业出版社,2005:194.

4. 如何将培训转化为竞争优势

(1)找准问题所在,做好培训需求评价。许多企业在进行员工培训时,并不是十分清楚企业人力资源的"瓶颈"何在,也没有认真分析公司的一些困境是否是通过培训就可以解决的。比如销售任务没有达到预期,就立刻着手进行销售技能培训。其实,问题不一定出在销售人员的技巧上,也可能是销售的激励机制不力或者销售与生产、维修等环节沟通不畅造成的。所以,培训前一定要进行认真分析,找准问题再对症下药。这就需要人力资源经理与职能经理共同努力,了解病症情况,找到企业到底需要什么内容的培训,什么程度的培训。否则,很可能事倍功半。

(2)做好企业员工培训系统的设计。员工培训不是单项工作,而是系统性工作。它有自身的规律与程序可循。需要强调的是培训目标的确定。培训目标应包括三部分:企业期望员工做什么(绩效)、企业可接受的质量如何(标准)、员工在什么条件下有望达到理想的培训结果(条件)。这三部分是缺一不可的。有不少企业目前对培训目标的确定仅局限于第一部分与第三部分,至于培训标准则较少考虑。如果没有从培训之始确立标准,会使许多培训虎头蛇尾,进行培训时轰轰烈烈,但培训结束后,培训者并不知道培训效果如何,也不清楚培训是否真正改善了员工的绩效,最后只能主观评价一二,草草了事,长此以往,培训目标肯定难以实现。

(3)设置培训门槛,使培训更成功。所谓培训门槛是指要参加某项培训必须达到的某些定量标准。比如,要求培训对象必须是大学全日制本科以上学历、英语六级以上、获得所在单位推荐且具有 5 年以上工龄、参加选拔考试合格者。设置或提高培训门槛有以下好处:一是会推动员工进行主动学习,因为只有达到门槛标准,他才会获得自己向往的培训;二是使培训有专业针对性,保证培训质量;三是起到激励作用。

（4）员工仅有知识与技能是不够的，重视对培训结果的应用是关键。常常会有员工抱怨，自己参加了某项大型培训，付出许多辛苦和代价，但学成的结果是自己被搁置起来，并没有被很好地使用，或者说，自己所学无用武之地。这就涉及培训成果的转化问题，即培训效果到底怎样，工作效率是否得到了提高以及提高了多少等等。

（5）使员工能有一个创造与分享知识的途径。有时参加培训的员工毕竟是少数，特别是外派培训，这就要求企业内部利用先进的管理方式，为员工开辟一个分享知识的有效途径。电子邮件、公司内部网都能够存储与分享某个员工所获得的信息；公司定时发布知识目录，可以引导员工的兴趣向有利于公司的方向发展，有条件的话还可以建立在线图书馆；安排时间使员工能交流或研究学习问题；向员工定期发布技术手册以及培训机会、研讨会的信息，鼓励员工参加学习和培训。同时，要开辟员工意见与建议上达的途径，使他们精于钻研，勇于表达自己的意见和看法，而且要适当激励，维护此通道的健康发展。

（6）为确保培训的有效性，一般需要将本企业的培训方案与竞争对手的培训相比较，或把本行业领先者的培训作为看齐的标准。这要求公司的人力资源部门要注意定期搜集竞争对手的培训信息与资料，关注对方行动，与职能部门及时沟通，把握同行业最新的技术或管理动向，善于进行横向对比，以确定自己在同行业中的位置和努力方向。此外，要重视对培训项目的成本效益评价。这些都是将培训转化为竞争优势的重要组成部分。

1.3　培训流程与培训制度

1.3.1　培训流程

员工培训是一项包含内容众多的系统工程，要使企业的培训活动取得实效，必须精心设计，并遵循科学的流程。员工培训的流程一般包括三个阶段，即前期准备阶段、培训实施阶段和培训评价阶段（见图1-3）。

从培训实施流程模型中可以看出，整个培训过程，从培训需求分析和培训目标确定开始，至评价结果的转移结束，通过评价培训阶段的不同步骤进行反馈，这样整个过程才是一个完整的培训实施过程，下面对三个阶段分别进行简要阐述。

1. 前期准备阶段

前期准备阶段主要包含两个步骤：培训需求分析和确立培训目标。

（1）培训需求分析。培训需求分析就是指了解员工需要参加何种培训的过程。这里的需要包括企业的需要和员工本人的需要。在培训开发实践中，企业一般以前者为主，但也要兼顾后者才能使培训更加有效。具体的培训需求分析和培训目标确定的内容参见表1-2。

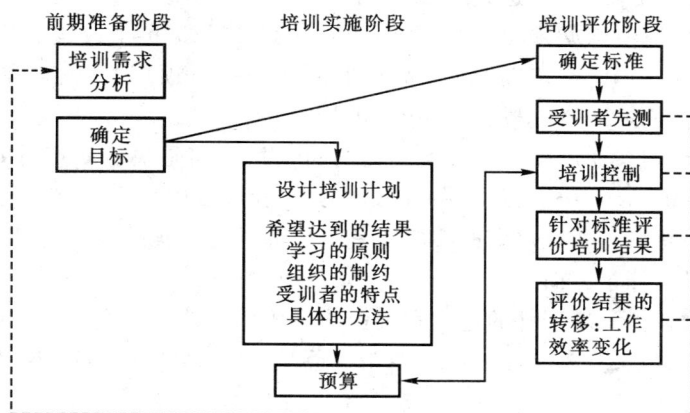

前期准备阶段　　　　培训实施阶段　　　　培训评价阶段

培训需求分析

确定目标

设计培训计划

希望达到的结果
学习的原则
组织的制约
受训者的特点
具体的方法

预算

确定标准

受训者先测

培训控制

针对标准评价培训结果

评价结果的转移:工作效率变化

图1-3　培训实施流程模型

——资料来源:胡君辰,郑绍濂.人力资源开发与管理[M].2版.上海:复旦大学出版社,1999:128.

表1-2　培训需求分析和培训目标确定

培训前期准备阶段			
培训需求分析		确定培训目标	
组织培训需求分析	1. 调查企业现状 2. 预测企业人力资源的未来需求 3. 分析现有人力资源状况 4. 作出培训预算和培训收益的预测	技能培训	书面与口头的表达与人际沟通能力、分析决策能力
		知识传授	对专业领域的知识要领与理论的理解与纠正、对专业新知识的传授
个人培训需求分析	1. 进行员工培训需求意向调查 2. 汇总、分析员工的工作行为与培训意向	工作态度培训	意志力的形成、对企业文化的认同等

　　(2)确定培训目标。可以根据培训需求分析来确立培训目标。确定目标时应该注意以下几点:培训目标要和企业长远目标相吻合;一次的培训目标不要太多;目标应定得具体,可操作性强。

2. 培训实施阶段

　　在进行了培训需求分析、确定了培训目标之后,下一步就是制订培训计划并予以实施。

　　(1)制订培训计划。培训计划是培训目标的具体化与可操作化。培训计划可以是长期的计划,如年度培训计划,也可以是一次性的具体的短期培训计划。其主要包括以下几个方面:希望达到的结果;学习的原则,如脱产学习或不脱产等;组织的制约,如规定哪些人必须参加等;受训者的特点,如新进员工或技术骨干等;具体的方法,包括时间、地点、培训教材、培训的具体方法等;预算,根据培训的种类、对象、内容等各方面的因素,对培训的费用进行估算。

(2)培训计划实施阶段。培训实施的"执行力"如何是决定培训有效性的重要因素之一。培训需求分析与计划做得再好,如果在实践中得不到有效的执行,培训也就没有什么意义。所以培训的实施是整个培训过程中实质性的阶段。培训的实施主要涉及以下几个方面:

①确定培训师。培训师的优劣直接影响到培训的效果。优秀的培训师既要有广博的理论知识,又要有丰富的实践经验;既要具备扎实的培训技能,又要有吸引人的高尚人格。

②确定教材。一般由培训师根据培训内容确定。一部好的教材应该紧紧围绕目标、简明扼要、图文并茂、引人入胜。

③确定培训地点。培训地点也会影响到培训的效果。培训地点一般有:企业内部的会议室、大学或宾馆等。要根据培训的对象和内容来布置培训场所。

④准备好培训设备。例如电脑、投影仪、幻灯机、黑板(白板)纸、笔等。尤其是那些需要特殊设备的培训,事先一定要准备好设备。

⑤确定培训时间。考虑是在白天还是在晚上,工作日还是周末,何时开始、何时结束等等。

⑥发通知。确保每一个受训者都提前收到培训通知。

3. 培训评价阶段

在培训结束后,要对培训的效果进行评价,对受训人员所取得的成绩进行总结和检查。评价不仅可以检查受训人员的成绩,也可以对已进行的培训活动所取得的经验和教训进行总结,在此基础上发现新的培训需要,调整培训方法,提高培训水平。培训评价阶段主要可以分为五个步骤:确定标准、受训者先测、培训控制、针对标准评价培训结果和评价结果的转移。

(1)确定标准。标准和目标是息息相关的,只有确定了目标才能确定标准,标准又是为目标服务的,有了标准才能使目标具体化。确定标准的原则如下:要以培训目标为基础;要和培训计划相匹配;要具体,要可操作。

(2)受训者先测。受训者先测是指让受训者在培训之前先进行一次相关的测试,以了解受训者原有的水平,包括原有的知识、技能和态度。

受训者先测可以用纸、笔测试,也可以用操作测试,还可以用情景测试,或者案例测试。

受训者先测的主要作用如下：有利于引导培训的侧重点；为正确评价培训效果打下基础；使受训者在培训之前就受到一次培训。

（3）培训控制。培训控制是指在培训过程中不断根据目标、标准和受训者的特点，矫正培训的方法、培训进程的种种努力。因此，培训控制是和实施培训连在一起的。

培训控制要注意以下几点：要注意观察，要善于观察；要与培训师进行沟通；要抓住培训目标的大方向；与受训者进行交流，了解真实反映；要运用适当的方式。

（4）针对标准评价培训结果。经常用的方法是请受训者在培训结束后填写一份培训评价表。而设计出一份优秀的培训评价表则是这一步骤的关键。

一份优秀的培训评价表应具有以下特点：与培训目标紧密联系；以培训标准为基础；与受训者先测内容有关；包括培训的一些主要因素，如培训师、培训场地、培训教材等；包括培训的一些主要环节，如第一单元，客户服务部分、案例讨论方面等；评价结果容易量化；鼓励受训者真实反映结果。

（5）评价结果的转移。评价结果的转移是重要的步骤，也是许多培训项目忽视的步骤。

结果的转移是指把培训的效果转移到工作实践中去，即工作效率提高多少，这和培训效果息息相关。因此，正确评价结果的转移是衡量一次培训是否有效果的关键。

评价结果的转移要注意以下几点：要取得其他职能部门的支持；评价工具有效性要高；评价内容要具有可测量性，如销量、产品合格率、事故次数、出勤率、产量、原材料耗用量等；要有时间性，有的培训效果立竿见影，有的培训效果要在一段时间后才能显现，有的培训效果过了一段时间后就会失效；要真实，即使有的培训效果无转移，也要真实反映，这样才能吸取教训，以利于以后的改进。

1.3.2　培训制度

培训制度，即能够直接影响和作用于组织培训系统及其活动的各种法律、规章、制度及政策的总和。它主要包括培训的法律和政令、培训的具体制度和政策两个方面。

企业培训的具体制度和政策是企业员工培训工作健康发展的根本保证，是企业在开展培训工作时要求人们共同遵守并按照一定程序实施的规定、规则和规范。企业培训制度的根本作用在于为培训活动提供一种制度性框架和依据，促使培训沿着法制化、规范化的轨道运行。

企业培训涉及两个培训主体——企业和员工，这两个培训主体参加培训的目的存在一定的差别。在无一定制度保证的情况下，这种差别将导致培训目的无法达到或者培训效果不佳。因此,要想提高培训的效率,就必须建立一套完整的培训制度,通过制度来明确双方的权利和义务、利益和责任,理顺双方的利益关系,使双方的目标和利益尽量相容。由于培训制度是由企业制定的,所以制度的主要目的在于调动员工参与培训的积极性,同时也使企业的培训活动系统化、规范化、制度化。

在不少企业中,员工培训制度是由若干详细的子制度形成的制度体系。这些子制度,常见的如培训服务制度、入职培训制度、培训激励制度、培训考核评估制度、培训奖惩制度、培训风险管理制度,分别对企业员工培训中的各个方面的事宜进行了详尽规范和说明。总之,企业培训制度体系中应该包括的内容主要有:

(1)制定企业员工培训制度的依据;

(2)实施企业员工培训制度的目的和宗旨;

(3)企业员工培训制度实施的办法;

(4)企业培训制度的核准与实行;

(5)企业培训制度的解释与修订。

相关链接 1-2

培训制度实例——××公司员工培训管理制度

第一章　总　则

第一条　为提高员工的素质与员工的专业知识和技能,了解集团公司的企业文化,造就具有××公司精神和思想的忠心事业建设者,特制定本管理办法。

第二条　公司培训分为上岗前的以企业文化、个人修养、基础业务知识为主的入职培训、脱产和不脱产的业务培训三种形式。

第三条　本办法适用于××公司所属全体正式员工。

第二章　新员工入职培训

第四条　新员工培训的目的:了解集团公司业务和企业文化,实现意识和行为上的转变,掌握必需的基础知识和业务知识,使之成为集团公司的合格员工。

第五条　入职培训内容:

一、集团公司企业文化(包括发展战略、企业性质、使命、经营理念、经营思想等);

二、企业概况(包括组织机构、劳资关系、企业环境、经营范围、

　　经营机制);

　　三、公司规章制度(包括员工守则、薪酬福利制度、人事制度、
　　　　考勤制度、工作制度、礼仪守则等)。

第六条　培训时间:从新员工报到后第二天开始,为期三天。

第七条　新员工培训计划由人力资源部根据人力资源需求分析在每年
　　　　年初提出,包括培训内容、培训时间、培训教材、经费预算等,
　　　　经主管副总裁审核,执行总裁批准后组织实施。

第八条　培训结束后,由培训教师和新员工分别撰写培训总结报告,由
　　　　人力资源部审核存档,作为新员工试用期转正的依据之一。

第三章　在岗员工培训

第九条　在职员工培训分为脱产培训和不脱产培训。

第十条　一般管理人员培训内容:

　　一、专业知识培训;

　　二、计划制订培训;

　　三、管理理论培训;

　　四、相关法律法规培训。

第十一条　部门经理与集团公司级经理的培训内容:

　　一、经营理论与方法培训;

　　二、财务、税务知识培训;

　　三、法律知识培训;

　　四、企业战略培训。

第十二条　培训教材:根据不同层次、不同类型的培训选用不同教材。

第十三条　培训时间安排:

　　一、不脱产培训由人力资源部与各职能部门协商,在年度培
　　　　训计划中确定;

　　二、脱产学习视具体情况而定。

第四章　培训管理

第十四条　员工培训由人力资源部统一负责组织,相关部门配合。

第十五条　各部门应于年初制订本部门(单位)的年度培训计划,报人
　　　　力资源部统一备案,并积极配合人力资源部做好下属员工
　　　　的培训工作。

第十六条　人力资源部将各部门的培训计划汇总,上报主管副总裁审
　　　　核,执行总裁审批后实施执行。

第十七条　培训方式:听讲座;分发资料;研讨会;录音录像播放;示范演

练；图片展览；实地参观；案例研究；会议；上岗实习；军训。

第十八条　如有辅助材料，教师应在开课一周前把原稿交人力资源部统一印刷，并确保上课时发给学员。

第十九条　各项在职培训实施时，参加培训的学员应签到，人力资源部应切实了解上课、出勤情况。参加培训的人员应准时上课，因故不能参加者须办理请假手续。对于旷课、迟到、早退、不专心培训的学员参照奖惩规定予以处罚。

一、迟到、早退达 4 次（含 4 次）以下者，以旷工半天论处；

二、迟到、早退达 4 次以上、8 次以下者，以旷工一天论处。

第二十条　各项培训结束后，应有相应的考试、测验，由人力资源部负责监考、阅卷；人力资源部负责将考试答卷、考勤表归入个人档案，并作为考核、晋升的重要依据之一。

第二十一条　各项培训考试因故缺席者，事后一律补考，补考不及格者，一律以零分计算。

第二十二条　人力资源部应定期评估各项培训课程的实施效果，并提出改进建议。

第二十三条　集团公司员工培训费用按集团公司全员薪资总额的 1.5% 计提，由人力资源部控制使用。

第二十四条　培训费用包括：

一、培训者（含教师、教官、组织者）授课费；

二、音像费、图片费、资料费；

三、食宿、交通费、差旅费、场地租赁费、学费等；

四、培训设施购置费；

五、其他与培训有关的费用。

第二十五条　员工培训费用（含资料费）审批权限：

一、500 元以下由所在部门经理提出，人力资源部经理审核，人事行政总监审批；

二、500 元以上 2000 元以下由人力资源部经理提出，人事行政总监审核，执行总裁审批；

三、2000 元以上由人事行政总监提出，执行总裁审核，总裁审批。

第二十六条　脱产培训由各部门提出书面意见（意见须注明培训目的、内容、时间、费用、培训形式、聘请教师或拟外派学校、拟派人员等），由人力资源部初审，主管副总裁审核，执行总裁/总裁审批后执行。

第二十七条　公司委培员工在校脱产深造期间停发岗位工资,每月发
　　　　　　基本工资(400 元)。如签有协议,则按所签协议处理。

第二十八条　由集团公司派送的员工培训,培训费由集团公司支付(含
　　　　　　学费、资料费、报名费、住宿费、来往交通费)。

第二十九条　集团公司提倡和鼓励员工参加各类业余的与所在岗位工
　　　　　　作相关的学历教育,参加学习前须报人力资源部批准,取
　　　　　　得国家承认学历后,经人力资源部审核后按照下列情况
　　　　　　领取奖金:

　　　　　　一、取得国家承认大学本科学历,奖励 1000 元;

　　　　　　二、取得国家承认硕士研究生学历,奖励 2000 元;

　　　　　　三、取得国家承认博士研究生学历,奖励 3000 元。

第三十条　　对培训费用(含奖励补贴)由集团公司报销的员工,如未能
　　　　　　履行集团公司规定的服务年限,则按下列公式赔偿集团公
　　　　　　司损失:

　　　　　　赔偿费用=(未履行的服务年限/公司规定的服务年限)×
　　　　　　集团公司负担培训费用×4

第三十一条　对脱产学习培训和业余提高学历培训的员工,从学习结
　　　　　　束回集团公司起要求工作期限:

　　　　　　一、员工参加 3 个月以下的脱产培训,3 年;

　　　　　　二、员工参加 3 个月以上的脱产培训和学历教育,5 年。

第三十二条　公休日培训不计加班。

　　　　　　　　　　　第五章　附　则

第三十三条　本管理办法由集团公司人力资源部负责解释、修订并监
　　　　　　督执行。

　　　　　　本管理办法自集团公司总裁签发之日起执行。

本章思考题

1. 简述员工培训与开发的发展历史,并列举学徒制度在现代企业员工培训与
开发中的应用。

2. 什么是员工培训? 企业进行员工培训有什么作用?

3. 什么是核心竞争力? 简述员工培训与企业核心竞争力之间的关系。

4. 员工培训流程主要由哪几个阶段构成? 简述各阶段的主要工作内容。

5. 企业培训制度体系中应该包括的主要内容有哪些？

案例分析

西门子公司多级培训制度

西门子公司于 1847 年创立，至今已有 150 多年的历史，拥有职工 40 多万名。它从创办时期的两个人发展到今天成为世界 500 家大企业的第 17 位，德国 100 家大企业的第 3 位和世界六大电气公司之一。如今西门子业务遍布世界五大洲 190 多个国家和地区，涉及能源、通讯、工业、交通、信息、医疗、电子元器件、工业自动化、家用电器等领域，成为当今全球电子电器行业中最大的综合型跨国公司之一。

西门子全球的各项业务领域在中国都有开展，其中包括：信息与通讯、自动化与控制、电力、交通、医疗、照明、零部件和家用电器。如同世界其他地方一样，基础设施建设是其主要的业务领域。截至 2000 年 9 月底，西门子在华长期投资总额超过 5 亿欧元。西门子在中国各地设有 40 多家公司和 28 个地区办事处，为 21000 多人提供了就业机会。

培训特色

西门子公司能发展成为世界电器界的一颗璀璨明星，与西门子对人才的重视有很大的关系。一整套对人才的选拔、培养、造就办法，成了公司整体发展战略的重要组成部分。西门子公司一贯奉行"人的能力是可以通过教育和不断的培训而提高的"，因而它坚持由公司自己来培养和造就人才。

庞大的企业教育系统

西门子早在 1910 年就为其内部人员开设了正式的培训课程。早期的培训是在车间进行的，后来建立了各类专门的培训学校，并有了专业的培训老师。

目前，整个公司拥有 11 个综合培训中心，700 名专业教师和近 3000 名兼职教师，在 18 个国家设有 39 个培训中心，形成了庞大的企业教育系统。

在中国，西门子与北京市国际技术合作中心合作，共同建立了北京技术培训中心，西门子投资 4000 万马克。合同规定，中心在合同期内负责为西门子在华建立的合资企业提供人员培训，目前该中心每年可以对 800 人进行培训。

在西门子的全体员工中,每年参加各种定期和不定期培训学习的多达 15 万人。为此,公司每年投资 6 亿～7 亿马克用于培训及购置最先进的培训实验设备。

包罗万象的培训内容

西门子公司的培训内容包罗万象,课题针对各个部门和员工的实际需要。为适应技术进步和管理方式的变化,课程每年都有 20% 以上的内容调整,大部分培训项目都是根据公司当前生产、经营和应用技术的需要设置的,很大一部分是在工作岗位上完成的。

在人才培训方面,西门子创造了独具特色的培训体系——多级培训制。

西门子的人才培训计划从新员工培训、大学精英培训到员工在职培训,涵盖了业务技能、交流能力和管理能力的培训。通过一系列的培训,使公司新员工具备了较高的业务能力,提高了在职员工的知识、技能、管理能力,并储备了大量的生产、技术和管理人才。因此西门子长年保持着公司员工的高素质,这是西门子强大竞争力的来源之一。

新员工培训

新员工培训又称第一职业培训。在德国,一般从 15 岁到 20 岁的年轻人,如果中学毕业后没有进入大学,要想工作,必须先在企业接受 3 年左右的第一职业培训。

在第一职业培训期间,学生要接受双轨制教育:一周工作 5 天,其中 3 天在企业接受工作培训,另外 2 天在职业学校学习知识。这样,学生不仅可以在工厂学到基本的熟练技巧和技术,而且可以在职业学校受到相关基础知识教育。通过接近真刀实枪的作业,他们的职业能力及操作能力都会得到提高。

由于企业内部的培训基本上使用的是技术最先进的培训设施,保证了第一职业培训的高水平,因此第一职业教育证书在德国经济界享有很高的声誉。由于第一职业培训理论与实践结合,为年轻人进入企业提供了有效的保障,也深受年轻人欢迎。在德国,中学毕业生中有 60%～70% 接受第一职业培训;20%～30% 选择上大学。

西门子早在 1992 年就拨专款设立了专门用于培训工人的“学徒基金”。这些基金用于吸纳部分 15 岁到 20 岁的中学毕业后没有进入大学的年轻人,参加企业 3 年左右的第一职业培训。

现在西门子公司在全球拥有 60 多个培训场所,如在公司总部慕尼黑设有韦尔纳·冯·西门子学院,在爱尔兰设有技术助理学院,它们都配备了最先进的设备,每年培训经费近 8 亿马克。目前共有 10000 名学徒在西门子接受第一职业培训,大约占其员工总数的 5%,他们学习工商知识和技术,毕业后可以直接到生产一线工作。

第一职业培训(新员工培训)保证了员工一正式进入公司就具有很高的技术水平和职业素养,为企业的长期发展奠定了坚实的基础。

大学精英培训

西门子计划每年在全球接收 3000 名左右的大学毕业生,为了利用这些宝贵的人才,西门子也制订了专门的计划。

西门子注意加强与大学生的沟通,增强对大学生的吸引力。公司同各国高校建立了密切联系,为学生和老师安排活动,并无偿提供实习场所和教学场所,举办报告会等。

1995 年 4 月,西门子在北京成立了"高校联络处",开始与高校建立稳定而持久的伙伴关系,加强与高校教师、学生及各院系、研究所的联系和沟通。西门子每年在重点院校颁发 300 多项奖学金,并为优秀学生提供毕业后求职的指导和帮助,"高校联络处"也因而被称为西门子和高校沟通的桥梁。

进入西门子的大学毕业生首先要接受综合考核,考核内容既包括专业知识,也包括实际工作能力和团队精神,公司根据考核的结果安排适当的工作岗位。

此外,西门子还从大学毕业生中选出 30 名尖子进行专门培训,培养他们的领导能力,培训时间为 10 个月,分 3 个阶段进行。

第 1 阶段

让大学生全面熟悉企业的情况,学会从因特网上获取信息。

第 2 阶段

让大学生进入一些商务领域工作,全面熟悉本企业的产品,并加强他们的团队精神。

第 3 阶段

将大学生安排到下属企业(包括境外企业)承担具体工作,在实际工作中获取实践经验和知识技能。

目前,西门子共有 400 多名这种"精英",其中 1/4 在接受海外培训或在国外工作。

大学精英培训计划为西门子储备了大量管理人员。

员工在职培训

西门子人才培训的第三个部分是员工在职培训。西门子公司认为，市场竞争日趋激烈，在不断革新、颇具灵活性和长期性的商务活动中，知识和技术必须不断更新、换代，才能跟上商业环境以及新兴技术的发展步伐，所以西门子特别重视员工的在职培训，在公司每年所投入的 8 亿马克培训费中，有 60％用于员工在职培训。

西门子员工的在职培训主要有两种形式：西门子管理教程和在职培训员工再培训计划，其中管理教程培训尤为独特和有效闻名。

西门子员工管理教程分五个级别，各级培训分别以前一级别培训为基础，从第五级别到第一级别所获技能依次提高，其具体培训内容大致如下：

第五级别：管理理论教程

培训对象：具有管理潜能的员工。

培训目的：提高参与者的自我管理能力和团队建设能力。

培训内容：西门子企业文化、自我管理能力、个人发展计划、项目管理、了解及满足客户需求的团队协调技能。

培训日程：与工作同步的一年培训；为期 3 天的研讨会两次和开课讨论会一次。

第四级别：基础管理教程

培训对象：具有较高潜力的初级管理人员。

培训目的：让参与者准备好进行初级管理工作。

培训内容：综合项目的完成、质量及生产效率管理、财务管理、流程管理、组织建设及团队行为、有效的交流和网络化。

培训日程：与工作同步的一年培训、为期 5 天的研讨会两次和为期 2 天的开课讨论会一次。

第三级别：高级管理教程

培训对象：负责核心流程或多项职能的管理人。

培训目的：开发参与者的企业家潜能。

培训内容：公司管理方法，业务拓展及市场发展策略、技术革新管理、西门子全球机构、多元文化间的交流、改革管理、企业家行为及责任感。

培训日程：一年半与工作同步的培训；为期 5 天的研讨会两次。

第二级别：总体管理教程

培训对象：必须具备下列条件之一：

　　(1)管理业务或项目并对其业绩全权负责者；

　　(2)负责全球性、地区性的服务者；

　　(3)至少负责两个职能部门者；

　　(4)在某些产品、服务方面是全球性、地区性业务的管理人员。

　　培训目的：塑造领导能力。

　　培训内容：企业价值,前景与公司业绩之间的相互关系,高级战略管理技术、知识管理、识别全球趋势、调整公司业务、管理全球性合作。

　　培训日程：与工作同步的培训两年;每次为期6天的研讨会两次。

　　第一级别：西门子执行教程

　　培训对象：已经或者有可能担任重要职位的管理人员。

　　培训目的：提高领导能力。

　　培训内容：培训内容根据管理学知识和西门子公司业务的需要而制定,随着两者的发展变化,培训内容需要不断更新。

　　培训日程：根据需要灵活掌握。

　　通过参加西门子管理教程培训,公司中正在从事管理工作的员工或有管理潜能的员工得到了学习管理知识和参加管理实践的绝好机会。这些教程提高了参与者管理自己和他人的能力,使他们从跨职能部门交流和跨国知识交换中受益,在公司员工间建立了密切的内部网络联系,增强了企业和员工的竞争力,达到了开发员工管理潜能、培养公司管理人才的目的。

　　——资料来源:西门子公司多级培训制度[J].企业文化与管理,2005(2).

案例讨论

1. 西门子公司培训制度的内容和特点是什么?

2. 你认为企业培训制度体系应包含哪些内容? 请结合你所在的企业进行分析。

第*2*章

培训需求分析

不了解员工真实需求的培训,既浪费人力、物力、财力,又不能取得预期效果。导致绩效下降的原因很多,比如内部流程,组织结构设置,激励失效,上下级关系不融洽,领导方式、员工的态度、知识技能的变化等。因此,在培训前,首先需要对培训的需求进行深入有效的分析。

重点问题

⇨ 培训需求分析的概念和意义
⇨ 培训需求分析的主要内容
⇨ 培训需求分析的技术方法
⇨ 战略层面需求分析的涵义和流程
⇨ 任务层面需求分析的涵义和流程
⇨ 人员层面需求分析的涵义和流程
⇨ 培训需求的动态信息系统
⇨ 胜任力模型的培训需求分析

2.1 培训需求分析概述

2.1.1 培训需求分析的概念及意义

作为一个管理者,首先要了解员工真正的需求是什么,有的放矢,然后才能采取有效的激励措施。建立有效的培训体系,关键是要进行需求分析。需求分析是根据组织的发展战略和员工实际的工作绩效表现得出的。需求产生的原因是目前的状况与理想的状况之间存在差距,这一差距就是"状态缺口"。

因为存在"缺口",因而产生了培训需求。企业对雇员的能力水平提出的要求是"理想状态"，而员工本人目前的实际水平则是"现实状态"，两者之间形成了"状态缺口"，企业要努力减小这一"缺口"，从而形成了培训需求（如图 2 - 1 所示）。

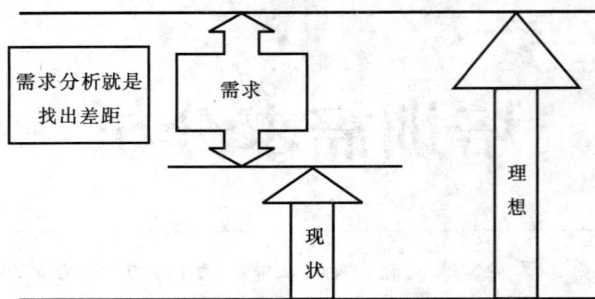

图 2 - 1　需求分析示意图

1. 培训需求分析的概念

国外文献中关于培训需求分析的认识有以下几种观点：

斯蒂芬（Steve Cook）认为：培训需求分析主要是寻找理想的绩效标准与实际表现之间的差距。它是人力资源开发的基础性工作，是进行有效培训的前提条件，有助于培训计划的顺利实施，同时也是衡量培训方案的标准。

戴维·哈里斯和兰迪（David M. Harris & Randy L. DeSimone）认为：培训需求分析是确认一个组织人力资源开发需求的过程，是企业人力资源开发和培训的起点。通过需求分析可以明确以下问题：组织的目标；员工实际具备的技能和业绩优秀的员工所需具备的技能之间的差距；现有技能和未来获得更好绩效所需的技能之间的差距；企业人力资源开发活动的状况。

凯瑟琳（Catherine M. Sleezer）认为：在培训需求分析阶段，由专业培训人员对培训需求进行排序，将培训所需的资源与实际可用的资源进行调整与匹配，从而设计出切实可行的培训方案。

切斯特（Chester Delaney）认为：培训需求分析是指寻找和发现组织中谁需要学习、学习什么，排列出需求的优先顺序，以帮助其更好地完成工作。培训需求分析的焦点不在学习本身、培训计划本身或培训部门必须提供什么，而是根据绩效标准，关注员工学习的需求，即员工需要学习到的知识、技术、能力、态度等方面。培训需求分析力求使缺乏培训可能引起的后果和通过培训改善现有绩效建立一定的相关关系。

卡夫曼（R. Kaufman）认为：作为人力资源开发人员要始终保持对组织绩效的关注，不能把注意力全部集中在个人绩效的差距上，一定要从培训需求分析开始做起；要进行问卷调查，看大家需要什么；避免只采集"软信息"或只采集"硬信息"等。

综上所述，所谓培训需求分析，就是通过收集组织及其成员现有绩效的有关信息，确定现有绩效水平与应有绩效水平的差距，从而进一步找出组织及其成员在知识、技术和能力方面的差距,为培训活动提供依据。

　　培训需求分析需要对不同的培训主体进行分析,包括组织高层管理者、人力资源部门、各级管理人员以及其他人员等。只有调动各方面人员的积极性,使他们参与需求分析,发挥各自优势,才能保证需求分析的真实性、全面性和有效性。同时,培训需求分析就是要通过对组织及其成员的目标、技能、知识、态度等的分析,来确定员工现有状况与应有状况的差距、组织现有状况与应有状况的差距以及预测组织和成员未来任务的需求。

　　2. 培训需求分析的意义

　　人力资源培训与开发是一个有机系统,从培训需求的分析开始,然后确定培训目标,选择设计培训方案,实施培训,到最后反馈培训效果和评价,是各部分相互联系的一个网络。培训需求分析是首要的和必经的环节,是其他培训活动的前提和基础,在培训流程中具有重要的意义。

　　(1)寻找组织绩效问题产生的原因。不同组织存在不同的问题,相同的问题在不同的组织系统中不能采用同样的培训方案,即使相同的问题在相同的组织系统,但在不同的阶段也不能采用同样的培训方案。因此,培训人员必须依据组织环境寻找组织的真正问题所在,然后设计培训的内容和方式,才能有效解决组织中存在的问题。

　　(2)确认两种差距。培训需求分析的基本目标是确认差距:一是绩效差距,即组织及成员绩效的实际水平同绩效应有水平之间的差距,主要通过绩效评估的方式来完成;二是要达到的绩效目标和现有的知识、技术、能力方面的差距。为此,要分析理想的知识、技术、能力的标准是什么;分析现实缺少哪些知识、技术、能力;然后对理想的和现有的知识、技术、能力之间的差距进行分析。

　　(3)了解员工个人需求,了解个人职业发展需求,赢得组织成员的支持。组织中的培训与开发工作必然会影响到组织成员的日常工作和行为,而培训需求分析的结果能够获得组织人员对培训活动的支持,从而有助于培训活动的顺利进行。组织成员的支持贯穿于培训的全过程中,否则任何培训活动都不能顺利进行,更不可能获得成功。

　　获得组织成员支持的重要途径之一就是进行培训需求分析。培训除了解决员工工作绩效问题外,员工个人能力发展与个人成长的需求也是不可忽视的部分,因此,培训需求分析还可以了解员工个人职业发展的需要。

　　(4)建立动态信息数据库,便于进行培训效果的评估和反馈。培训需求分析是通过各种方法收集与培训有关的信息的过程,通过这一过程,可以建立人力资源开发与培训的信息数据库。一个设计良好的培训需求分析能够帮助确定有效的培训战略、培训重点、培训内容和培训目标员工等。培训需求分析所收集到的信息可以作为培训效果反馈和评估的标准,便于分析培训项目的有效性。因此,培训需求分析是培训效果评价的重要前提。

（5）确定培训的成本与价值。培训需求分析可以确定培训项目需要的成本，从而决定投入多少才更经济。进行系统的培训需求分析，可以找到组织存在的问题，可以把成本因素与产出的预期因素引入到培训需求分析中。

3. 培训需求分析的种类

（1）工作任务分析和绩效分析。根据培训需求分析所涉及员工的不同情况，培训需求分析可分为对新入职员工的工作任务分析和对在职员工的绩效分析两部分（见表 2-1）。

表 2-1　新员工与在职员工培训需求分析内容表

	新员工	在职员工
培训需求分析内容	工作任务分析	绩效分析

①工作任务分析。工作任务分析就是对工作做详细的研究，以确定所需要的技能、知识和态度等，以便实施适当的培训计划。

对新员工来说，特别适宜于用工作任务分析来判断员工的需求。企业内层次比较低的工作，通常是雇佣有经验的人员去做并对其进行培训。在这种情况下，有必要用工作任务分析法来确定工作中需要的各种技能。

在工作分析过程中，除了要充分利用工作说明书和工作规范外，还可以使用工作任务分析记录表。工作任务分析记录表通常将工作的主要任务和子任务、各项工作的执行频率、绩效标准、完成工作的环境、所需的技能和知识等内容集中在一张表上，这有助于确定培训需求。

工作盘点法也是一种典型的工作任务分析法，它列出了员工需要从事的各项活动、各项工作的重要性以及执行工作需要花费的时间，这些信息可以帮助负责培训的人员安排各项训练活动的先后次序。肯尼斯·维克斯利（Kenneth Wexley）和加里·莱瑟姆（Gary Latham）在 1981 年设计的一个轮胎商店主管的工作盘点法表就是这种方法的一个实例（见表 2-2）。

表 2-2　工作盘点法的轮胎商店实例

	重要程度	与其工作比较而言所花费时间
根据每个工作活动选择代表其重要程度和花费时间的代码	1. 不重要 2. 有点重要 3. 相当重要 4. 很重要 5. 极其重要	0. 从未有过 1. 很少 2. 少一点 3. 差不多 4. 多一些 5. 多很多

	重要程度	与其工作比较而言所花费时间
1. 为所有新员工分配工作任务	1　2　3　4　5	0　1　2　3　4　5
2. 每月盘点仓库的库存	1　2　3　4　5	0　1　2　3　4　5
3. 指定各个业务员到供货处进货	1　2　3　4　5	0　1　2　3　4　5
4. 监督加班费支领情况	1　2　3　4　5	0　1　2　3　4　5
5. 在报纸和电台安排广告事宜	1　2　3　4　5	0　1　2　3　4　5
6. 维护建筑物内外的整洁	1　2　3　4　5	0　1　2　3　4　5
7. 客户上门时作礼节性接待	1　2　3　4　5	0　1　2　3　4　5
8. 安排新员工的实习训练并定期考核其业绩	1　2　3　4　5	0　1　2　3　4　5
9. 知道会计人员如何申请赔偿损失	1　2　3　4　5	0　1　2　3　4　5
10. 必要时签发支票到客户银行	1　2　3　4　5	0　1　2　3　4　5
11. 安排卡车的最佳运输路线	1　2　3　4　5	0　1　2　3　4　5
12. 召开安全会议	1　2　3　4　5	0　1　2　3　4　5
13. 打电话给客户以招揽生意	1　2　3　4　5	0　1　2　3　4　5
14. 确保广告上的产品能够及时供货	1　2　3　4　5	0　1　2　3　4　5
15. 与员工讨论前途问题	1　2　3　4　5	0　1　2　3　4　5

②工作绩效分析。工作绩效分析,指员工当前工作绩效与要求的工作绩效之间的差距,并确定是应该通过培训来纠正还是通过其他方法来纠正。

工作绩效分析一般分为三个步骤:

首先,通过评价员工的工作绩效来确定工作中是否还存在问题。

其次,弄清问题出在哪里,是能力不足还是不了解新工作要求和绩效标准,是态度存在问题,系统存在障碍,还是流程的问题等。

最后,考核对员工进行培训投资的成本、收益情况。如果该员工属于人员选拔失误导致的不具备相应的开发潜力,则不需要进行培训;如果员工可以通过培训提高工作能力,从而改进工作绩效,则应该对其进行有针对性的培训。

(2)组织分析、任务分析和人员分析。对于培训需求按层次划分有许多不同的方式,大多数学者主张用三个层次分析法进行需求分析,即战略/组织分析、任务分析和人员分析(见表 2 - 3)。

表 2 - 3　培训需求分析的层次

层次	需求分析内容
战略层面	哪些地方需要培训?实施培训的环境和条件如何?
任务层面	为了有效地完成工作必须做什么?
人员层面	哪些人需要接受培训?需要接受哪种培训?

这种分类方法有助于从不同角度了解组织及其工作人员现在和未来的培训需求,这对于提高培训需求分析的合理性、真实性、有效性非常必要。这三个层次并不是截然分开的,而是相互关联、相互交叉、不可分割的。为了使人力资源开发工作更为有效,对每一层次都需要进行测量和分析,而每一层次的需求分析反映了组织中不同侧面的需求。

2.1.2　培训需求的确定

1. 确定培训内容

目前,国内很多企业进行的培训多是简单的知识或技能的培训,如企业介绍、产品知识、财务常识等,内容的相关性很差,而且对参加培训的对象不加以区分都采用相同或相近的培训内容。有些企业不是按照需要进行培训,只是给有空闲时间的人安排一种事情,或者只是作为培训任务予以完成,这些都会失去培训本来的意义。按需要培训,并按需要提供相关的内容显得十分重要。

一般根据完成工作岗位职责的需要,把培训内容分为知识、技能、态度及其他三个方面(见表2-4)。

表2-4　企业内部培训的内容分类

知识	技能	态度及其他
1. 具备完成本职工作所需的基本知识 2. 了解企业的经营状况及发展战略、经营方针、规章制度、市场及竞争等 3. 懂得如何去处理工作中发生的一切问题 4. 明确岗位职责,熟悉与其工作相关的技术领域的发展现状 5. 学会如何节约和控制成本以提高企业效益 6. 培养和掌握一定的管理知识 7. 学习必备的社会学理论知识,如激励理论、人际关系协调、社会政治文化、伦理道德等方面	1. 熟悉掌握本岗位所需要的基本技能、技巧 2. 熟练运用各种生产或管理技术去处理与本工作岗位相关的技能问题 3. 学会在较复杂多变的生产或经营管理情况下判明真相,提出解决问题的方案 4. 学会合作、沟通和创造性解决问题的能力,理论联系实际 5. 形成有意识、有条理的应用策略程序对工作问题进行思考、计划、检查和评价的技能 6. 学会运用经营管理技术、生产技术、工程技术、生产过程工艺等	1. 如何认识自我,处理好个人与他人、个人与企业的关系,并建立自信心 2. 如何正确地选择、分析和把握自己和企业的未来 3. 如何看待自己的工作岗位、上级、下属和所属的企业或团队 4. 如何确定并实现自我职业生涯的奋斗目标 5. 如何看待应对挑战、变化和责任 6. 人生观、价值观和工作责任心 7. 学会以殷勤友善的方式对待企业的客户和他人 8. 团队精神、合作精神

在以上三类内容的基础上,又将每一类分成低、中、高三个层次,以适应不同岗位人员或水平不同的员工的培训需要。当然,培训内容不是一成不变的,需要不断修订、补充、完善和更新。

2. 受训者的选择

企业或组织资源有限,不可能提供无限的资金、人力和时间,让全体员工参加培训。根据成本—收益原则,虽然全体员工的培训很重要,但组织只能根据组织目标的需要选择重点员工进行培训。

(1)新招聘的员工。对新员工进行培训,可以使他们顺利进入工作状态,有一个良好的工作开端,获得有效的职业生涯发展,为企业或组织的发展建功立业。

(2)需要改进目前工作的人。这类人员一般作为企业或组织的骨干力量,培训可以使其更加熟悉自己的工作业绩以促成组织目标的达成。

(3)组织需要其掌握其他技能的人。这类人员一般分为两种情况:一是企业的技术骨干更新知识或发展成为复合型人才的需要;另一种是转岗的需要,这类人员虽不算企业的技术骨干,但通过培训完全可以担当或胜任新岗位的工作。

(4)有潜力的人。有潜力的人,一般指企业中具有创新能力和潜质的特殊人才。这种培训,目的在于发掘和激发其潜在才能,更好地为企业作出更大的贡献。通过培训,使其掌握各种不同的管理知识和岗位技能,从而进入更复杂更高层次的工作岗位。

3. 培训时机的选择

总的来说,什么时候有需要就什么时候培训。但知易行难,企业培训往往步入一些误区:许多企业往往是在时间比较方便或培训费用比较便宜时才提供培训。如一些企业把培训计划定在生产淡季以防止影响生产,但却因为没有及时提供培训造成了大量次品、废品的出现或其他事故的发生,代价往往很高。

通常以下几种情况需要进行培训。

(1)新员工加盟组织。大多数新员工都要通过培训熟悉组织的工作程序和行为准则,即使新员工进入组织时已经有了优异的工作技能,也必须了解组织运作中的一些差别。很少有员工刚进入一个新组织就掌握了该组织需要的一切技能。

(2)员工晋升或岗位轮换。虽然有些员工已经成为组织的老员工,对于组织的规章制度、组织文化及现任岗位的职责都十分熟悉,但晋升到新岗位或轮换到新岗位,从事新的工作,则会产生新的要求。尽管这些员工在原工作岗位干得很出色,对新岗位的准备却不一定充分,为了适应新岗位的要求,需要对这些员工进行培训。

(3)由于环境改变,培训老员工。由于多种原因,如引进新设备,要求对老员工培训新技术;购置新软件,要求员工学会使用。为了适应市场需求的变化,组织都在不断调整自己的经营战略,每次调整都要对员工进行培训。

（4）满足补救的需要。当员工不具备工作所需的基本技能时，就需要培训进行补救。一是由于劳动力市场紧缺或行政干预或其他方面的原因，不得不招聘不符合要求的职员；二是招聘的员工看似具备条件，但实际表现不尽如人意。

（5）工作积极性下降。培训是调动员工积极性的有效方法。事实证明，委派员工参加培训、去国外或外资公司任职、派去先进公司跟班学习及脱产深造都是满足培训需求的途径。经过培训的人员，不仅提高了素质和能力，也改善了工作动机和工作态度。

2.1.3　培训需求分析的技术方法

1. 培训需求分析的方法

培训需求分析的方法有很多，包括观察法、绩效评估法、面谈法、小组工作法、调查问卷法等。每种方法各有其优缺点。表 2-5 总结了一些组织中常见的培训需求分析技术及其优缺点。

表 2-5　培训需求分析的主要技术方法比较

方法	实施要点	优点	缺点
观察法	1. 以旁观者的角度观察员工在工作或会议进行中的表现行为 2. 适用于操作技术方面的工作 3. 一般在非正式情况下进行，以免造成被观察者的紧张不安	1. 得到有关工作环境的数据 2. 将评估活动对工作的干扰降至最低	1. 观察员须具备熟练的观察技巧 2. 只能在观察到的环境中收集资料 3. 被观察的员工的行为方式有可能因为被观察而受到影响
访谈法	1. 确定访谈对象和人数 2. 准备访谈提纲 3. 访谈气氛和过程控制 4. 整理并分析结果	1. 工作灵活信息直接 2. 易于得到员工的支持和配合 3. 有利于观察当事人的感受、问题的症结和提出解决方式	1. 费时 2. 不易于量化，分析难度大 3. 需要高水平的访谈技巧

方法	实施要点	优点	缺点
问卷法	1. 列出培训者要了解的事项 2. 将列出的事项转化为问题 3. 设计问卷 4. 问卷试答,修改 5. 发放并回收问卷,并对问卷结果进行分析	1. 可在短时间内调查大量人员 2. 成本低 3. 使被访者回答问题更自然 4. 易于对数据资料进行归纳	1. 问卷编制周期长 2. 限制受访者表达意见的自由,不够具体 3. 回收率可能低,有些答案不符合要求
小组工作法	1. 小组成员的选择和人数确定(一般8~12人) 2. 小组成员要有代表性 3. 气氛和过程控制 4. 整理并分析结果	1. 分析更全面 2. 有利于发现培训需求的具体问题及问题的原因和解决办法	1. 费时 2. 工作小组要有良好组织、协调能力 3. 成本较高
咨询法	1. 咨询关键人物了解培训需求信息 2. 咨询对象一经确认可采用问卷、面谈等方法收集资料	1. 简单省钱 2. 可以建立和增强参与者的沟通渠道	获得的培训需求资料可能会具有片面性
测验法	1. 测验员工的工作熟练程度和认知度 2. 发现员工学习成果的不足之处	1. 结果易量化分析 2. 有助于确认问题发生的原因(知识、技能、态度等)	1. 结果只能说明测验所测到的知识能力 2. 无法展现实际工作的行为和态度 3. 效率不高
书面资料研究法	分析相关文献	1. 通过现行的重要信息和问题的线索,提供客观的证据 2. 资料容易获得	1. 通常无法找到问题的原因和解决之道 2. 信息的时效性差

实际工作中企业要考虑组织内外部环境条件,在可能范围内,选择合适的方法进行培训需求分析。

2. 培训需求的整体性分析方法

整体性分析方法是指通过对组织及其成员进行全面、系统的调查,以确定理想状况与现有状况之间的差距,从而进一步确定是否进行培训以及培训内容的一种方法。

该方法是培训需求分析的战略/组织层面常采用的一种方法。这是一种主动式分析法,不考虑是否有问题,而是根据企业的发展、市场及行业状况,进行综合分析,并发现问题的一种方法。

3. 培训需求绩效差距分析方法

绩效差距分析方法,也称结果分析法,是一种比整体分析法更深入、更直接的方法,主要集中在工作行为的结果方面而不是组织系统方面。尽管绩效差距分析方法有很多策略同整体性分析方法相似,但是绩效差距分析法的作用是解决具体问题而不是系统的过程分析。它只侧重于结果。

该方法常出现的情况是在确认个体问题时,对整个组织系统并没有分析。

4. 前瞻性的培训需求分析模型

当前技术发展非常迅猛,企业要保持技术优势,必须展望企业未来,不断领先技术发展,跟踪技术前沿,对于高科技企业尤其如此。因此,对于知识型员工的前瞻性培训就具有现实意义。

在很多情况下,即使员工目前的工作绩效令人满意,也同样需要培训。随着企业经营环境的变化,战略目标的调整,企业生命周期的演进以及员工个人在组织中成长的需求,针对适应未来变化的培训需求也会产生。

前瞻性培训需求分析模型,如图 2-2 所示。

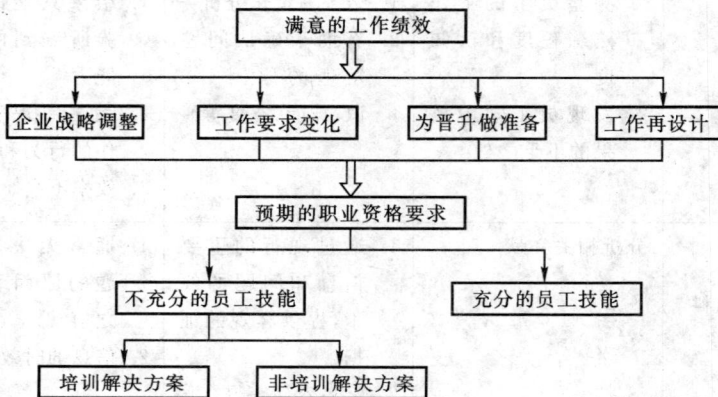

图 2-2　前瞻性培训需求分析模型

2.1.4　建立动态的信息系统

不少企业对培训信息的重视程度不够,只停留在对培训需求分析和培训效果的信息收集和整理方面。事实上,所有与培训有关的信息都应该纳入培训信息的范畴,培训信息对于培训管理决策、培训目标的确定、培训计划的制订乃至对培训手段和技术的运用都具有重要的价值。

培训信息有外部信息和内部信息之分,培训信息系统也可以分为外部培训信息系统和内部培训信息系统。

1.　外部培训信息的收集

外部培训信息除包括同行竞争对手的信息之外,还包括专业培训顾问公司的信息,专业培训顾问的信息和现代高科技的发展信息,以及与培训工作关系较为密切的现代心理学、教育学、管理学和演讲艺术、国家有关培训发展方面的政策变化信息等。

收集外部培训信息的渠道很广泛。除传统的电视、报纸、杂志和广播外,上网查询也是收获颇丰的方法。我国已经有很多专业的培训网站,国际方面较为成熟的专业培训网站也不下百家。很多门户网站也推出教育培训方面的专栏,还有一些专门的远程教育网站、培训界的会议等,其中不乏可资借鉴的信息。还可采取其他的方式有目标地获取外部培训信息。比如进行顾客服务满意情况调查、对企业的目标顾客和牢固的顾客进行专访,通过外部环境了解企业员工在顾客心目中的形象,将更有利于制订一线员工的培训计划。对于分支机构较多的企业,通过分支机构的信息报告来定期反馈外部培训信息,也是外部信息的收集方法之一。

2.　内部培训信息的收集

内部培训信息系统与外部培训信息系统相比,较容易建立,可以通过沟通渠道获取所需的内部培训信息。内部培训信息反映的内容更加直观,是分配培训资源、确定培训目标和培训战略、制订培训计划、判断培训效果和评估培训效益必须掌握的重要资料。

对于内部培训信息的要求也会受到培训工作者在组织中所扮演角色的影响。作为组织战略促进者所要求的内部培训信息更加广泛,不仅包括培训实施层面的内容,还包括来自各个部门和组织最高决策者的信息。但不能完全遵照这些信息进行决策,尤其当外部培训信息和内部培训信息相矛盾时更要慎重决策。

内部培训信息主要有:企业战略、企业发展计划、企业目标、组织中个人需求、培训心得、各部门工作目标、各部门培训计划、各部门工作计划、培训评估信息、培训实施全程记录、培训资源、个人职业生涯发展规划等。

内部培训信息主要来自三个方面:组织内部的高层决策者、组织内部各部门(和分支机构)和组织中的个人。针对不同的信息源目标,可分别采用调查、评估、面谈、培训会议、培训实施现场观察等方法来获取相关资料。

当然内部培训信息的获取要有较为完善的制度作保障。比如,培训评估考核制度、培训交流制度、培训会议制度等,否则培训信息收集就会不完善。

3. 信息收集的原则

无论是外部培训信息还是内部培训信息,在信息收集和获取中都必须遵循一些原则。这些原则一般有:

(1)多渠道:从尽可能多的渠道进行收集;

(2)最快时间:在最快的时间内获取信息;

(3)量化:最好能够把想要获取的信息进行量化;

(4)方便简捷:最好利用方便简单的工具进行数据收集;

(5)多次:不止一次地进行信息收集。

另外,企业对培训信息的使用要有正确的认识。培训信息不仅仅是培训工作者使用的专利,也不是只对培训工作者才有价值,它还可以成为部门经理人员决策的参照,成为组织中了解个人培训情况、提高培训认识的有效资料,甚至可以对组织决策者的决策产生一定的影响。特别是外部培训信息,对于组织决策者了解市场环境或者是竞争对手的发展策略都是非常有价值的。

相关链接 2-1

培训需求分析举例——西门子

1995 年,西门子总公司对西门子(中国)有限公司及其合资企业进行了专项培训需求调查。西门子公司采用问卷调查进行培训需求分析。

结果表明,在各种培训中,工作技能、销售、商务和企业中高级管理人员的培训是最重要的。

此外,该公司还通过"爱发谈话"确定个人培训需求和个人培训计划。"爱发谈话"是西门子公司实行的一项人事制度,主题是"发展、促进、赞许"。

在西门子公司的 40 万名员工中,高级管理者有 26000 人左右,"爱发谈话"的对象就是这些人员。谈话每年进行一次,已成为制度。谈话由职员、上司、主持人 3 方参加。职员及高级管理者,上司是谈话对象的直接主管,主持人通常是人事顾问。

这种"爱发谈话"是以谈心的方式开展,上司是主角,在谈话中处于主动地位,但是它不是以上司的身份出现,而是担任教练角色,从心理上与职员构成伙伴关系,设身处地地帮助其分析优势和劣势、确立个人的发展目标。

职员在谈话中的任务是:客观分析自己的现状,找出自己的强项和弱项,提出培训意愿,根据自己的兴趣、爱好、潜力以及目前所处的位置设计调整职业生涯规划,达到关心自我、确立目标的目的。

主持人的任务是:协调谈话各方、回答有关问题、提供参考信息。

为了保证谈话效果,谈话前三方都要做好必要的准备,尤其上司的准备要很充分,其中包括掌握谈话对象当年完成任务情况、能力状况等。谈话结果经双方签字后归入人事档案,作为岗位变动、职位升迁、培训的重要依据。在"爱发谈话"基础上实施的高级管理人员培训针对性强,缺什么便培训什么。

——资料来源:中国人力资源网.

2.2　战略层面的需求分析

2.2.1　战略层面需求分析的涵义

1961 年,麦基(McGehee)和泰勒(Thayer)就提出,战略层面需求分析应该主要考察组织战略、组织中的资源和资源配置状况。随后,戈尔斯坦(Goldstein)认为组织分析指的是分析组织整体的系统性要素,除了需要考虑组织目标与组织资源外,还需要对组织所处的内外环境因素和培训氛围等条件进行分析。1992 年,唐乐鲍(Tannenbaum)与俞克(Yukl)认为进行组织分析必须考察组织结构、政策程序、工作设计与流程等因素,凡是会影响到员工工作能力与工作业绩的因素都应该归入组织分析的范畴。最近,卡维塔(Kavita Gupta)又提出,组织分析也是一种战略分析。

培训需求的组织分析主要是通过对组织的目标、资源、特点、组织氛围、环境等因素的分析,准确地找出组织存在的问题和问题产生的根源,以确定培训是否是解决这类问题的最有效的方法。

培训需求的组织分析设计能够影响培训规划的组织的各个组成部分,包括对组织目标的检查、组织资源的评估、组织特质的分析以及环境的影响等方面。组织分析的目的是在收集和分析组织绩效和组织特质的基础上,确认绩效问题及其原因,寻找可以解决的办法,为企业人力资源培训与开发项目提供重要的信息。

2.2.2　战略层面需求分析的方法

一般而言,组织分析主要从以下几个方面入手。

1. 组织战略目标分析

组织目标和战略规划是评价组织绩效的重要标准。明确、清晰的组织目标既对组织的发展起决定性作用,也对培训项目的设计与执行起决定性作用。因此在进行培训需求分析前,必须充分了解组织目标和战略规划。那些实现了组织目标的领域也许不需要培训,但是仍需要对其进行监控,以便能够及早发现潜在问题和提高运作效率的潜在机会。那些高效运作的领域应当被视为典范,为其他单元实现更有效的运作提供借鉴。而那些没有达到组织目标的领域则需要进行更深入的分析,并采取相应的人力资源培训开发计划或管理方面的干预措施,使培训项目目标与组织目标一致。比如,实行紧缩性经营战略的企业会比实行其他战略目标的企业更看重诸如重新寻找工作的技能方面的培训。

值得指出的是企业越是强调培训的战略性角色,它就越有可能按虚拟培训组织或企业办学模式组建培训职能部门。利用培训来解决经营问题是非常重要的途径。

2. 组织资源分析

在分析组织人力资源开发工作的需求时,了解组织的资源条件非常有必要。明确可被利用的人力、物力和财力资源才可以确立培训的目标。

组织资源分析包括对组织的资金、时间、人力等资源的描述。

①资金。组织所能够提供的经费将影响培训的范围和深度。

②时间。对组织而言,时间就是金钱,培训是要相当时间的,如果时间紧迫或安排不当,极有可能使得培训达不到预期的效果,造成资源浪费。

③人力。对组织人力状况的了解非常重要,这是决定是否需要培训的关键因素。人力状况包括:工作人员的数量、工作人员的年龄、工作态度、技能水平、知识水平、工作绩效等。

此外,知识资源条件,比如组织的设施、现有的相关资料以及组织内部的专业力量也会影响人力资源培训与开发的开展。可利用的资源数量会在一定条件上限制培训与开发工作的开展,以及影响各种培训需求的优先次序。比如,如果组织内部没有教室或会议室,在安排培训活动时就会遇到困难,费用也会很高昂。

以一家计划安装计算机辅助生产设备的公司为例,来说明公司资源对战略的影响。该公司面临三种战略选择来对付所谓的计算机盲的员工的需求。第一,公司可根据自身拥有的人员和专业水平及预算约束条件,利用内部咨询者和培训相关人员。第二,公司为节约成本可以通过测试和抽样的办法考核哪些员工属于计算机盲。让那些没有通过测试的人或者样本平均水平之下的人调动工作。选择这种战略说明公司更愿意将资源分配到人员的甄选和安置上，而不是用于培训。第三，由于缺乏时间或专业能力，公司可以从咨询者那里购买该项目的培训任务。

3. 组织特质与氛围分析

组织特质与氛围对人力资源培训与开发工作的成败有很大影响。如果组织氛围不利于人力资源开发工作，那么培训开发项目的策划实施就会遇到很大的困难。

组织特质与氛围分析主要是对组织的系统结构、管理者和员工对培训的支持、文化、资讯传播情况的了解。

①系统特质。指的是组织的输入、运作、输出、次级系统互动与外界环境间的交流特质，使管理者能够系统地面对组织，避免组织分析以偏概全的缺失。

②文化特质。指的是组织的软硬件设施、规章、制度、组织运营方式、组织成员待人处世的特殊风格，使管理者能够深入了解组织，而不是停留在表面。

③资讯传播特质。指的是组织部门和成员收集、分析和传递信息时的分工与运作，使管理者能够了解组织信息传递和沟通的特性。

④管理者和员工对培训的支持。比如，如果经理和员工之间互不信任，员工可能无法全心全意地参加培训；如果中高层管理之间意见不统一，中层管理者可能会抵制培训或不予以全面的配合，从而使培训的成本增加，效果减弱。

研究表明，组织特质和氛围将影响员工培训的实施和成果的转化。

4. 外在环境限制

外在的环境限制条件包括面对的法律、社会、政治、经济问题。这些外界因素会影响对某些培训的需求。例如，法律规定要保障弱势群体的工作权利，组织就要针对弱势群体员工实施必要的培训，促进其能力的发展。同样，市场竞争的激烈程度，也可能对人力资源开发产生影响，因为组织有时必须精简部分员工，以节约人工成本。为此，组织就有可能需要对在职员工进行培训，使之完成那些被精简下来的员工先前的工作，以应付组织突发的员工减少带来的风险。

除上述要素外，组织结构、业务流程也是组织分析考虑的因素。

2.2.3　信息来源

战略层面分析的方法根据不同组织有所不同，组织可以根据自己的实际情况选择不同的方法，前面已经介绍了培训需求分析的一些方法。表 2-6 是战略层面培训需求分析信息来源。

表 2-6　战略层面需求分析的信息来源①

组织层面分析的信息来源	对培训与开发项目的意义
1. 组织目标、目的和预算	通过评价组织目标和实际绩效的差距,确定培训重点、培训方向及经费预算
2. 人力资源储备库	培训需要弥补因退休、离职等引起的人力资源储备不足
3. 技能储备库	每一技能群体包含的员工数量、知识、技能水平的级别,每项工作所需的培训时间等。可以由此估算出对培训的特定需求量,并有助于人力资源开发项目的成本—收益分析
4. 组织氛围指数	反映组织层面的"工作环境",有助于发现可能与培训有关的问题,有助于帮助管理者分析实际工作绩效和理想工作绩效之间的差距,从而设计出所需的培训方案,以及如何影响员工工作态度和行为方式
5. 效率指数分析(劳动力成本、物料成本、产品质量、设备利用率、运输成本、浪费、交货延迟)	这些成本会计概念在一定程度上可以代表实际绩效与期望绩效或标准绩效之间的差距
6. 系统或子系统的变化	设备的更新换代可能对培训与开发工作提出了新的要求
7. 管理层要求的变化	最常用的培训需求指标之一
8. 离职面谈	一些从其他途径无法得到的信息常常可以从离职面谈中取得,尤其是从中发现组织在哪些方面出现了问题以及需要对管理层进行的培训是什么
9. 目标管理或工作规划与述职报告	获得工作绩效总结、潜力评价和长期经营目标方面的信息。以不断循环发展的观点了解实际工作绩效,分析绩效问题,力求改进

从表 2-6 可以看出,一个组织可以通过很多渠道和方法收集到需求分析所需的信息。有的信息可以马上获得(效率指标),但是有的可能需要进行调查(如组织特质和组织氛围)。麦肯锡咨询公司开发出的"7S"模型,是分析组织的有力工具。该模型包括:共享的价值观(shared value)、结构(structure)、系统(system)、领导风格(style)、全体员工(staff)、技能(skill)和战略(strategy)。

---

① M. L. Moore, P. Dutton. Training Needs Analysis: Review and Critique[J]. Academy of Management Review,1978,3(3).

2.2.4　注意事项

　　培训需求分析的目的就是通过对组织及其成员在知识、技能、态度等方面的现有状况与应有状况的差距分析,为培训必要性的判定、培训规划设计、培训目标确定、培训对象、培训内容的选择和培训活动等提供依据。实际工作中在进行组织分析时,需要考虑组织战略与人力资源方面的问题(见表 2-7、表 2-8)。

表 2-7　考虑的组织战略问题

- 组织所处的行业是上升期还是稳定期? 竞争对手的发展态势如何? 组织在国内外的主要竞争对手是谁? 与竞争对手相比本组织的优势是什么?
- 为什么组织在过去可以取得辉煌的业绩?
- 组织准备引进什么新技术? 新技术将在什么时候投入使用?
- 未来出现的变革和创新将如何改变行业的竞争格局?
- 组织将在何时建立什么样的新型管理理念或措施?
- 无论过去、当前还是未来,是否存在影响组织战略的政府政策问题?
- 为实现总体战略,各部门采取什么具体策略? 为什么?

表 2-8　考虑的人力资源方面的问题

- 本组织目前员工的优势和劣势分别是什么?
- 工作流程、组织文化和员工的技能水平必须实现哪些改革?
- 组织总体战略的实施是否会造成裁员和员工跳槽现象? 能够预期对哪些人产生影响?
- 组织的总体战略对人力资源培训开发工作意味着什么? 培训开发工作将如何为组织目标的实现作出贡献?
- 组织需要实施哪些具体培训开发工作? 组织本身是否有能力实施必要的人力资源开发项目? 有没有外界专家可以帮助我们?
- 员工和管理层如何看待以前的培训工作? 他们对培训工作的信任程度?
- 投入—产出比最大、最可行的方案如何制定?
- 当前采用什么样的培训效果评估方法? 它提供投资回报率分析吗?
- 有没有一种工作程序可以发现新战略规划对培训的需求?
- 除了培训开发工作外,是否考虑其他的人力资源管理职能? 是否有必要进行重新设计?

　　当组织打算从咨询公司或供应商那里获得培训项目而不是自行开发时,那么选择一个能够提供高质量产品的供应商就很重要。培训供应商包括咨询人员、咨询公司或研究所。许多组织通过征询建议书来选拔能够提供培训服务的咨询机构和供应商。征询建议书(RFP)是指这样一种文件:它向咨询专家和卖主概括说明公司寻求的服务种类,所需要参考资料的类型与数量,接受完成项目的时间及公司接收建议的截止时间。公司可以将征询建议书通过邮寄方式传递到潜在供应商手中,或者通过网上的站点发布信息。征询建议书之所以具有价值是因为它提供了评价咨询专家的一整套规范的标准,而且 RFP 能够为公司免去对那些不能够提供满意服务的供应商评估的必要。

通常 RFP 可以帮助找出符合标准的几家供应商,下一步就是选择所青睐的提供培训的供应商了(见表 2 - 9)。

表 2 - 9　供应商回答问题示例

- 你的公司在设计和传递培训方面有多少类型和哪些经验?
- 你们员工的任职资格要求是什么?
- 你能够说明或者提供一个你开发过的培训项目的实例吗?
- 你能为你所提供服务的客户提供参考资料吗?
- 你有哪些证据可以证明你提供的培训项目是卓有成效的?

管理人员和培训者应该与供应商以前的顾客及专业组织取得联系,以查明该供应商的声誉,还应该对其经验做出评价。比如,他们从事过哪个行业的培训工作等。

管理人员应该认真思考咨询合同中提出的服务、材料和收费等事宜。例如,允许咨询公司保留培训资料、手册和辅助材料的版权并不足为奇。如果公司日后还想使用这些材料进行培训的话,那就必须向咨询公司再次支付项目费用。

当有咨询人员或其他的外部供应商来提供培训服务时,很重要的一点就是考虑该培训项目是针对公司的特定需要,还是咨询者只准备根据以往在其他组织中应用的培训基本框架来提供服务。

供应商或咨询人员开发出一套培训项目的时间取决于其他一些条件。有些咨询者估计每小时的课程指导所需项目开发设计的时间为 10 到 20 小时。高技术含量的内容需要与专门项目专家举行多次的会面,这将增加 50％的开发时间。应用新技术的培训项目每小时内容的开发设计时间会从 300 到 1000 小时不等,主要取决于包括要多少次动画、图表和音像,要开发多少新的内容,提供给受训者多少次实践机会和要多少信息反馈类型及不同指导的排列组合数量。

2.3　任务层面的需求分析

2.3.1　任务层面需求分析的涵义

任务分析是指系统地收集关于某项工作或者工作组信息的方法,其目的是明确要达到的最优绩效,确定重点的工作任务以及从事该项工作的员工需要学习的内容。

　　任务分析除了需要审核什么样的工作需要执行，以及执行此项工作员工需要具备知识、技能、态度等特征外，还需要分析影响员工工作绩效的阻碍因素。因此任务分析的结果常会包括工作绩效标准，符合这些标准所采用的工作方法以及员工应具备的知识、技能、态度，以及其他所需的特征等。任务分析要投入大量时间来收集并归纳数据，这些数据来自公司内部的管理者、员工和培训人员。

2.3.2　任务层面需求分析的步骤

　　从组织分析中得出公司愿意在培训上投入时间与资金的结论后，才能进行任务分析。任务分析是一种耗时又乏味的过程，它需要投入大量的时间收集归纳数据，这些数据来自公司内的经理人员、新入职员工、在职人员和培训人员。

　　一般说来，任务需求分析分为以下几步：

1. 进行工作分析，撰写详细的工作说明书

　　进行全面的工作描述首先要进行工作分析。工作分析是对一项工作进行系统分析，确定它的主要构成部分，为管理活动提供各种有关工作方面的信息所进行的一系列工作信息的收集、分析和综合的人力资源管理的基础性活动，它是现代组织实现管理科学化、制度化的最为基础的工作。

　　工作说明书是对一项工作从事的主要活动，以及在什么情况下从事这些活动的陈述。一些组织有现成的工作说明书并定期进行更新，以便准确地反映职位的现实情况。人们把工作分析中有关任务的说明称作工作职责，把知识、技能、态度等部分叫作任职资格。工作说明书通常既包括任务说明，又包括任职资格说明。

2. 明确工作包含的具体任务（工作主要任务、执行标准、绩效的变动范围）

　　绩效标准和实际绩效的变动范围对有效的需求分析而言是至关重要的。尽管绩效标准指出了什么是应该做的，但是有关作业行为变动范围的信息却揭示了实际发生的业绩行为。在了解了这些信息后，培训人员就可以确定哪些是需要弥补的作业缺陷，哪些是受训者在培训结束时应该达到的水平。在设计培训目标时，以上信息都是重要的依据。其常用的方法有：

　　（1）时间抽样法。进行任务分析时需要一个受过专门训练的观察员，由他来观察和记录员工工作的性质和频率。在一定时间段内对观察时间进行随机抽样，在抽取的时间段内对作业进行观察和记录，这就描绘出了工作的线条。

　　（2）刺激—反应—反馈法。米勒将工作任务都分解成了三个组成部分。第一个是刺激，它揭示了员工在何时应该进行某项操作；第二个是反应，指员工的反应或反应表现出的行为；第三个是反馈，指员工获得的关于自己行为表现的反馈。

　　（3）任务评价法。主要的步骤是：用问卷调查熟悉业务的组织成员，目的是让

他们列出该业务的重要性以及履行工作所需要花费的时间。这种方法的优点是：可以从多渠道获得信息，可以将有关任务的信息进行量化分析。

（4）工作—职责—任务。将一项工作进行层层分解，包括确认职位名称、工作职责以及完成每个任务所需具备的知识、技能、能力和其他特质。

（5）关键事件技术。美国学者约翰·福莱拉根提出关键事件技术也可以作为分析一项工作包含的主要任务。这种方法的实质是一种访谈法，访谈对象是那些亲眼目睹过一段时间内发生在某项工作的关键事件，并熟悉这些事件背景的人。

所谓关键事件，是指在工作中表现出特别有效率或特别无效率的行为。关键事件技术的主要内容包括：确定工作行为的目的、针对目的收集与该行为有关的关键事件，分析相关数据，描述这些行为需要的素质特征。

3. 确定知识、技术、能力等任职资格条件

要达到良好的工作绩效，员工必须具备相应的知识、技能、态度以及一些其他素质。

培训开发工作必须确定每项工作任务的任职资格条件，这些能力是员工在培训中必须发展和学习的。培训开发的专业人员可以通过向主管、工作者、其他专家访谈或查阅相关文献资料确认工作所需的知识、技能、态度。

知识——对成功完成某项任务所需的信息的掌握和了解，这些信息通常是陈述性或程序性的信息[1]。

技术——个人在某项作业上的熟练程度或胜任力水平（以量化形式给出）[2]。

能力——个人在执行任务之初，具备的更一般化、更持久的特质或能力[3]。

其他特征——人格、兴趣爱好和态度[4]。

4. 确认能够通过培训与开发工作而得到改进的任务、知识、技术、能力

此步骤的重点在于决定培训与开发项目中应该包括哪些工作和技能，作为培训开发的内容。

这个阶段需要考虑工作的重要性、时间成本，工作所需的知识、技术、能力，学习的难度等方面的因素并对其评定等级。在设计开发项目时，应优先考虑在综合评价中排名靠前的任务和知识、技术、能力。依据各方面的等级评定结果选择培训内容的时候，必须注意各项目之间的平衡。不是所有的问题都适合用培训的方式去解决，有时候其他的管理方式可能更合适。

5. 培训需求的重要性排序

该步骤就是将上一步提出的任务和知识、技术、能力按照重要性进行排序。

---

①②③④　R. D. Gatewood, H. S. Field. Human Resource Selection[M]. Fort Worth, TX: Harcourt College Publishers, 2001.

此外,由于资源的稀缺性,还必须考虑需要用于培训过程中的各项资源,包括设备、物资、培训专家、费用等。按照这样的要求排列设计出的培训方案才更有可行性。

维特克提出一种计算培训需求的模式——需求优先指标,简称 PNI(Priority Need Index),其计算时运用量表评定等级的方法分别表示任务的重要性和任职者的工作熟练程度。

$$PNI = I \times (I - D)$$

式中:I 表示任务的重要性;D 表示任职者的工作熟练程度。

当 PNI 的值越大时,表明培训需求越大,在排序上优先考虑。例如:假设平均给予主管某工作的重要性评定等级为 $I=7$,工作熟练程度 $D=5$,那么 $PNI=7 \times (7-5)=14$,主管的其他工作可以依此类推,最终确定各项工作的 PNI 数值比较,就可以得到培训需求的优先顺序。

2.3.3 信息来源

任务需求分析的信息来源如表 2-10 所示。

表 2-10 任务需求分析的信息来源

任务分析的信息来源	对培训开发的意义
1. 工作说明书	• 描述此项工作的典型职责,有助于明确绩效标准
2. 人员的任职资格需求	• 列举出工作的特定任务,可以明确任职者所需要的知识、技术、能力和其他素质
3. 绩效标准	• 明确完成工作任务的目标及其衡量标准
4. 执行具体的工作任务	• 确定绩效的一个更好的方式,通常级别越高的职位,实际绩效与理想绩效的差距越大
5. 观察—抽样	• 了解工作的实际情况
6. 查阅相关文献	• 有助于分析比较不同的工作类型,但是可能出现和实际的特定组织环境或绩效标准无法比较的情况
7. 访谈(任职者、主管人员、高级管理者)	• 通过向组织成员询问和工作有关的问题充分了解培训需求问题
8. 培训委员会或专题讨论会	• 可以提供一些关于培训需求的看法和要求
9. 分析工作中出现的问题	• 明确工作中存在影响工作绩效的阻碍因素和外在环境因素

相关链接 2-2

任务调查问卷

姓名：　　　　　　　职位：　　　　　　日期：

　　请从三个方面给每一项任务打分：任务对工作绩效的重要性，任务执行的频率和任务执行难度。评分时参考以下尺度：

　　　　重要性　　　　　　　　　　　频率

　　　　4＝至关重要　　　　　　　　4＝每天执行一次

　　　　3＝比较重要而非至关重要　　3＝每周执行一次

　　　　2＝比较重要　　　　　　　　2＝几个月执行一次

　　　　1＝不重要　　　　　　　　　1＝一二年执行一次

　　　　0＝没有执行这项任务　　　　0＝没有执行过这项任务

　　　　难度

　　　　4＝有效执行该任务需要有丰富工作经验和培训经历（12～18个月）

　　　　3＝有效执行该任务需要有少量工作经验和培训经历（6～12个月）

　　　　2＝有效执行该任务需要有短期工作经验和培训经历（1～6个月）

　　　　1＝有效执行该任务不需要有特定工作经验和培训经历

　　　　0＝没有执行过这项任务

　　　　任务　　　　　　　　　重要性　　　　频率　　　　难度

1. 维修设备、工具和安全系统
2. 监督员工工作绩效
3. 为员工制定工作日程进度
4. 使用计算机统计软件
5. 监控生产过程中应用统计方法带来的变化

2.4　人员层面的需求分析

2.4.1　人员层面需求分析的涵义

　　在完成了组织分析与工作任务分析之后，接下来就是将重点放在分析员工是否需要培训和需要培训什么。人员分析必须根据任务分析的结果，利用各项工作应有的绩效标准，衡量工作执行者的知识、技术、能力和态度。

　　人员分析指的是评估执行特定工作的员工其执行各项任务的情况,如果希望进一步改善员工的绩效情况,就必须分析他所具备的知识、技术、能力是否足够,着重于分析组织成员目前所具备的知识、技术、能力程度。

　　人员分析的目的是确定员工个人的培训需求,其关键是组织成员怎样才能将主要的工作任务执行好。人员分析最好由有机会定期观察员工绩效的人进行,通常员工及其直接上级都可以参与其中。几乎所有的与个人业绩相关的人都可以成为个体需求分析信息的提供者。

2.4.2　人员层面需求分析的构成 ①

　　可以将人员层面需求分析分为两个部分,这两个基本的组成部分包括判断式的人员分析和诊断式的人员分析。

　　判断式人员分析:用来判断员工个人整体绩效水平。通过从总体上评估个体员工的绩效,将员工划分为业绩优秀者和业绩不佳者。

　　诊断式人员分析:用来寻找隐藏在个人绩效表现背后的原因。确认导致员工行为方式的因素,了解员工的知识、技术和能力以及其他环境等因素是怎样结合在一起对工作绩效产生影响的。

　　对业绩优秀的员工进行分析,可以为如何改进或实现更高的绩效提供思路;通过研究绩效不佳的员工,可以找到需要采取培训的措施。若将判断式和诊断式人员分析结合起来,则可以评定绩效良好者和欠缺者。这就是所谓个体需求分析所呈现出的结果。可见,个体需求分析的重点在于了解员工的工作绩效和存在的问题,为了达到这个目的需要对员工进行深入的绩效评估。

2.4.3　人员分析中的绩效评估

　　人员分析过程中的一项重要工作是针对员工个人的绩效评估。绩效评估是进行人员个人分析的一个非常有价值的信息来源。绩效评估并不是一项简单的工作,把绩效评估作为需求分析的一种工具,需要经理人员搜集各种各样的信息并且作出一系列复杂的判断。在个体需求分析过程中的绩效评估模式如图 2-3 所示。

　　该模型分以下几个步骤:

　　①进行全面准确的绩效评估,获取现有资料;

　　②确认员工行为、特质与理想的绩效标准之间的差距;

　　③确认差距的成因;

　　①　G. R. Herbert, D. Doverspike. Performance Appraisal in the Training Needs Analysis Process: A Review and Critique[J]. Public Personnel Management, 1989, 19(3): 253 – 270.

④选择合适的措施消除差距；

⑤经过干预措施实施后，反馈到第一步重新评估。

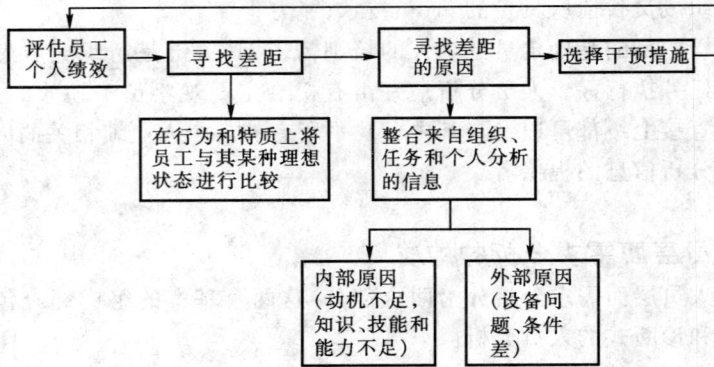

图 2 - 3　人员分析绩效评估模型 ①

　　绩效评估操作模型有一定的用途，但需要注意的是对绩效评估的结果并非是准确无误的和全面的。由于评估方法使用错误或产生误差，许多评估结果都会出现问题。导致绩效差距的因素很多，必须发掘真正的原因。因此，在寻找绩效差距的原因时，可能既要考虑从组织分析、任务分析中得到的信息，又要考虑员工技能或能力测验反馈结果。尽可能综合考虑是绩效评估所必需的。

2.4.4　信息来源

　　人员需求分析信息来源如表 2 - 11 所示。

表 2 - 11　人员需求分析信息来源②

人员分析信息来源	对培训开发需求分析的意义
1. 绩效评估结果以及能够反映一定问题的历史数据（生产率、缺勤率、事故率、病假、不满情绪、浪费、交货延迟、产品质量、停工期、设备利用率、客户投诉）	可以发现员工在工作中的长处和短处及其有待改进的地方。可以从这些信息中发现绩效差距。分析结果易量化、便于分析，对确定培训的内容和培训类型很有价值

　　① G. R. Herbert & D. Doverspike. Performance Appraisal in the Training Needs Analysis Process：A Review and Critique[J]. Public Personnel Management. 1989,19(3)：253 - 270

　　② M. L. Moore，P. Dutton. Training Needs Analysis：Review and Critique. Academy of Management Review,1978(3)：539 - 540.

续表 2 - 11

人员分析信息来源	对培训开发需求分析的意义
2. 观察工作样本	比较主观，但是优点是不仅能观察员工的行为，还能观察行为的结果
3. 访谈	员工本人最了解自己的培训需求。通过对员工进行访谈，不仅可以了解他们自己的想法，还可以让他们参与到需求分析中来，从而增强他们的学习动机
4. 问卷调查	问卷的编制可以根据组织具体情况进行灵活安排。缺点是由于有了一定的结构，为此可能会导致一些偏差
5. 测验	可以编制的测验或标准化测验。须确保测得的是与工作有关的素质
6. 态度调查	针对个人进行。有助于了解每个员工的士气、动机水平和满意度
7. 评定量表	必须确保对员工的评定是客观的、有一定信度和效度
8. 关键事件法	观察到的导致工作成功或失败的关键行为表现
9. 工作日志	员工对自己的工作详细记录
10. 情景模拟（角色扮演、个案研究、无领导的小组讨论、培训会议、商业游戏、篮中练习）	某些知识、技能和态度可以在这些人为设置的情景中表现出来
11. 诊断量表	对诊断量表进行因素分析
12. 评价中心	将上面提到的某些技术整合成一个综合性的评价方案
13. 辅导	类似于一对一访谈
14. 目标管理或工作述职系统	按照组织规定和个人承诺，定期提供绩效反馈。这样可以将实际绩效与标准绩效进行比较。这对实现组织大的目标来说是非常关键的评价体系

2.4.5　胜任力模型与培训需求分析

在了解了各层面的培训需求评估的方法之后，这里将探讨胜任力概念在培训需求分析中的应用。

1. 胜任力及胜任力模型①

（1）胜任力的概念。胜任力（competency）这个概念最早是由哈佛大学麦克利兰（McClelland）教授于1973年提出的，指"能将某一工作中有卓越成就者与普通者区分开来的个人的深层次特征"，它可以是动机、特质、自我形象、态度或价值观、某领域知识、认知或行为技能，即任何可以被可靠测量或计数的并且能显著区分优秀与一般绩效的个体的特征。

胜任力模型是指构成每一项工作所必须具备的胜任力总和。一个完整的胜任力模型，通常包含了一个或多个群组，而每个群组底下又包含了若干个胜任力特征，且每个胜任力特征都有着一个描述性定义及3～5级行为描述或在工作中可以展现出这个才能的特定行为。

20世纪70年代，麦克利兰教授在为美国信息管理局开发员工甄选方案时，首次对组织中表现优秀的官员和表现平庸的官员分别进行了面谈，让他们分别举出三个工作表现优异和表现较差的事件，仔细记录事件发生的经过，再进行详尽的归纳分析。通过这个方式，麦克利兰发现那些表现优异的官员具备一些别人缺少的东西。这是胜任力模型发展的里程碑。

所谓胜任力，是指任何人所具备的可以被测量的特质，使表现平庸和表现杰出的工作者之间有明显的区分，许多学者认为胜任力包括知识、态度、技能和价值观。

（2）胜任力的内涵。胜任力这一概念包括三个方面的含义：深层次特征、因果关联和效标参照。

①胜任力是个体潜在的深层次特征，能够保持相当长的一段时间，并能预测个体在不同情境和工作任务中的行为或思考方式。

②因果关联是指胜任力能引起或预测行为和绩效。一般说来，动机、特质、自我概念和社会角色等胜任力特征能够预测行为反应方式，而行为反应方式又会影响工作绩效。模式可表述为：意图导致行为，行为导致结果。胜任力应当包括意图，它对于人们行为有直接影响。如果某种行为不包括意图，就不能称之为胜任力。

③效标参照，指胜任力能按照某一标准，预测效标群体的工作优势。效标参照是胜任力定义中一个非常关键的内容。一种特质如果不能预测其有意义的差异，且与参照的效标没有明显的因果关系的话，则不能称之为胜任力。

（3）胜任力模型的概念。胜任力模型是指某种特定的工作岗位所需要的与高绩效相关的一系列素质或素质组合，这些素质是可分级的、可被测评的，通常由4至6项素质要素构成。正基于此，在培训需求评估中，胜任力模型概念的导入是十

---

① ［美］大卫·D.迪布瓦. 胜任力［M］.杨传华，译.北京：北京大学出版社，2005.

分必要的,因为胜任力的可测量性可以使评估过程更加标准化,而且使培训的需求更加具体化。

胜任力模型的发展与公司战略紧密相连:企业经营战略目标决定了企业所需要的关键能力和核心价值观,相应地对企业人员能力素质、结构提出要求,再根据这些要求建立专业序列胜任力模型。

在培训开发系统中,胜任力模型有助于分析工作所需要的行为表现,以确定员工现有能力,同时发现员工需要学习和发展哪些能力。胜任力模型有助于员工理解组织对他的要求,建立行动导向型的学习。此外,胜任力模型有助于明确能力标准,更方便组织进行绩效评估。因此,胜任力模型对行为的描述,应该重点放在特定的、具体的、可被教育和培训改变的行为上。

(4)胜任力模型包含的素质。为了帮助管理者开发他们的员工,以便于更好地实现长期的战略和达到较高的绩效。著名的管理学家乔恩·沃纳博士确定了 36 种素质,并把它们作为一个参考库,纳入亚努斯绩效管理系统中。亚努斯素质模型库中的素质分三类:核心素质、通用素质和角色素质。36 种核心素质分别是:分析能力;预期前瞻性能力;注重细节;应变能力;指导能力;商业意识;沟通;成本意识;创造力;顾客导向;决策能力;授权;可依赖性;多样化导向;激励;情感智力;情感互动;授权能力;领导能力;倾听;反馈;判断;坚韧;计划和组织;问题解决能力;质量导向;结果导向;安全导向;自我发展;制定战略的能力;压力管理;责任感;团队工作能力;技术应用;时间管理;书面沟通等。

2. 以胜任力为基础的培训需求分析

进行以胜任力为基础的需求分析之前,必须开发出一套结合对特定知识、技能和个人特质描述的胜任力模型,作为评估个人现有能力和个人能力还需要加强到什么程度的依据。胜任力是个很复杂的概念,某项工作所需胜任力的确定都需要足够的经验来判断,因此对于某些工作或任务所需的胜任力,需要长时间的资料积累才能确定出符合各项胜任力要求的知识、技能、行为和其他特质等,从而建立胜任力模型。因此,详细的任务分析是建立工作模型的根本。职位说明书的建立有助于明确工作职责,其中为完成工作职责所需要的胜任力标准的建立,即可构成一组胜任力模型。

(1)胜任力具备如下特征:

①胜任力为企业发展指明方向。一个企业可以利用胜任力来识别其领导团队的行为是否可以带领整个企业达到预定的发展目标。

②胜任力可以衡量。胜任力对预定目标的影响是可以衡量的,企业可以利用胜任力的可衡量性来评价其领导者目前在胜任力方面存在的差距以及未来需要改进的方向和程度。

③胜任力能通过学习获取并发展。胜任力一旦被确定，企业就可以通过培训等方式促使其领导者进行学习，并达到胜任力的要求。

④胜任力使每个企业与众不同。也许两个企业可能在财务结果（同时也包括员工成长以及客户发展结果）上非常相似，但是他们获取这些结果的方法则完全依赖于根据其战略和企业文化设定的胜任力。

⑤胜任力会发生改变。

（2）以胜任力为基础的培训需求分析步骤。随着企业管理水平的提高，胜任力模型中的每个胜任力都在改变。胜任力的变化程度，将随着人们在不同的年龄阶段、职涯层级以及环境等而有所不同。

①胜任力：包含各种明确的或较为抽象的能力；

②胜任力标准：在评估计划、方法或管理上具有明确的意义；

③胜任力要素：判断胜任力标准的关键要素；

④评估计划：为课程开发过程或基准设定的一部分；

⑤实测过程：选择开发技术、记录评估系统、管理评估过程；

⑥实施评估：进行反思并运用其他的评价技术，在评价过程中不断修正评估手段；

⑦处理评估结果记录和报告结果：管理整个评估系统，重视评估结果的记录与报告。

企业要根据胜任力模型来确定培训需求并进行员工胜任力开发，寻找员工实际胜任力水平和理想胜任力的差距，从而对症下药，使企业的培训与开发工作具有更强的针对性。当然，建立企业胜任力模型是一个非常不容易的过程，不仅需要外脑的介入，还需要企业自上而下，进行全员思考，并不断修正，才能最终形成企业科学实用的胜任力模型。

本章思考题

1. 培训需求分析对培训项目的成功设计和实施的重要意义是什么？

2. 作为人力资源工作人员，你怎么说服你的高层在培训需求分析上投入时间和资金？

3. 你怎样将现有的培训需求分析的技术方法应用到你的企业？

4. 战略层面、任务层面、人员层面的需求分析之间是什么关系？为了实现企业的目标怎样将它们结合起来？

5. 如何将胜任力模型应用于企业的培训需求分析中？

案例分析

建立符合企业需求的培训模式

　　一家以家庭装饰、装修服务业为主营服务项目的公司于 1997 年成立，经过两年的奋斗，公司已经在北京市家庭装饰行业里小有名气。此时的企业老总(创始人)意识到，只有通过个人不断学习与提高，才能带动企业蓬勃发展，于是利用业余时间参加高层管理人员培训和 MBA 课程的学习。又经过了一年的努力，该公司成为了行业里数一数二的企业。这时的企业老总意识到，企业不断的发展不仅依靠领导者的个人能力和魅力，还需要通过企业核心领导层成员的团体力量，因而加强和提高中层领导团队的能力是企业的当务之急。于是总经理会同人力资源部的人员一起召开了会议，共同探讨这个问题。人力资源部根据总经理的要求并结合企业的实际情况和需求，为中层经理人设计并安排了相应的公开课和企业管理人员内部培训课程，同时结合企业的特点，安排设计部门主力人员定期外出考察、寻访。经过一年多的推行，大大提高了中层管理人员的能力，同时减轻了总经理的工作压力，企业的经营业绩持续攀升。由于业务不断提升，公司的业务经营不再受地域的限制，公司计划将业务经营范围扩展到全国各主要城市。公司需要更多的既了解公司的发展经历、熟悉公司的运作模式，又精通管理的经营管理型人才再度支持该计划的实施。此时人力资源部的人员与公司的高层管理人员们共同探讨，同时邀请外部的人力资源专家(顾问)协助公司共同解决问题。通过一段时间的研究，外部的人力资源专家协助该公司总结和归纳了公司的核心人员的素质要求标准，同时为公司整理内部流程、内部业务规范、经营运作模式等工作提供了必要的建议。人力资源部在这些工作的基础上，在业务部门的配合下进行了更细致的工作。针对公司经营计划和企业本身的特点设计了符合公司需要的培训模式：不同级别的集训方式，依时间、分级别、定期举行。在公司经营计划推进期(半年)，成功举办了两期集训，为公司筛选、培训、输送了符合公司要求的 10 名外埠分公司经理候选人和 15 名设计分部主管，确保了公司经营计划的顺利实施。此后，人力资源部将培训制度化，为公司业务不断发展提供了人力资源的保障。

——资料来源：中国人力资源资讯网.

案例讨论

1. 该装饰公司在企业发展的各个时期培训需求的特点是什么?

2. 该公司的培训需求模式建立的思想是什么?

3. 如何建立企业需求的培训模式?

第**3**章

培训项目设计

随着市场竞争的加剧,为了保持持续的竞争优势,很多企业都开始重视对员工的职业培训。于是企业开始投入大量的人力、物力和财力,为员工安排了各种各样的培训班、学习班、研讨班……到年底,在评估培训效果时,我们看到的都是高培训次数、高受训人数、高培训覆盖率等等,仿佛每次培训都圆满结束了,可是企业的绩效依然停滞不前……

培训效果的好坏取决于整个培训项目的设计和安排,而非单纯地追求培训的数量。

重点问题

⇨ 确定培训项目目标的意义
⇨ 编写培训项目目标的方法
⇨ 培训项目计划的层次
⇨ 培训计划的制订
⇨ 培训课程设计的过程
⇨ 培训教师的选择

3.1 培训项目设计与开发流程

培训项目设计主要指将明确的培训需求转化为培训目标、教材说明、测试细则以及讲授策略的过程。

培训项目开发指的是将教材说明、测试细则以及讲授策略转化为学员的材料和指导教师所需材料以及具体的测试题目的过程(见图3-1)。

```
┌────────┐   ┌────────┐   ┌────────┐   ┌────────┐   ┌────────┐
│确定培训│   │准备测试│   │制作、购买、│ │选择培训│   │准备受训│
│目标,明│→ │题目,确│ → │修改所需的│→│所需借助│ → │者和教师│
│确培训预│   │定检验培│   │培训材料,│  │的媒介  │   │培训教材│
│期效果  │   │训效果的│   │以满足培训│  │        │   │        │
│        │   │方法    │   │要求,达到│  │        │   │        │
│        │   │        │   │培训目标  │  │        │   │        │
└────────┘   └────────┘   └────────┘   └────────┘   └────────┘
```

图 3-1　培训项目设计的流程图

培训项目设计与开发流程:

首先是确定培训目标,明确培训的预期效果,即学员在完成培训后能干什么。

其次是准备测试题目,确定检验培训效果的方法,主要是考虑如何量化学习成果。

再次是列出培训所需的培训材料,考虑如何能达到培训目标,然后是选择培训所需的媒介。

最后是准备学员教材和教师教学资料,学员材料包括学员用书、学员活动、预读资料等;教师教学资料包括教师用书、课程计划、辅助材料、在职培训的指导清单等。

3.2　培训项目目标

3.2.1　制定培训项目目标的意义

1. 确定培训内容与培训方法的基本依据

企业在组织培训活动中常犯的一个错误就是在既定的培训主题之下,把一些看似相关其实价值不大甚至是毫无价值的东西罗列在一起,看似培训了不少内容,其实收效甚微。究其原因就是培训目标不明确,不能基于既定项目目标去组织必要的培训素材,选择相应的培训方式。

2. 培训活动效果评估的主要依据

企业在培训与开发效果评估中存在的问题,在于没有明确、客观的依据可遵循,这是导致企业培训效果评估流于形式的主要原因。没有制定明确的项目目标,也就不可能基于培训目标得出相应的评估指标。

3. 有利于引导受训者集中精力完成培训学习的任务

项目目标是组织培训活动的基本意图与期望,带着明确的目的去学习和盲目学习在效果上存在明显差别(见表 3-1)。

表 3 - 1 评价培训目标设定的标准①

作业表现	目标应该指出为了胜任某项工作,受训者需要具备的能力或能够提供的产出
环境条件	目标应该说明某项作业的重要环境条件
评价指标	如果可能的话,目标应指出可接受的受训者的作业水平

3.2.2 目标的制定

1. 培训目标的要素

培训目标一般包括三个构成要素:组织希望员工做什么(绩效);组织可以接受的质量或绩效水平是什么(标准);受训者在何种条件下有望达到理想的培训结果(条件)。

制定培训目标要与组织宗旨相统一,要与组织资源、员工基础、培训条件相协调,要尽可能量化、细化并具有现实可行性,还应该包括可衡量、可测评的绩效标准。

培训目标主要分为知识传播、技能培训和态度转变三大类。

2. 培训成果的类别

培训目标所指向或预期的培训成果可以分为认知成果、技能成果、感情成果、绩效成果和投资回报率五大类。

(1)认知成果。认知成果用来衡量员工对培训内容中强调的原理、事实、技术、程序或过程的熟悉程度。

(2)技能成果。技能成果用来评价员工在技术或技能运用,以及行为方式上的提高程度,它包括员工对一定技能的学习获得,以及在实际工作中的应用两个方面的水平。

(3)感情成果。感情成果用来衡量员工对培训项目的感情认识,以及包括个人态度、动机、忍耐力、价值观、顾客定位等在内的情感、心理因素的变化情况,这些因素往往影响或决定个人的行为意向。

(4)绩效成果。绩效成果是用来衡量员工接受培训后对工作绩效的提高情况,绩效成果通常以受训员工的流动率、事故发生率、成本、产量、质量、顾客服务水平等指标的上升或下降来度量。

(5)投资回报率。投资回报率指培训的货币收益与培训成本(包括直接和间接成本)的比较,它可用来评价组织培训的效益。

3. 设置培训目标的注意事项

设置培训目标必须和组织的长远目标相吻合,目标的制定应具体、可操作,并

---

① R. F. Mager. Preparing Instructional Objedtives[M]. 3rd ed. Atlanta: Center for Effective Performance,1997.

且培训目标一次不要过多。

　　培训目标的正确制定还应考虑员工对接受相应培训的准备情况。不仅要了解员工缺少什么(培训需要),而且要清楚员工具有什么(学习基础,适合接受什么性质和水平的培训),只有能够确保员工为其做好受训准备的培训目标才能被有效实现。

　　评价员工对培训的准备情况包括:看其所在工作环境是否有助于学习,且不妨碍工作业绩;看其知识能力、态度、信念等个体特征是否具备了完成相应培训的学习基础,以及把培训内容运用到工作之中的技能和条件;看其学习培训内容的愿望或动机的强烈程度。

3.2.3　编写培训项目目标的方法

　　项目目标是关于受训者在完成培训后应该表现出的行为(行为改变),及行为赖以发生的特定环境条件以及组织可以接受的业绩标准的表述。一个完整的项目目标包括的基本要素有:行为(能力)表现、行为发生的环境条件和行为绩效标准。

相关链接 3-1

编写培训与开发项目目标的操作指南[①]

1. 培训目标是文字、符号、图画或图表的组合,指出了受训者应该从培训中取得的成果。
2. 培训目标应该从三个方面来传达培训的意图:
   (1)受训者在掌握了需要学习的内容后应该表现什么样的行为;
   (2)受训者学会的行为应该在哪些情况下表现出来;
   (3)评价学习成果的标准是什么。
3. 在编写培训目标时需要不断修改初稿,直到以下的问题有了明确的答案:
   (1)组织希望受训者能够做什么?
   (2)组织希望他们在哪些特定的情况下表现出这些行为?
   (3)组织希望他们的作业水平达到什么标准?

---

　　① R. F. Mager. Preparing Instructional Objedtives[M]. 3rd ed. Atlanta: Center for Effective Performance,1997.

3.3　培训项目计划

　　"矩不正,不可以为方;规不正,不可以为圆。"在培训项目正式实施前,对其作通盘考虑极有价值。但我国真正有系统培训项目计划的企业不足 50%,其中有一半的企业培训项目的计划性很欠缺。培训项目计划差,会间接影响培训的效果。缺乏计划性的培训不仅容易在培训目标上出现偏差,而且还容易导致资源使用的不合理、分布的不均匀等后果。提高培训计划的有效性,可以防止"管理泡沫"现象的出现。

3.3.1　培训预算

　　培训费用的花费必须从随机性逐步走向预算管理。从本企业的实际出发,规划合理的培训费用,已经成为很多培训经理的重要课题。

　　1. 制定培训预算的原则[①]

　　(1)速度原则。传统的培训预算依赖大量的报表进行,往往浪费太多的时间且无法适应现代培训决策的要求。现在培训预算可以基于网络工具或一些培训管理系统来替代以前一直使用的报表。这样,既能帮助减少日常行政管理费用以及管理时间,又能提供比以往报表更丰富的信息,大大缩短培训预算的时间。

　　(2)准确性原则。为了减少预算时间,传统的思维认为完成培训预算只是培训部门的任务。事实上,只有尽可能在预算程序中吸收更多的人,才能更有效把握公司业务规划以及真正培训需求,从而保证培训预算切实支持公司战略业务发展和员工生涯发展。

　　(3)合作原则。培训主管部门要争取和发动从领导到广大员工的参与和有效合作。为了实现这种合作,培训主管部门要完善公司培训管理体系,并且让培训真正发挥效果、产生效益,得到从领导到员工的广泛认可。

　　如果遵循了以上的基本准则,培训预算就能真正成为公司战略实现以及人力资本开发的有益工具。

　　2. 预算的一般操作流程[②]

　　第一步,当公司进行年末总结和下一年度计划时,应该由公司高层领导确定培训预算的投放原则和培训方针,以保证培训预算"名正言顺""钱出有因"。

　　第二步,接着由专业培训机构或培训人员对方针进行分解、分析,确定初步的

---

　　① 张韬. 如何设计企业的培训预算[J]. 中国人力资源开发网,2004.
　　② 苏志忠. 企业年度培训预算制度[J]. 中国人力资源开发网,2004.

年度培训计划。财务人员和培训项目负责人根据设定好的计划分解培训预算的项目。

第三步,培训受益部门则根据培训预算项目和年度培训项目拟定本部门下一年的培训费用总额。

第四步,培训管理部门收集培训预算审核方案,组织专业管理人员就培训预算的额度、效果、对象、范围等方面进行评估,确定、调整方向并让培训受益部门、培训实施部门进行充分沟通,设定合理费用额度。

第五步,培训费用预算方案审定完毕并修改后,报送培训受益部门存档,标志着培训预算已被审核批准。

第六步,培训受益部门、培训实施部门根据预算方案修改年度培训计划,重新设定培训项目。

第七步,培训实施部门制订培训项目实施方案,培训项目按照培训计划安排实施。

3. 培训预算的制定方法

(1)比例预算法。这种方法是指承袭上年度的经费,再加上一定比例的变动。这种预算法核算较为简单,且核算成本低,所以很多企业都采用这一方法。按比例预算的逻辑,假设上年度的每个支出项目均为必要,而且必不可少,因而在下年度里都有延续的必要,只是需要在其中的人工和项目等成本方面有所调整。

这种方法首先要确定年度培训预算的核算基数。可将企业过去一年的销售收入、利润额、工资总额作为基数。

国际大公司的培训总额预算一般占上年总销售收入的 $1\%\sim3\%$,最高的达到 7%,平均 1.5%,而国内企业,这个比率一般要低得多。在市场竞争比较激烈的行业,如 IT、家电行业,有些大企业培训费用能够占到销售额的 2% 左右。而一般规模在十几亿左右的民企,其培训费用大概就是 $0.2\%\sim0.5\%$。甚至不少企业在 0.1% 以下。

比例预算法的缺点:每次在做预算时,以上年实际支出为基础,再增加一笔金额,经巧妙掩饰后,作为新计划提交高层领导审批;主持审批的领导,明知预算里有水分,由于不能透彻了解情况,只好不问青红皂白地砍价,于是开始一个讨价还价的过程;这种砍价的做法使有经验的预算人员在申报预算时往往大大超过实际需要,以便被领导砍价后还能满足培训需要,而那些老老实实的预算者则叫苦不迭,只好等明年学坏;预算终于确定下来了,但几乎人人都不满意,往往是钱花了不少,效果却不明显。

(2)零基预算法。所谓零基预算法就是在每个预算年度开始时,将所有还在进行的管理活动都看作重新开始,即以零为基础,根据组织目标重新审查每项活动对实现组织目标的意义和效果,并在成本—收益分析基础上,重新排出各项管理活动的优先次序。资金和其他资源的分配是以重新排出的优先次序为基础的,而不是采取过去那种外推办法。

零基预算法编制的前提:公司目标是什么? 培训要达到什么目标? 各项培训课程可以获得什么收益? 这项培训是不是必要的? 可选择的培训方案有哪些? 有没有比目前培训方案更经济、更高效的方案? 各项培训课程的重要次序是什么? 从实现培训目标的角度看,到底需要多少资金?

零基预算的优点:有利于管理层对整个活动进行全面审核,避免内部各种随意性培训费用的支出;有利于提高主管人员计划、预算、控制与决策的水平;有利于将组织的长远目标和培训目标以及要实现的培训效益三者有机结合起来。

零基预算的缺点:企业不但要花费大量的人力、物力和时间,而且在安排培训项目的优先次序上难免存在相当程度的主观性。

4. 培训预算的工作要点

(1)统计受训对象信息。受训对象不同,培训方式和方法就不同,会直接影响培训预算的费用大小。因此,统计受训对象信息成为培训预算工作的第一要点。

(2)预算的分配。受训对象信息收集完毕后,对受训对象进行区分,划分出中高层培训人员及其相关名单。培训预算投放比例则根据公司的发展方针和员工比例合理划分其比例。

虽然在确定培训预算时,可能会采用培训预算平均的方式,但是在预算的分配时,往往不会人均平摊。有的企业会将 70% 的费用花在 30% 的员工身上,甚至会将 80% 的费用花在 20% 的人员培训上。

企业一般都会将培训预算向企业高级经理和骨干员工倾斜,这样做是合适的。因为很多企业中 80% 的效益是 20% 的员工带来的。另外,若高级经理及骨干员工提高了其管理及技术水平,可以更有效地带动普通员工提高工作能力。

但是这种培训预算的不平均性,会导致普通员工的不满。所以在公布预算分配时,最好以部门或培训项目来分配,人均分配数额仅作为培训预算的一种计算方法考虑。

对于管理类培训,将培训预算重点集中在高层经理,这主要和管理本身特性有关。因为企业的高层经理是企业管理理念的传播者和管理方法的创新者。对中层管理者和普通员工来说,他们更倾向于去适应自己上级的管理理念和方法,所以提高高层经理的管理水平对企业整体的管理水平具有决定性的影响。

对于技术类培训,培训预算应该集中在企业骨干技术人员身上。技术培训的投资会使技术骨干们获得个人能力的提高,这是对技术骨干最有效的激励。另外,对于技术的扩展性,当技术骨干将自己的所学向其他技术人员进行内部传播时,会带来巨大的效益。

（3）确定内外培训比例。确定投放比例后，预算进入关键阶段，必须对内外培训比例进行确定。国内企业现有培训体系不健全，大部分企业认同外部培训，却忽略自身"造血功能"的建设与发展，增加了培训成本。事实上，企业内部培训才是企业培训的发展方向。

如果包括企业内部人员的费用在内，一些企业的总预算是这样安排的：30％为内部有关人员的工资、福利及其他费用，30％为企业内部培训，30％为派遣员工参加外部培训，10％作为机动；如果不包括企业内部人员的费用在内，一些企业的总预算是这样安排的：50％为企业内部培训，40％为派遣员工参加外部培训，10％作为机动。

3.3.2　培训计划的层次

培训计划的层次，从培训计划的横向结构看，有整体培训发展计划、培训管理计划、部门培训计划；从培训计划的纵向结构看，有长期培训计划、中期培训计划和短期培训计划。

1. 培训管理计划横向结构

培训计划按时间跨度横向划分，可分为整体培训计划、培训管理计划、部门培训计划（见图 3 - 2）。

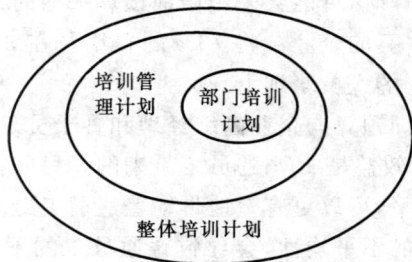

图 3 - 2　培训计划的横向结构图①

（1）整体培训计划。企业整体发展计划是对企业培训目标和培训战略等问题的规划，对企业培训工作起着全局性的指导、控制作用。这种培训计划主要涉及企业培训形式的分析、培训总体目标、企业培训资源、企业培训策略等方面的内容。主要目的是明确组织培训工作所面临的外部环境和内部条件，并提出解决问题的

---

①　陈启明. 企业培训计划的架构及内容[J]. 人力资源网,2001(5).

整体方案,规定组织培训的发展方向。

（2）培训管理计划。培训管理计划是培训管理者为实现企业整体培训计划而制订的相关计划。它既是企业整体培训计划的进一步体现,同时又是制订企业部门培训计划时所依赖的指导性计划。它的内容有企业培训目标的细化、部门培训规划、培训实施工作条例等。培训管理计划是联系整体培训计划和部门培训计划的关键。

（3）部门培训计划。部门培训计划是各个部门具体培训工作实施规划,它是培训工作前两个计划得以贯彻的基础保障,没有这一计划,前面的两个计划只能是空中楼阁。部门培训计划详细列出了培训需求分析、培训目标、培训对象、培训资源、培训内容以及培训预测等具体事项。

2. 培训管理计划纵向结构

培训计划按时间跨度纵向划分,可分为长期培训计划、中期培训计划和短期培训计划。

从图 3-3 可以看出,它们之间是一种从属的包含关系,中期计划并不是长期计划之外的计划,而是长期计划的进一步细化或具体化,同样,短期计划也是中期计划的进一步细化。

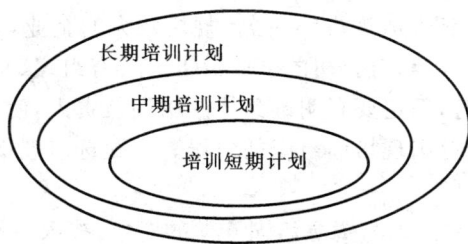

图 3-3　培训计划的纵向结构①

（1）长期培训计划。长期培训计划的重要意义在于充分分析了企业内外环境的发展趋势,在充分考虑组织以及员工个人的长远目标（个人职业生涯设计）的基础上,明确培训所需达到的目标与现实之间的差距和培训资源的配置等方向性和目标性的问题。因为培训的方向、目标与现实之间的差距以及培训资源的合理配置,是影响培训最终结果的关键性因素,需要引起企业决策者和培训管理者的特别关注。一般培训长期计划期限为 1 至 3 年,时间过长有些变化因素无法预测,而时间过短则长期计划的制订就失去了意义。

---

① 陈启明. 企业培训计划的架构及内容[J]. 人力资源网,2001(5).

（2）中期培训计划。中期培训计划是长期培训计划的进一步细化，同时又为培训实施计划提供指导和依据，实质上具有承上启下的作用。因此，中期培训计划的实践意义重大，绝不是可有可无的计划。

（3）短期培训计划。短期培训计划所必须要考虑的两个要素是可操作性和培训效果，因此短期培训计划实施的前期准备工作非常重要。这些准备工作必须要保证计划中的每一项都得到实施。

培训横向的三个层次和纵向的计划相互配合，共同构成了完整的企业培训计划系统。

3.3.3　培训计划的制订

1. 培训计划的内容

对于培训项目包括的信息，可以透过 5W1H 的原理来加以分析。5W1H，由 why（为什么）、who（谁）、what（培训的内容是什么）、when（时间）、where（在哪里）、how（如何进行）6 个英文单词的第一个字母组成。

（1）培训的目的（why）。在培训前，一定要明确培训的真正目的，并将培训目的与公司的发展、员工的职业生涯紧密地结合起来。在组织一个培训项目时，要将培训的目的用简洁、明了的语言描述出来，使其成为培训的纲领。

（2）培训的负责人和培训讲师（who）。规模较大的企业，一般都设有负责培训的专职部门，如培训中心等，对公司的全体员工进行有组织、有系统的持续性训练。在设立某一培训项目时，一定要有明确具体的培训负责人，使之全身心地投入到培训策划和运作中去，避免出现培训组织的失误。在甄选培训讲师时，实行内部优先原则，还可聘请外部讲师。

（3）培训对象（who）。人力资源培训开发的对象，按人员级别可分为普通操作员级、主管级及中高层管理级；按职能可分为生产系统、营销系统、质量管理系统、财务系统、行政人事系统等项目。组织、策划培训项目时，首先应该决定培训对象，然后再决定培训的内容、时间限制、场地以及授课讲师。培训学员的选定可由各部门推荐，或员工自行报名再经甄选程序决定。

（4）培训内容（what）。内容包括开发员工的专门技术、技能、知识，改变员工的工作态度的企业文化教育，改善员工的工作意愿等，可依照培训人员的对象不同而分别确定。通过培训需求的分析调查，了解企业及员工的培训需要，研究员工所担任的职务，明确每项职务应达到的任职标准，然后再考察员工个人的工作实绩、能力、态度等，并和岗位任职标准相比较。如果某员工尚未达到该职位规定的任职标准，其不足部分的知识或技能，便是要培训的内容。通过内部培训，给予迅速的补充。

(5)培训时间(when)、期限。可根据培训的目的、培训的场地、讲师、受训者的能力及上班时间等因素而决定。一般新入职人员的培训(不管是操作人员还是管理人员),可在实际从事工作前实施,培训时间为一周至十天,甚至一个月;而在职员工的培训,则可以以培训者的工作能力、经验为标准来决定培训期限的长短。

(6)培训的场所(where)。培训的场所可分为利用内部培训场地及利用外部专业培训机构和场地等两种。

内部培训场地的训练项目主要有工作现场的培训和部分技术、技能或知识、态度等方面的培训,主要是利用公司内部现有场地实施培训。其优点是组织方便、节省费用;缺点是培训形式较为单一,且受企业环境影响较大。

外部专业培训机构和场地的培训项目主要是一些需要借助专业培训工具和培训设施进行的培训项目,或是利用其优美安静的环境实施一些重要的专题研修等培训。其优点是可利用特定设施,并离开工作岗位而专心接受训练,且应用的培训技巧也比内部多样化;缺点是组织较为困难,且费用较大。

(7)培训的方法(how)。选择哪些方法来实施教育训练,是培训计划的主要内容之一,也是培训成败的关键因素之一。根据培训的项目、内容、方式的不同,所采取的培训技巧也有所区别。

2. 培训计划的制订程序与修正

(1)培训计划制订的程序。培训计划的制订程序可用图 3-4 来表示。

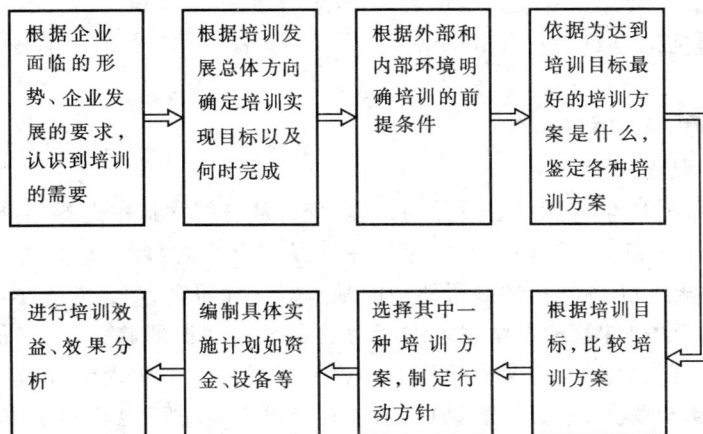

图 3-4　培训计划制订程序

(2)培训计划的修正。计划在实施过程中可能会遇到一些问题,产生这些问题的原因可能是计划并不完全适合企业的实际情况,也可能是企业的外部环境和内部条件在计划实施过程中发生了变化。因此,要对计划进行修改,并不断完善。

3.4　培训课程设计的涵义

　　培训课程设计是提供培训项目的基本信息,包括课程名称、目标学员的基本要求、培训的主要目的、本课程的主要目标、培训时间、场地安排以及培训教师的姓名等。

3.4.1　课程设计的目标确定

　　确定课程目标是一项具有创造性的工作,经过需求评估以后,如何把培训目标转化为课程目标,指导整个课程编制过程,是课程设计者的一项重要任务。

　　培训课程目标包括三个要素:操作目标、条件和标准。

　　(1)操作目标。操作目标是课程目标最主要的要素,它描述了参训者在培训结束时要会做什么。在制定这一目标时,要避免使用诸如了解、知道、发展、思考等含义不清的词,而要使用意义非常明确的词。如对于认识目标,使用“列出、分类、定义”等;对于技能目标,使用“制造、安装、装配演示”等。

　　(2)条件。条件是指员工完成工作任务所需的设备、材料、操作手册等,即学员要达到目标规定要求,需要哪些条件。

　　(3)标准。规定一个标准,是为了能够更有效地测量培训结果。如对操作速度、准确率等的测量。在对目标的陈述中,要明确列出这些标准。

　　目标的设定要避免仅仅是培训者想做的,不是参训者想要的。否则听起来成就很大,但是实际上意义却含混不清。

3.4.2　课程的类型

1. 学科课程

　　学科课程是以学科为中心设计的课程,分别从各门学科中选择部分内容,确定一定的教学时间和学习期限。此类课程在选择和组织内容时,根据各门学科本身的内在联系,侧重于各学科领域所使用的基本概念和研究方法,并按学习心理和教学要求进行。学科课程注重学生思维能力的培养和知识的储备,具有很强的科学性、系统性和连贯性。学科课程的教学内容一般规定在教学大纲和教科书中。由于学科课程历史悠久、系统科学,加之学校和教师在这方面也积累了丰富的教学、管理经验,因此,在世界绝大多数国家普通教育中被广泛采用。这种课程适合于正规的学校教育与培训。

2. 合科课程

　　合科课程又叫广域课程,是学科课程的改进类型。其特点是将几门相邻学科合并,既保留学科课程分科教学的长处,又克服了学科课程过细的缺点,减少了教学科目。它适合以增加综合素质为目标的企业培训。

3. 活动课程

活动课程也称经验课程,是一种与学科课程相对的课程。其特点是以学生的兴趣和动机为基本出发点,以学生的自我发展为中心来组织教学科目。它不预先规定应该学习什么,这就使教科书失去了神圣的地位,老师的作用也仅仅是参谋和顾问,基本上取消了班级教学制度,学生基本知识和基本技能的学习主要是围绕各种活动进行,提倡从"干"中学。

4. 核心课程

核心课程也称轮形课程,是以人类的基本活动为核心而组织的课程。它以一个学术领域或主题为核心重新组织有关学科,从而形成学科之间的新联系,是一种介乎学科课程与活动课程之间的课程类型。核心课程反对以学生兴趣和动机来设置课程的基本出发点,主张以学生的活动作为组织教学活动的形式;反对由学生自己决定活动内容,主张由教育者按照社会生活需要来决定;强调预先规定课程,并将预先组织的教材作为教学的基本材料;在教学中充分重视学生个性,由师生共同规划学习活动。核心课程倾向于打破学科结点,以人的社会活动为中心来组织教学,注重教材内容,围绕核心由近及远、由简及繁、逐步深入和联系实际。核心课程适合于以研究为目标的教育和培训。

5. 模块课程

模块课程是在借鉴了模块式技能培训法、以能力为基础的教育模式、"双元制"等国际职业教育课程模式的基础上,结合我国实际,根据市场经济特点和成人教育的内在规律,研究开发出来的一种培训课程模式。它以提高培训者素质为目标,以岗位技能培训为重点,既强调相关职业通用知识与技能的传授,又强调特定职业、职位的特定知识与技能的培养。"宽基础、活模块"是模块课程的两大结构。"宽基础"部分的课程集合了相关职业所需要具备的知识和技能。"活模块"部分课程则专门针对某一特定职位或工种所必备的知识和技能。模块课程在决定内容取舍时,有两个侧重:一是既重视职业岗位的现实需要,又重视职业岗位的未来需要;二是既重视职业资格的导向,又重视基本素质的培训。模块课程还注意两个结合:班级教学的组织形式和能力本位教学的组织形式相结合;基础知识教学和职业能力训练相结合。模块课程适用于职业教育和职业培训。

3.4.3 课程设计的原则[①]

1. 符合现代社会学习者的需求

这是培训课程设计的基本依据。培训课程设计不同于学校课程设计,要把学

---

① 郝志强. 培训课程设计的要点[EB/OL]. 慧聪网,2005.

习者作为占主导地位的或唯一的课程设计依据,要以学习者的需要、兴趣、能力及经验作为课程要素决策的基础。

2. 符合成人学习认知规律

这是培训课程设计的主要原则。由于成人的学习方式与儿童相差很大,在培训课程教学内容的编排、教学模式与方法的选择、讲师的配备、教材的准备等方面都要和学校课程设计有所不同。成人学习目的性明确,参加培训的原因就是为了提高某一方面的技能或补充新知识,以满足工作的需要。培训课程设计要有一个明确的目标,而且培训课程教学方法的选择要有利于培训学院或中心的合作方式。

3. 用系统的方法和思想进行培训课程设计

培训课程是一个系统,设计培训课程要综合考虑各要素之间的相互关系、各要素与系统之间的关系、系统与环境的关系。按照系统理论,一个系统由输入、输出、转换和反馈四个部分组成。输入部分主要是社会和学习者的需求分析,此外,一切可供选择的资源都可作为这个系统的输入条件;输出部分就是学习者的知识、能力或态度达到课程目标的设计要求;转换由教学内容、教学模式、教学策略及其组织等构成,这些要素的选择与合理配置,是使系统的运作达到输出指标的保证;反馈是对主要课程的评价,它反向联系了输入与输出的关系,从而联系了各要素与系统之间的关系,及时把系统运行的动向、信息送到系统的输入端,反馈调节的结果是使系统处于稳定状态。

4. 用最优化原则指导培训课程设计

这是培训课程设计的中心指导思想,是培训课程设计活动所要解决的核心问题。20 世纪 60 年代,系统方法的建立和发展,大大推动了最优化思想的研究,越来越多的教育家们致力于探讨教学最优化问题,即帮助教师寻求完成在复杂教学活动中如何花费最少的时间而获得最大的效果,即:优化程度＝培训效果/时间。要达到培训教学的最优化,必须考虑在培训过程中要抓住最主要、最本质的东西。要做到正确地分析培训对象特点,科学设置培训课程,合理安排教学进度,有效选择教学方法与教学媒介等。

3.4.4 培训课程设计的基本要素

培训课程设计的基本要素有三个:教师、学习者、培训教材。

1. 教师

"能者为师"是一个基本原则。"能者"不一定是课程内容的专家学者,而专指有能力驾驭课程的人、能引导学习者达到课程目标的人。如果是课程内容的专家学者,又是课程内容驾驭的能者,那是最理想的。培训课程的执行者往往打破了传统的一个教室上一门课的概念,经常是由课程主持人来组织、挑选在课程内容的各个侧面有不同优势的人来组成课程组,执行"上课"的职能。课程执行者的可选人群范围,远远超过职业教师的领域。课程设计中执行者的主要任务是作为课程实施的主角。

2. 学习者

学习者是培训课程的主体,也是培训课程的一个要素。学习者不但是课程的接受者,也是一种可以利用的学习资源。只有充分调动学习者积极参与的培训课程,才有可能是效果最佳、效益最优的课程。

3. 培训教材

培训课程教材必须是事先精心准备的材料,必须切合学习者的实际需要,要有该领域最新信息的资料。这种要求使得培训课程为了适应这种快节奏的高要求,除用教学大纲说明课程意图外,还可以用报纸、杂志的论文与案例作为教材,并配有音像教材、参考读物,组成一个资料包。

培训课程其他要注意的要素有:课程目标、课程内容、教学模式、教学策略、课程评价、时间以及空间等。

阅读资料 3-1

IBM 公司"魔鬼训练营"课程与模拟角色

国际商用机器公司是一家拥有 27 万员工、820 亿美元资产的大型企业,其年销售额达到 800 多亿美元,利润为 100 多亿美元。它是世界上经营、管理最成功的公司之一。在计算机这个发展最迅速、经营最完善的行业里,其销量居世界首列。多年来,在《幸福》杂志评选出的美国前 500 家公司中一直名列前茅。

IBM 公司追求卓越,特别是在人才培训、造就销售人才方面取得了成功的经验。具体地说,IBM 公司决不让一名未经培训或者未经全面培训的人到销售第一线去。销售人员们说些什么、做些什么以及怎样说和怎样做,对公司的形象和信用都影响极大。如果准备不足就仓促上阵,会使一个很有潜力的销售人员"夭折"。因此该公司用于培训的资金充足,计划严密,且结构合理。一到培训结束,学员就可以有足够的技能,满怀信心地同用户打交道。而不合格的培训几乎总是导致频繁地更换销售人员,其费用远远超过了高质量培训过程所需要的费用。

这种人员频繁更换将会使公司的信誉蒙受损失,同时,也会使依靠这些销售人员提供服务和咨询的用户受到损害。近年来，该公司更换的第一线销售人员低于3%，所以，从公司的角度看，招工和培训工作是成功的。

IBM公司的销售人员和系统工程师会接受为期12个月的初步培训，主要采用现场实习和课堂讲授相结合的培训方法。

其中75%的时间是在各地分公司中度过的，25%的时间在公司的教育中心学习。分公司负责培训工作的中层干部会检查该公司学员的教学大纲，这个大纲包括从公司中学员的素养、价值观念、信念原则到整个生产过程的基本知识等方面的内容。学员们将利用一定的时间与市场营销人员一起访问用户，从实际工作中得到体会。

此外，IBM公司还经常让新学员在分公司的会议上，在经验丰富的市场营销代表面前，进行他们的第一次成果演习。有时，有些批评可能十分尖锐，但学员却因此增强了信心，并赢得同事们的尊敬。

该公司从来不会派一名不合格的代表会见用户，也不会送一名不合格的学员去接受培训，因为公司觉得这不符合优秀企业的概念。

销售培训的第一期课程包括IBM公司经营方针的很多内容，如销售政策、市场营销实践以及计算机概念和IBM公司的产品介绍。第二期课程主要是学习如何销售。在课堂上，该公司的学员了解了公司的后勤系统以及怎样应用这个系统。他们研究竞争和发展一般业务的技能。学员们在逐渐成为一个合格的销售代表或系统工程师的过程中，始终坚持理论联系实际的学习方法。学员们到分公司可以实践他们在课堂上学到的知识的实际部分。

现场实习之后，再进行一段长时间的理论学习，而这是一段"魔鬼训练营"的课程：紧张的学习从每天早上8点到晚上6点，而课外作业常常要使学生们熬到半夜。

在商界，人们必须学会合理安排自己的时间，他们必须明白"充分努力意味着什么？""整个通宵是否比只学习到晚上10点好？"课程开始之前，像在学校那样，要对学员分班，分班时的考试是根据他们的知识水平决定的。

经过一段时间的学习之后，考试便增加了主观因素，学员们还要进行销售演习。这是一项具有很高的价值和收益的活动。用户在判断一个销售人员的能力时，只能从他如何表达自己的知识来鉴别其能力的高低。商界就是一个自我表现的世界，销售人员必须做好准备去适应这个世界。

　　有时,学员们的所作所为还会保留某些学生气,会对培训课程的某些方面感到不满。遇到这类情况,公司就会告诉他们:"去学校上学,你们每年大约要付 15000 美元的学费。所以,应当让你们决定什么是最好的。这就是经济规律,同时,也是你们学习经营的第一件事。"一般情况下,学员会在艰苦的培训过程中,在长时间的激烈竞争中迅速成长。每天长达 14～15 小时的紧张学习压得人喘不过气来,然而,却很少有人抱怨,因此几乎每个人都能完成学业。

　　IBM 市场销售培训的一个基本组成部分是模拟销售角色。在公司第一年的全部培训课程中,没有一天不涉及这个问题。公司始终强调要保证演习或介绍的客观性,包括为什么要到某处推销和期望达到的目的。

　　同时,学员应对产品的特点、性能以及可能带来的效益进行清楚的说明和演习。因此,学员要学习问和听的技巧,以及如何达到目标和寻求订货等等。假若用户认为产品的价钱太高,就必须先看看是否是一个有意义的项目,如果其他因素并不适合这个项目,单靠合理价格的建议并不能使你得到订货。

　　该公司采取的模拟销售角色的方法要求学员们在课堂上经常扮演销售员的角色,而教员扮演用户,并向学员提出各种问题,以检查他们接受问题的能力。这种上课方式接近于一种测验,可以对各学员从优点和缺点两方面进行评判。

　　另外,在一些关键的领域,对学员进行评价和衡量,如联系技巧,介绍技巧与演习技能,与用户的交流能力以及一般企业经营知识等。对学员们扮演的每一个销售角色和介绍产品的演习,教员们都会给以评判。

　　IBM 公司为销售培训所发展的最具有代表性、最复杂技巧之一就是阿姆斯特朗案例练习,它集中考虑一种假设的由商店网络、海洋运输、零件批发、制造业和体育用品等部门组成的,具有复杂的国际间业务联系。

　　通过这种练习可以对工程师、财务经理、市场营销人员、主要的经营人员、总部执行人员等的形象进行详尽的分析。这种分析使个人的特点、工作态度,甚至决策能力等都能清楚地表现出来。

　　由教员扮演阿姆斯特朗案例人员,从而创造出一个非常逼真的环境。在这个组织中,学员们需要对各种人员完成一系列错综复杂的拜访。面对众多的问题,他们必须接触这个组织中几乎所有的人员,从普通接待人员到董事会成员。

　　由于这种学习方法非常逼真,每个"演员"的"表演"都十分令人信服,所以,每个参加者都能像 IBM 公司所期望的那样认真地对待这次学习机会。这种练习的机会就是组织一次向用户介绍发现的问题,提出该公司的解决方案和争取订货的模拟用户会议。

——资料来源:中国人力资源网.

3.5　课程具体设计

3.5.1　课程内容的设计

课程开发中的课程设置要本着"缺少什么培训什么,需要什么培训什么"的原则,使学员掌握生产技术和技能;要适应多样化的学员背景,选择不同难度的课程内容进行课程水平的多样组合;要满足学员在时间方面的要求,确定课程内容、难度、时间三要素的组合方式。但课程内容的选择一直是课程设计的核心问题,也是一个很棘手的难题。

1. 课程内容的选择

在课程内容的选择过程中,要注意以下三个方面:

(1)相关性。课程内容的选择要与企业生产经营实践活动结合在一起,反映企业生产经营实践的要求,主动适应企业生产经营发展趋势。这既是课程内容存在的前提,也是培训课程开发的内在动力。

在员工培训需求调查、分析与归纳的基础上,从企业生产经营角度出发,确定所选择的内容进入课程的多少,深浅尺度及难度大小。要满足培训项目要求,贴近企业实际生产经营的需求,适应提高员工岗位职业能力和壮大企业核心竞争力的需要,强化企业的发展战略和核心业务能力,推广企业的经营思想、文化、价值观念,提高员工岗位职业能力。但是这种一致性绝非做"镜式"的反映。那种"不给学员打下雄厚的理论基础,将来怎么能有大的发展"的说法,在企业培训中是不适用的,也是与培训的特点不符合的。

(2)有效性。许多培训经理在开发培训课程时过于"习惯导向""领导导向""员工导向",处于没有规划、没有主动性的状态。课程内容本身的有效性,是判断培训水平高低的一个重要标准,也便于检视课程开发与企业生产经营是否保持了密切的联系以及这种联系的程度。这是培训课程的关键所在。

(3)价值性。培训不能满足需求的一个重要原因就是没有处理好培训课程内容选择上的价值性问题。要认识到课程内容最终是面向学员的,课程内容的选择既要满足学员的兴趣,又要反映培训的需求,只有这样,课程内容才能为学员所认可和同化,成为其自身的一部分。

2. 课程内容的安排

课程内容的安排是指要区分哪些资料是实现培训目标所必需的,怎样对它进行安排。培训者不能为了让学员在短时间内学会尽可能多的内容,而提供超过学员吸收能力的内容。在内容安排上,要决定哪些内容先介绍,哪些是详细讲解,哪些是应用和实践活动,哪些是最后总结。一般安排的顺序是:由熟悉到不熟悉,由简单到复杂,由易到难。

为了提高学员的学习兴趣和动力,在课程刚开始进行时,可以安排稍有难度的内容和活动,使培训富有挑战性,使大家更有兴趣。在教学方法上,可以用多种不同的方法,采用"讲授—活动—总结"这样一个过程。

3. 课程设计效果评价

培训者应根据自己的工作经验,吸收同事的意见,对课程做出评价。但不要根据没有被认同的意见对课程做出改变。

3.5.2 小组活动的设计

研究发现,通常人们可以集中精力做一件事情的时间不会超过 7 分钟,这意味着每 7 分钟要换一次培训的方式。如:讲授、问与答、录像带、案例讨论、角色演练、技巧练习、问卷、游戏、小组讨论等。

在培训活动的设计中,可以用小组活动的方式,通过学员的讨论与交流,鼓励学员表达自己的思想和情感,强化学员对概念的理解,鼓励人际交往和决策的制定。小组活动的方式包括:案例分析、商业游戏、角色扮演、行为示范、头脑风暴法、拓展训练、篮中练习、自我评估练习等很多形式。要求学员以小组为单位分析并讨论问题,最后找到解决问题的方案。

1. 头脑风暴法[①]

头脑风暴法(Brain Storming),又称智力激励法、BS 法。它是由美国创造学家A.F. 奥斯本于 1939 年首次提出、1953 年正式发表的一种激发创造性思维的方法。它是一种通过小型会议的组织形式,让所有参加者在自由愉快、畅所欲言的气氛中,自由交换想法或点子,并以此激发与会者的创意及灵感,使各种设想在相互碰撞中激起脑海的创造性"风暴"。它适合于解决那些比较简单、严格确定的问题,比如研究产品名称、广告口号、销售方法、产品的多样化研究等,以及需要大量的构思、创意的行业,如广告业。

从 CI 为例,介绍头脑风暴法的运用程序:

(1)准备阶段。CI 策划与设计的负责人应事先对所议问题进行一定的研究,

---

① 鲁开根. 至尊管理法则:头脑风暴法[EB/OL]. 中国人力资源开发网,2005.

弄清问题的实质,找到问题的关键,设定解决问题所要达到的目标。同时选定参加会议人员,一般以 5～10 人为宜,不宜太多。然后将会议的时间、地点、所要解决的问题、可供参考的资料和设想、需要达到的目标等事宜一并提前通知与会人员,让大家做好充分的准备。

(2)热身阶段。这个阶段的目的是创造一种自由、宽松、祥和的氛围,使大家得以放松,而进入一种无拘无束的状态。主持人宣布开会后,先说明会议的规则,然后随即谈点有趣的话题或问题,让大家的思维处于轻松和活跃的境界。

(3)明确问题。主持人需扼要地介绍有待解决的问题。介绍时须简洁、明确,不可过分周全,否则,过多的信息会限制人的思维,干扰其思维创新的想象力。

(4)重新表述问题。经过一段讨论后,大家对问题已经有了较深程度的理解。这时,为了使大家对问题的表述能够具有新角度、新思维,主持人或书记员要记录大家的发言,并对发言记录进行整理。通过记录的整理和归纳,找出富有创意的见解以及具有启发性的表述,供下一步畅谈时参考。

(5)畅谈阶段。畅谈是头脑风暴法的创意阶段。为了使大家能够畅所欲言,需要制订的规则是:第一,不要私下交谈,以免分散注意力。第二,不妨碍及评论他人发言,每人只谈自己的想法。第三,发表见解时要简单明了,一次发言只谈一种见解。主持人首先要向大家宣布这些规则,随后导引大家自由发言、自由想象、自由发挥,使彼此相互启发、相互补充,真正做到知无不言、言无不尽,然后将会议发言记录进行整理。

(6)筛选阶段。会议结束后的一两天内,主持人应向与会者了解大家会后的新想法和新思路,以便补充会议记录。然后将大家的想法整理成若干方案,再根据CI 设计的一般标准,诸如可识别性、创新性、可实施性等标准进行筛选。经过多次反复比较和优中择优,最后确定 1 至 3 个最佳方案。这些最佳方案往往是多种创意的优势组合,是大家的集体智慧综合作用的结果。

2. 案例分析

提高受训者分析和解决问题技能的一个非常有效的途径是将案例告诉学员,在案例里某个组织的员工要么是遇到了具体问题,要么是要做出某项决策。案例可以是虚构的,也可以是真人真事。案例教学在大学的管理、公共管理、法律、社会学等很多课程中被普遍使用。

不同的案例复杂程度和描述的详细程度是不同的,但是必须为受训者分析问题、提出解决方案,提供足够的信息。

(1)解决问题的步骤。解决问题的步骤是:①用自己的语言重新陈述重要的事实;②根据事实进行推理;③诊断并说明问题所在;④设计几种解决方案,说明各种方案的可能结果;⑤确定行动方案,并论证可行性。分析案例时以个人或小组为单位,让个人代表小组向大家报告该组的分析过程和解决方案。

(2)案例分析的优点与缺点。案例分析是以一定的管理情景为背景的问题解决形式,不仅为受训者提供了需要学习的概念的例证,还可锻炼其沟通技能,提高其分析和解决问题的实践能力。为受训者之间讨论和分享观点、对不同的分析结果和方案互相质疑创造了机会,提高了整合各种信息的能力。

其优点概括起来有:①参与性强,变教学被动接受为主动参与;②将提高学员解决问题的能力融入传授知识的过程中;③激发学员的学习积极性;④受训者之间可以通过案例分析达到交流的目标。

但案例分析会导致群体思维;不利于培养学员举一反三的能力;强化了受训者的消极反应。

其缺点概括起来有:①案例准备时间较长且要求很高;②案例法需要较多的培训时间,同时对学员能力有一定的要求;③对培训教师的能力要求很高;④案例选择若不恰当,会浪费学员的时间和精力。

为了克服案例教学的缺点,需要综合考虑以下因素:①特定的教学目标;②案例分析的目标;③具体事件或案例的特点;④受训者的特点;⑤教学时间;⑥教学情景概况;⑦教师自身的特点和教学特点。

3. 模拟企业实际管理循环

模拟企业实际管理循环(management cycle simulation,MACS),用于提高管理者的管理技能。管理模拟训练是采用商业模拟的方式设计的有代表性的培训项目。

(1)培训目标。MACS 训练的目的是让学员在 3 天的封闭训练中全面了解企业经营运行的全过程。

①通过 P(计划)、D(实施)、C(检查)、A(改进)①循环掌握和提高管理水平和技巧;

②了解 Q(质量)、C(成本)、D(交货期)、S(安全)、H(人际关系)在管理中的重要性;

③熟悉主要财务报表和企业的成本、利润结构;

④通过职位轮换体验本职工作以外的业务特点等。

(2)目标学员。目标学员主要是中高层管理者。理想的目标学员规模是 24人,并应确保每位参加者都能百分之百地参与。培训所需要的道具有:组装汽车的塑料模块、计算器、绿色台布、闹钟、图纸、白板、投影仪、电视机等。

---

① PDCA 分别代表英语单词 plan(计划)、do(执行)、check(检查)和 action(处理)的第一个字母,PDCA 循环就是按照这样的顺序进行。PDCA 循环又叫戴明环,是美国质量管理专家戴明博士首先提出的,它是全面质量管理所应遵循的科学程序。

（3）培训方式。培训时，每6名学员组成一个模拟公司，4个小组分别是4家汽车制造厂，每个组员分别担任总经理、市场、财务、技术和生产等各种职位。职位说明书应很清楚地描述每个角色的职责和任务。在3天的培训当中，每个人要担当3个角色，即每天换一个角色，以体验本职工作以外的其他职位。3天的培训内容包括签订合同、制订经营计划、购买材料、组织生产、市场销售和财务等等。比如第一天按照提供合同的图纸去采购原料，在规定的时间生产汽车；第二天不仅自行生产还要自行设计；第三天是设计、生产、销售。每一个"公司"的业务在这个过程中都会得到综合评价。

4. 篮中练习

管理技能开发评价中心采用的一种模拟方法叫"篮中练习"，即设计一系列管理者在真实环境中要处理的各种公文，要求被试者以管理者的身份模拟真实生活中的想法，在规定时间内对各种公文材料进行处理并形成公文处理报告。

这种方法的目的是评价受训者分清事务的优先处理顺序，策划、收集相关信息并做出决策的能力。它是对一个人的计划、组织、分析、判断、决策、文字表达能力进行的评价和判断。

实施的步骤是：

①告诉受训者，他们被提拔到一个突然出现空缺的管理岗位，并提供相应的有关该组织的背景信息，包括人事情况、人际关系、组织政策和工会合同等。

②把前任经理文件接收篮中的资料转交给受训者，这些资料包括电话留言、工作记录、信件和报告。

③要求受训者阅览上述资料，组织信息、排出工作日程、对有关问题进行决策。

④由受过训练的评分者对受训者的决策进行评估。

5. 角色扮演

培训者为受训者创造了一个组织情景，让两个或两个以上受训者一起来扮演情景中的角色。角色扮演必须为受训者提供自我发现和学习的机会。在某一情景中，最好让受训者轮换着把每个角色都体验一下，角色扮演结束后，让培训者和受训者一起对各个角色的表现进行评价，这种反馈可以增强角色扮演的效果。

角色扮演的优点有：①参与性强，学员与培训者之间的互动交流充分，提高了培训积极性；②特定的模拟环境和主体有利于增强培训效果；③通过观察其他学员的扮演行为，可以交流学习技能；④通过模拟后的总结评价，可以认识到自身存在的问题；⑤不但提高学员的业务能力，也锻炼了其反应能力和心理素质。

角色扮演的缺点有：①有的学员会怯场，需要培训者用足够的时间介绍要学习的内容；②有的学员态度不端正，仅仅把扮演角色当作虚构的情景或游戏，而不是学习，影响学习效果；③模拟环境并不代表现实工作环境的多变性，特别是情景中的问题分析不具有普遍性。

6. 行为模仿

行为模仿建立在人的行为模式的基础上,是通过观察他人的行为而习得的理论。员工在组织中通过观察其领导、直接上级和同事等角色榜样,学会了与工作有关或无关的各种行为。

这种方法实施的步骤是:

第一,让受训者观看一段电影或录像,其内容是行为榜样如何执行某项操作,或者展示学员需要学习的目标行为;

第二,对榜样行为的关键组成部分进行讨论;

第三,对学员的表现给予反馈,强化其正确行为。

7. 拓展训练和冒险学习

让新团队在困难或陌生的物理和心理的挑战下,在室内或室外的环境中接受训练。在个体或团队问题的解决上,要求团队的参与者探讨提高团队工作的策略,建立信任,把冒险管理策略和团队决策相结合。

对个体来说,这种训练能帮助他们采取主动技能,做出决策,设定个人进步的目标。内容有:绳索课程、攀岩、从悬崖峭壁滑下、航行、救生筏、野外搜索等。

该方法之所以有效的原因是:

①要求许多参与者一起了解问题和解决问题,假定学员通过这些行为所获得的知识和技能能够迁移到实际工作情景中,并提高团队工作绩效;

②要求参与者使用认知的、行为的、物理的以及情感的资源来解决问题,使得员工富有创新观念;

③要求培训学员建立个体或团体的行动计划,这些计划可以激励团队成员培养洞察力以及实施新行为,以便提高团队在工作环境中的表现。

8. 行动学习

行动学习方法(action learning)使得参与者积极做出反应,从经历中学习,这对提高组织的有效性非常重要。行动学习的方法强调学员通过正式的培训,学习处理同工作相关的问题。培训重点是解决复杂的、真实的生活中的困难和问题。

行动学习实施的要点:

①团队遇到了一个或几个重要问题或挑战,这些问题或挑战指的是当系统的目标不能满足系统的现实情况时所产生的问题或挑战;

②团队成员来自不同部门和不同层级,具有不同观点和视角;

③团队找到了解决问题的方法,并有权力实施改进计划;

④团队在解决问题的过程中学习,并在以后的工作中体现解决问题和学习的两重任务。

行动学习的目标是产生新思维和革新策略,并解决现存问题,提高人员和团队的效能,提高成员对自身优势和劣势的客观认识,从而产生积极互动的群体,增强团队凝聚力。

3.5.3　准备辅助性材料

培训的主要目的是为了使学员保持学习兴趣,理解并能够记住所学习的技术和知识。学员容易记住出现频率高的信息(20%听觉,30%视觉,50%听觉和视觉效果,70%动手做)。为了使培训真正有效,就必须让学员能够看、听,并参与其中,要尽可能多演示,创造学员参与其中的机会。

辅助材料的具体要求:

阅读材料——与幻灯片保持一致,提供帮助学员可以做笔记的材料和在课后参考阅读的资料。

视觉材料——幻灯片、场景、图形、标语、照片、图画、录像片等,要求醒目,清楚,美观。

听觉材料——包括令人感兴趣的词汇、音乐、声音、幽默、重音、故事、对话等等。注意音调的变化,节奏的缓慢程度,音量的大小及发音的清楚程度。

感觉材料——包括情绪、可以实践的活动等,应是可以闻的、可以品尝的、可以触摸的。

培训教师个人备注——培训教师根据自己的个人习惯选用适合自己的学习要点标注、注释等。

3.5.4　测试题目

测试是衡量受训者学习收获的一种有效方法。其主要作用有:评价受训者所面临的问题以及困难,对学员进行激励,考察培训中的指导材料、培训内容、培训方法以及活动设计是否存在问题,评价学员培训后的收获和表现。

测试题目是用于检查学员受训后的知识、技能和绩效状况的一系列问题或评价的手段和方法。测试题目可以采用下列类型的题目:判断对错、选择、写短文、填空、配对题、现场演示、口头回答、角色扮演等。

3.5.5　注意事项

1. 分清培训内容的轻重缓急

成功的培训往往都是抓住了企业当前最需要的问题,摸清了企业状态,了解了老板最关心的问题,然后再来设计项目,从而分清了轻重缓急。

2. 企业发展不同阶段培训内容有所不同

在创业初期,由于企业人数有限,企业将主要精力放在市场销售上,其主要业务活动由创业者独立支撑。此时对公司而言主要是发现客户、推动企业快速成长,而创业者的营销公关能力、客户沟通能力是公司生存的关键。当培训集中在这些方面时,会产生很高的性价比。

在企业扩张期,企业业务活动必须由中层干部完成。但这些干部的管理风格、思维习惯与企业领导可能不同。这使企业领导感到对企业的控制不如从前,就需要形成新的管理体系。在企业对未来发展有清楚认识的基础上,选择管理体系,需要核心的管理团队在管理知识、行业发展认识等方面有所提高。在管理理念上要能达成共识,不仅要中层干部向创业者接近,同时也要创业者面对企业自身的变化做出调整。因此有必要对管理团队的管理技能与观念进行深入的培训,这些培训将对企业长远发展产生不可忽视的影响。

在企业成为行业主要竞争者后,就需要提炼自己的核心竞争力,推动每个员工把自己的工作同企业的目标结合起来,从根本上提高企业素质。这不仅需要各种严格的规章制度,更需要员工对企业目标的认同、对企业的归属感,此时的培训重点应在建设企业文化上,将企业长期发展所必需的理念、态度传播到员工中。

相关链接 3-2

某课程的具体计划

> 项目名称:如何进行有效绩效考核与绩效管理
>
> 课程名称:绩效考核与绩效管理——以战略为导向的企业 KPI 指标体系设计
>
> 课程时间:6 小时
>
> 课程目的:1. 能够明确阐述绩效考核和绩效管理的重要性;
>
> 　　　　　2. 掌握设定绩效考核指标的基本流程;
>
> 　　　　　3. 能准确表达自己在绩效考核与绩效管理中的基本职责。
>
> 目标学员:各级管理人员
>
> 前期准备:受训者——整理、收集部门绩效考核与绩效管理中的问题
>
> 　　　　　培训者——熟悉绩效考核指标设计流程,准备讨论的案例
>
> 　　　　　培训地点——按扇形设置
>
> 　　　　　所需的资料和设备——电脑、投影仪、黑板、话筒

课程内容	教师角色	学员角色	时间安排
KPI 指标设计的流程与方法介绍	宣讲	听讲	1.5 小时
休息			15 分钟
讨论:如何确定 CSFs	辅导	练习	1 小时
点评	讲解	听讲、修改	15 分钟
午餐、休息			1 小时
绩效考核与绩效管理运用	宣讲	听讲	1 小时
讨论:两者的区别,结果如何运用	辅导	分组讨论	30 分钟
休息			15 分钟
管理人员在绩效管理中的职责	宣讲	听讲	45 分钟
讨论:如何成为一名合格的绩效管理者	辅导、点评	讨论	30 分钟
结束	回答提问	提问	

相关链接 3-3

宝洁公司培训课程具体内容

第一天

1. "Get to know" exercise

两两凑对,对侃 5 分钟,然后每人领一件 T-shirt,以及附带一张写有一个单词(如 fruits,map,province 等)的纸,在 T-shirt 上画一幅以这个单词为主题、描述自己 partner 的画,然后向全体介绍,要求要富有创造性。

2. Technical management skills 1

(a)Achievement through people—Talks and discussion

介绍基本的管理理论,包括马斯洛需求理论、X 和 Y 理论等等,还讲到孔子、魏征和唐太宗等等。

(b)Achievement through people—Training exercise

分组玩游戏,一个组有一个 leader,两个 observer。leader 从 host 处领到任务后,领导组员完成任务,observer 进行监督记录。

第一个游戏是:draw a dream land

就是在尽量短的时间内,一起画一张理想家园的图,规定了图中的内容,包括屋子、游泳池、河、树等等。考察 leader 的分工能力,因为一组里有五六个人,分工越好,效率越高,获胜的机会越大。

第二个游戏是：build a tower

在 15 分钟内，仅以报纸和透明胶纸为材料在地上搭一个塔，塔越高越好。这个游戏重点是计划、决策能力，因为塔是要从低到高搭，要求先后次序，同时塔的高度和稳固程度很难同时兼顾，需要决定重点。作为一个 leader，一定要把握住重点，掌握发展方向；同时，一定要吸取大家的意见，因为自己的能力和知识是非常有限的。

第三个游戏：treasure hunt

是一个拼图游戏，其中少了三块，一块在 host 那里，要最后其他都拼好时，向 host 描述所缺的形状和颜色，host 才会给你；另两块藏在屋子的某个地方，需要自己根据所给的提示去找。

第二天

1. Technical management skills 2—Presentation training

包括基本技巧、现场的正反例的示范，以及自己练习。

2. Technical management skills 3—Priority Setting：In tray exercise

首先讲基本理论：人们要处理的事务一般分成四大类——紧急而重要、紧急而不重要、重要而不紧急、不重要而且不紧急，最佳状态是第一类的事情最多，最恶劣的状态是陷于第四类的琐事。

练习：让自己扮演一个休假了一周的 Product Research Manger 的角色。提供的材料是：该角色在休假前进行的工作，休假中同事发给他的工作 E-mail（共 17 封，且相互关联）。

任务是：决定在休假回来后，处理各种事务的先后顺序——Priority setting。

分组讨论，得出最佳的处理顺序。

3. Day in the life of a young scientist R&D

参观宝洁的各个部门。

4. Technical management skills 4—Making decision：Product development exercise

以一个宝洁的实例操作练习：开发一种新的香口胶。

背景材料：

(1)宝洁的 Crest 牙膏品牌有很好的知名度；

(2)现有市场上的各个香口胶品牌，各自的优点、价格、市场份额等；

(3)消费者需求：各种口腔问题的出现频率、重要程度和解决的满意程度；

(4)现有的和一种新型的香口胶添加剂：成本、优点。

任务：分析市场，决定目标消费者；设计产品，即决定添加的成分；决定价格；销售方案——包括产品名称和广告口号等。

5. 自愿参加打保龄球，宝洁老板掏钱。

第三天

1. Technical management skills 5—Interpersonal skills group exercise

(1)随机分组,让大家用方言自我介绍后,再用英语重复,以此强调 group 里的 diversity;

(2)X 和 O 理论:处于一个多元化的 group 里,自己是一个 X;刚加入一个组里,自己是一个 O;

(3)组内讨论自己作为 X 和 O 的经历;

(4)Cog's Ladder:指一个组内合作的一般过程,如下(从下到上):

Esprit

Constructive

Bid for the power

Bifurcation

Where we are

Why we are here

(5)由五个宝洁的员工表演,展示一个 group 按 Cog's ladder 发展的过程。

(6)练习:假设飞机失事,坠在沙漠上,机身烧毁,死了一些人,幸存的就是现在的小组;为了能在沙漠中存活下来,需要按对生存的重要性对所有的物品(共十五件)排一个次序;然后按专家的答案打分。结果是,我们四个组的得分(满分 100)是:32,30,28,19,就是说,全部牺牲了。

2. Creative product development

模拟一个宝洁的产品开发过程:

(1)市场需求:中国北方 70％的家庭为家居里的灰尘苦恼;

(2)设计一个产品,解决这个问题。

宝洁课程设计得很精致、逼真,效果挺好。所有的管理人员,都总是在不断地接受培训。他们认为极少人是天生的领导者,大多都是经过培训以后才成长为成功的领导者或管理者的。

3.6　培训教师的甄选

3.6.1　培训教师素质和能力要求

1. 培训教师的基本素质

(1)灵活性。短时间内有能力调整方向、应变的能力。

(2)幽默感。使教学气氛变得轻松的能力。

(3)真实性。己所不欲,勿施于人。

(4)成熟性。辨别是否必须回答问题,若问题不需回答就不回答。

(5)鼓励性。感染别人的热情。

2.　培训教师应具备的能力

(1)控制能力。有能力使受训者及团队朝着目标前进。

(2)创新能力。协调任务和进程的关系,使团队高效。

(3)评估能力。明白什么样的信息和反馈对于整个团队发展至关重要。

(4)转换能力。帮助学员把学习经验应用在能力的提高上。

(5)沟通能力。高度的敏感性和理解能力,能够转达准确的意思。

具体说来这些能力包括:①根据培训内容和学员素质,编制教学大纲;②设计有效的学习内容和学习顺序;③有效组织讲解,使学员易于把握大纲;④有效组织课堂学习;⑤强调概念的理解;⑥把讲解同课程其他有关方面的内容联系起来;⑦清晰全面地回答问题;⑧应用实例;⑨课程设置应有一定难度,但又能达到目标;⑩鼓励学员运用自己的才能完成任务;⑪使学员知道,他们学习的内容是多么有用;⑫鼓励课程讨论;⑬充分利用课堂时间;⑭通过测验,发现学员的优缺点;⑮解释课程,使学员能够展示自己已经学到的内容;⑯允许学生提出与课程有关的问题;⑰鼓励学员共同分享有关的知识与阅历;⑱在课堂中引进更多的知识和信息;⑲能够有效地运用黑板和其他视听设备;⑳鼓励学员学习课程内容;㉑实现课程目标;㉒表现出对课程极大的热情和兴趣。

当然,能力是在一定素质基础上不断积累和磨炼出来的,没有人天生就是一个优秀的讲师。

3.6.2　培训教师的甄选与培养

1.　培训教师的甄选

企业内部的培训讲师应该是企业培训师资队伍的主体。内部讲师能够以企业欢迎的语言和熟悉的案例故事诠释培训内容,能够总结、提炼并升华自身和周围同事有益的经验和成果,能够有效地传播和扩散企业真正需要的知识与技能,有效实现经验和成果的共享和复制。

内部讲师制度也是对某些员工进行激励的一种有效方式,为其职业生涯的发展开辟了广阔的道路。因此企业应鼓励内部优秀员工去担任培训讲师。

人力资源部门在培育内部讲师时要重视选拔和培养工作。人力资源部门应制定切实可行的内部讲师选拔和培养制度,需要明确内部讲师的选拔对象、选拔流程、选拔标准、上岗认证、任职资格管理、培训和激励约束机制等,使得每一项工作都具体、可操作。

调查结果表明:各级管理人员是企业内部讲师的天然候选人,各类职业的业务骨干是企业内部讲师的重点对象,所以内部讲师的甄选主要针对这些群体。

2. 培训教师的培养

企业内部选拔的讲师,在业务方面很优秀,但在有关课程的设计、授课方法、课程组织等方面相对培训的要求来说比较欠缺。所以人力资源部门需要专门对培训讲师进行培训,或者有选择地参加授课技巧好的教师组织的公开课,让这些选拔的培训讲师自己研究、揣摩和学习其他教师的授课方法。

对内部讲师人员的激励,应该以精神激励为主,物质激励为辅。事实上,许多企业的实践也证明了这一点。为内部讲师开设职业发展通道,免费提供更多的外培机会,授予荣誉证书等都是很有效的激励手段。

对培训者进行培训(train the trainer,TTT),就是找出精通培训内容但缺乏培训技能的内部专家。对他们进行培训,把他们培养成优秀的培训者。对培训者进行培训的目的是让组织内部的主题专家掌握在培训项目设计和实施方面的知识和技能,包括技术培训和培训项目设计的综合知识和技能。

外部讲师的选拔也应遵循相应的程序,要有接受申请、试讲、TTT 培训、资格认证、评价、续聘或晋级等流程的管控。为了促进外部讲师培训成果的实现,可以建立"外部讲师助手"制度,为每一个外部讲师配备专门的内部助手,内部助手的主要任务是提供给外部讲师本企业的案例故事和实际素材,丰富外部讲师的讲课内容,强化授课的针对性、实用性。然后就是对外部讲师的授课提出建议,收集评价和反馈信息给外部讲师,从而促进外部讲师授课成果的有效转化。内部助手在帮助外部讲师的过程中也提高了自身的专业知识和授课水平,有利于企业内部讲师队伍的成长。

本章思考题

1. 培训项目目标的意义是什么? 怎样制定培训项目目标?
2. 制订培训计划应注意哪些问题?
3. 如何编写适合的课程计划表?
4. 企业怎样选择和培养内部师资队伍? 选择外部培训教师应该注意哪些事项?
5. 有效的培训项目设计和开发的流程是什么?

案例分析

麦当劳的培训

麦当劳在中国的快餐业的发展中好像滚雪球一样,遍布在中国大

中城市。麦当劳为实现其经营哲学"在时间和空间上，所生产的食品和
服务没有任何两样"而格外重视培训。为了保证各连锁店在服务员品
质上的一致性，它在美国的伊利诺伊州埃克格鲁市，设有专门的汉堡大
学（有公认的学会培训机构）。这所大学所提供的培训，有如何做汉堡、
炸薯条，也有餐厅管理。

　　麦当劳把美国市场分为 24 个区域，在每个区域都进行一些初级培
训，各区域店里均设置门市部经理、操作经理及培训经理。

　　门市经理下设 25 个区店顾问，执行麦当劳的评估与质量管理；操
作经理下设 5 个地方督导，负责执行各店的经营利润分析；培训经理下
设 10 个培训顾问，负责提供 1/3 班级活动管理培训、1/3 现场工作人
员培训及 1/3 的实习参观其他店（见图 3-5）。

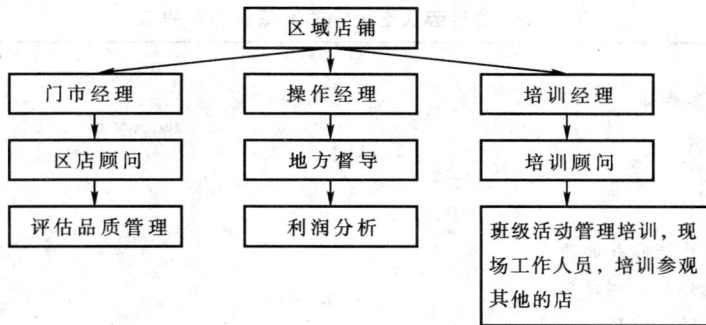

图 3-5　麦当劳各区店职能分工图

　　下面分别是区店顾问的课程表（表 3-2）、地方督导的课程表（表
3-3)及培训督导课程表（表 3-4），以供参考。

表 3-2　麦当劳汉堡大学的区店顾问课程表

一、简介	
二、必备条件	
三、注册	
四、课程	
1. 导论	1 小时
2. 门市部历史和工作职责	1.5 小时
3. 责任区管理	2 小时
4. 对分店店长的工作场所教学	2 小时
5. 调整策略和门市部顾问策略	2 小时

续表 3 - 2

6. 财务一、二、三和四	8 小时
7. 整个区店部顾问的技巧和目标	2 小时
8. 管理工会	1 小时
9. 执照	1.5 小时
10. 操作发展工会	1.75 小时
11. 新店的开张	2 小时
12. 分店店主评估	1.75 小时
13. 全体的食品销售目标	1.5 小时
14. 分店店主的形态	3 小时

表 3 - 3　麦当劳汉堡大学的区域督导课程表

一、简介

二、必备条件

三、注册

四、课程

　　1. 导论

　　2. 区域督导的角色

　　3. 分析培训需要

　　4. 时间管理

　　5. 销售建筑物

　　6. 系统问题分析/政策决定逻辑

　　7. 挑选人才

　　8. 人力资源管理

　　9. 提高人际关系的实习

　　10. 商店经营

　　11. 老板风格

　　12. 安全性

　　13. 管理讨论会

　　14. 管理能源

　　15. 财务管理

　　16. 操作过程的变化

　　17. 公开讨论会

表 3 - 4　麦当劳汉堡大学的培训督导课程表

一、简介

二、必备条件

三、注册

四、课程

　　1. 导论

　　2. 培训的系统取向

　　3. 培训方法

　　4. 管理讨论会

　　5. 拟定报告的标准

　　6. 分析培训需要

　　7. 技巧练习

　　8. 教学实习和鉴定

　　9. 视听教育

　　10. 测试效果的结构和评估

　　11. 培训效用

　　12. 培训目标

　　13. 门市部的活动和顾问

区域督导课程表说明：在简介后，讲解区域督导的角色与责任。第三堂课讲授分析培训的需求。第四堂课讲授时间管理。第五堂课分析销售地理环境（交通状况，腹地面积，人口等）。第六堂课系统分析问题的练习，以此作为政策制定的推理基础。第七堂课讲授挑选人才的要领。第八堂课讲授人力资源以降低员工的离职率。第九堂课提高人际关系的培训教材，用团队活动的方式来进行。第十堂课讲授商店经营的原则和技巧及一些要点。第十一堂课讲授分店店主的经营理念与形态（其处理冲突的形态、沟通的风格）。第十二堂课讲授安全的时间、地点及政策。第十三堂课进行管理讨论会。第十四堂课讲授能源管理。第十五堂课财务管理实习（如预算的拟定，收支表的填写）。第十六堂课讲授在经营上可能突发状况的处理，或对新产品、新的生产方式的诞生的适应。第十七堂课综合座谈会。

培训督导的课程表说明：在简介以后，讲解培训的系统方法，从需要的分析到培训评估的观念了解。第三堂课讲授培训的各种方法。第四堂课进行管理问题的讨论。第五堂课拟定报告的标准。第六堂课分析培训的需要。第七堂课做口头和书面报告的技巧练习。第八堂课教学实习和鉴定。第九堂课视听教育课程,培养制作媒体和使用媒体的能力。第十堂课讲授测试效果的结构和评估。第十一堂课讲授确认培训的效用,以说服老板或员工做好培训。第十二堂课讲授培训目标的拟定。第十三堂课讲授门市部的培训活动和咨询。

案例讨论

1. 比较区店顾问、区域督导和培训督导这三个职位所学课程,你可以得出什么结论?

2. 说明麦当劳培训课程的特点。

3. 麦当劳培训课程设计的指导思想是什么?

第 *4* 章

培训方式

　　本章重点介绍传统的培训方式、新兴的培训方式、各种培训方式的比较、企业选择培训形式时应注意的原则等内容。传统的培训方式包括：学徒培训、讲座、讨论及以经历为中心的学习等。随着信息技术的发展形成的新兴的培训方式有：电子通信、视听多媒体培训、计算机辅助培训、网络培训、虚拟现实培训以及企业大学和研究院等。

重点问题

⇨ 企业培训的不同类型
⇨ 计算机技术在培训中的运用
⇨ 虚拟现实培训
⇨ 各种培训技术的优缺点
⇨ 企业选择培训模式的原则
⇨ 培训技术的组合

4.1　传统的培训方式

　　传统培训方式是指以培训讲师直接面对受训者为主要形式的培训方式，这种培训方式一般不需要借助于电子信息的传递技术来传递信息。传统培训方式经过较长时间的实践检验并不断变幻出新的培训方式，以其直观、生动、形象等特点受到大多数企业的重视，并且在培训过程中得以广泛应用。传统的培训方式已经成为员工发展的必要组成部分，包括使新招聘的员工熟悉组织，保证个体在技术上能够有能力完成其工作，培训新的一线主管完成其管理任务以及使某些个体有潜力竞争未来组织中的领导地位。培训的重点在于提高员工工作的有效性。传统的培训方式主要有以下几种:学徒培训、讲座以及以经历为中心的学习等。

4.1.1　学徒培训

学徒培训,主要是指师傅带徒弟,是一种最为传统的在职培训方式。最早的师徒培训没有一定的方法和程序,新员工只是从观察和体验中获得技能,成效相当迟缓。后来的师徒培训作为一种在职培训方法,其形式主要由一名经验丰富的员工作为师傅,带一名或几名新员工。一般在需要手工艺的工作上使用该种培训。如木匠、理发师、机械师和印刷工等。在培训中,这些学徒身份的员工收入低于师傅。培训期根据所需技艺的不同而不同(见表4-1)。

表4-1　培训期与所培训技艺的关系①

职业	时间(年)	职业	时间(年)	职业	时间(年)
面包师	2	木匠	4	煤气管工	5
理发师	2	锁匠	4	陶工	5
铁匠	2	机械师	4	印刷工人	5~6
摄影师	3	电工	4~5	照相制版师	5~6
室内设计师	3	乐器制造者	4~5	排字工人	6
泥瓦工	3~4	工具制造者	4~5	雕刻师	7
厨师	3~4	水管工	5	打井工人	8

学徒培训的主要程序包括示范、实践和评估。师傅首先要确认徒弟对某一操作过程具备的基本知识,然后让徒弟演示这一过程的每一步骤,并强调安全事项和关键步骤。当徒弟操作不规范或出现错误时,师傅要口头传授正确的操作方法,必要时要亲自操作,为徒弟提供示范,直到徒弟学会整个操作过程为止。学徒培训过程中,师傅要尽可能地为徒弟提供执行操作过程的一切机会,直至师傅与徒弟对操作均感满意,只有当徒弟能安全且准确完成这一过程才能出徒。

学徒培训的主要优点在于可让学习者在学习的同时获得收入。因为学徒培训会持续好几年,学习者的工资会随其技能水平的提高而自动增长。学徒培训另外一个优点是师傅与徒弟之间能够形成良好的人际关系,有助于工作的展开。

学徒培训的缺点在于只对受训者进行某一技艺或工作的培训,随着新的技术和新的管理方法在企业中的应用,不少员工的技能可能被机器所取代,所培训的技

① 徐庆文,裴眷霞. 培训与开发[M]. 济南:山东人民出版社,2000.

术无用武之地。其他企业会认为由于学徒只在一项工作中或在一家公司内接受了范围狭窄的培训,只具备特定公司所需的技能,不可能获得新技能,或其技能不可能适应工作环境的变化,而不愿意聘用从"师带徒"计划中成长起来的工人。另外,学徒培训往往使师傅有一种"带会徒弟饿死师傅"的顾虑,因此,在传授中总要有所保留。

许多组织采取了学徒培训的方式来提高工人预备队伍的技能,使员工在某个类型的行业技能中获得资格证书。

4.1.2　讲座

讲座,是指培训者用语言把知识、技能等培训内容传授给受训者的培训方式。它是一种非常传统的培训方式,这种培训方式虽然是单向的,即从培训者到听众,但不论新技术如何发展,这种方法一直是受欢迎的培训方法。

讲座法是成本最低、最节省时间的培训方法之一。它可向大批受训者提供培训。除了作为能够传递大量信息的主要沟通方法,讲座法还可以作为行为模拟和技术培训方法的辅助手段。如讲座法经常用于在培训前向受训者传递有关培训目的、概念模型或关键行为的信息,以便更符合其特定需要。

讲座法可以分为标准讲座、团体教学、客座发言、座谈小组和学生发言等形式。

标准讲座是最常用的一种讲座方式,即讲课或授课。

团体教学为培训带来了更多的专业技术和不同的观点与看法,但团体教学会占用培训者更多的时间,不仅要准备特定的培训内容,还要与他人协调,尤其当各题目之间关联度大时更需协调。

客座发言是指客座发言人按事先约定的时间出席讲解某一特定内容。客座发言人可带给受训者一些相关的例子和实际应用,从而激发其学习动机。为使客座发言更有效,培训者应为发言人设定一个发言内容框架。

座谈小组是两个或更多的发言人进行信息交流。座谈小组一个潜在的弊端是那些对某一课题不甚了解的受训者会产生理解困难。

学生发言是受训者在班上轮流发言。学生发言可提高培训资料的价值及受训者的注意力,但如果受训者不具备发言能力将会使学习受阻。

讲座的缺点在于它的沟通是单向的。讲座的形式体现了组织传统的权威主义构架,这种权威主义会引发消极的行为,比如被动学习和厌倦,不利于培训成果的转化和因材施教。即使演讲者表现得很出色,听众也非常专心,讲座也只能让听众了解一些概念性的知识,而对改变他们的态度和行为所起的作用较小。

要想使讲座收到良好的学习效果,一方面,听众必须要有很强的学习动机,另一方面,讲授内容要有科学性,讲授要有系统,条理清晰,重点突出,讲授的语言要准确、生动。培训师是讲座的灵魂人物，培训质量取决于他，因此培训师必须具有良好的仪表、谈吐、深厚的专业理论功底，能编写所用资料、教材。

有关讲座效果的研究表明：

第一，生动有趣的讲座比枯燥乏味的讲座更能促进学习。培训者应该想方设法让讲座变得更有意思。一些有经验的培训者说，30 岁以下的年轻员工如果认为讲座没意思，讲座的内容与自己关系不大，则有可能抵制这种培训形式。

第二，用其他培训方法（比如讨论、放录像或角色扮演）来辅助讲座，有一定的好处，尤其是在讲座内容很抽象或者是一些程序性知识时，同时采用几种方法可以增强双向沟通，可以使受训者更好地理解讲座的内容。

4.1.3　讨论①

讨论，涉及培训者和受训者以及受训者之间的双向沟通过程。在培训过程中，通常需要受训者的积极参与，而讨论则为受训者提供了获得反馈、澄清疑问、交流思想的机会。讨论的组织者要遵循的原则是："不要替讨论的人做他们自己应该做的事情。"

讨论的效果取决于培训者以提问的方式来引导讨论的能力。一般采用的提问方式有以下几种：

（1）直接提问：得到的是直接的回答，受训者的反应被限定在较窄的问题范围内。

（2）回馈式提问：用来重复某人说过的话，以便确认接收的信息是否与原意相符。

（3）开放式提问：用来加深受训者对某个问题的理解。

组织讨论并不等于是向参加讨论的人提问，它不像单纯提问那样简单。培训者一方面要及时强化受训者的反应，另一方面要确保每个人都有机会表达自己的观点，避免出现少数人主导讨论的情况。

在大班组织讨论颇有难度。因为每个人都能参与讨论的机会减少了；此外，有的人可能羞于在众人面前发言，不太愿意参加讨论。这时，如果能将一个大班级分成几个小组，在小组之间进行沟通，讨论可能会热烈一些。

讨论方式具有以下缺点：

①它需要有一个善于组织讨论的人。而这种能力不是每个人都能很快学会的。要掌握这种本领，通常需要经过大量的练习和实践，并且在讨论开始前做好充分的准备工作。

---

① 徐芳. 培训与开发理论及技术［M］. 上海：复旦大学出版社，2004.

②讨论要有一定的深度和意义,需要有充分的讨论时间。

③参加讨论的受训者之间需要有一个共同的讨论焦点,否则讨论的事可能风马牛不相及,思想无法产生碰撞,讨论只能停留在表面上。在讨论之前给大家布置相关的阅读资料,可以在一定程度上克服这个问题。

总之,一个好的讨论要比传统的讲座更有趣、课堂气氛更活跃。不过,要使讨论更有成效,需要充足的时间和必要的资源,需要受训者的积极参与。

讨论的一个有效方法是案例研究。案例研究是指为参训员工提供员工或某组织如何处理棘手事件的局面描述,要求参训者分析评价其所采取的行动,指出正确的行为,并提出其他可能的处理方式。案例研究方法的目的是使参训者能够通过对这些过程的研究与发现来进行学习,在必要时回忆并应用这些知识与技能。

案例研究法为美国哈佛管理学院推出,起初用于培训工商管理硕士,目前则广泛应用于管理人员的培训,也常用于其他专业人员的培训。案例研究法特别适合于开发高级智力技能,如分析、综合及评估能力的培训。这些技能通常是管理者、医生和其他的专业人士所必需的。案例还可使受训者在个人对情况分析的基础上,提高承担具有不确定结果的风险的能力。为了使案例教学更有效,学习环境必须能为受训者提供案例准备及讨论设备进行沟通。受训者的参与度对案例分析的有效性具有至关重要的影响,学习者必须愿意并且能够分析案例,然后进行沟通并坚持自己的立场。

相关链接 4-1

案例编写的步骤

1. 明确问题或情境。很重要的一点是要考虑你所选择的案例与培训目标的相关性,且能激发学员的讨论,迫使人们制定决策,能在长短合适的一段时间里进行描述,并且可以推广到受训者可能会遇到的情形中。有关这个问题或这种情况的信息要能够容易获得。

2. 研究文件、访问参与者、收集有关案例细节的资料。

3. 概括出这个事件的大致轮廓,并将细节和证据与事件中的有关要点联系起来。

4. 选择确定展示这个案例所用的媒介。同时,在案例编写的步骤当中,培训者要考虑如何进行案例练习,包括确定是让受训者单独实践还是分小组进行及学生们如何报告自己的分析结果。

　　5. 准备所需的案例资料。包括汇集证据,编写事件梗概,准备指导受训者进行分析的问题,并设计一个有趣、引人注意的案例的开头以吸引受训者注意,并为案例提供一个快速的定位。

相关链接 4-2

案例研究的程序

1. 培训者编制或挑选适合于培训的案例;
2. 让参训者熟悉案例内容并面对面讨论案例中列举的问题;
3. 参训者对案例问题的解答;
4. 培训者与参训者一起讨论参训者给出的答案。

案例分析流程如图 4-1 所示。

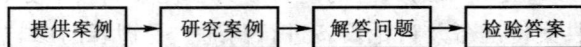

提供案例 → 研究案例 → 解答问题 → 检验答案

图 4-1　案例分析流程

　　案例研究中,许多问题是没有固定答案的。看问题的角度不同,所做出的评价也不同,给出的答案也不会相同。所以,案例研究的结果往往会出现解决问题不同的方式和途径,这是正常的。因为企业的生产经营活动本来就没有固定的模式。这也为案例研究带来一定的难度。

　　有许多途径可获得现成的案例。利用现成案例的一个好处在于,它们是已经设计好的案例。但这个案例可能与受训者将会遇到的工作情况或问题无关。对这些案例进行一遍检查是非常重要的,可以判断这些案例对受训者到底有多大意义。目前哈佛商学院、弗吉尼亚大学、麦格劳-希尔出版公司等都积累了许多商业管理方面各种各样问题的成形案例。

4.1.4　以经历为中心的学习

　　以经历为中心的学习,强调工作行为的重要性,认为工作能够引发持续的学习和进步,并认为工作本身的挑战能刺激人们学习。提供以经历为中心的学习机会可以发展成为关键胜任能力。譬如,对一名领导者的管理能力影响最大的因素是他们自己直接的工作经历加上高级领导的指导和辅助。

　　以经历为中心的培训大体上有两种形式:

1．工作的委派和挑战

朗顿（London,1989）指出两种类型的学习情境，即增量的学习情境和突破性的学习情境。增量的学习情境要花费一定的时间来确定自己的角色期望以及为自我决策的时间和步骤提供方便。突破性的学习情境是把个体安排在较困难的岗位上，在基本没有准备的情形下开始工作，这种情形规定是为了取得成功所需要发展的新技能。突破性的学习要求个体投入一定的时间和精力，同时学习潜力巨大，但是也有较高的失败风险。突破性的学习情境具备以下特点时对学习的提高会起更大的作用：必须承担更大的责任；关注别人的问题；对团队工作确立新的方向；处理来自外部的利益群体的压力。表4-2提供了这些工作挑战的例子。

这种培训方式强调领导者怎样才能利用他们工作中的机会，把工作分工变成有计划发展过程的一部分。

表4-2　突破性学习情境的组成

经历工作的转变	你必须能够担当新的或不熟悉的责任
新方向 遗留的问题 员工的问题	你负责在公司中开展新的工作或是做出战略调整 你接受工作任务前，必须接受前任的遗留问题 你的员工缺乏经验，不称职或抵抗变化
承担高层管理的责任 权力范围和等级	上司的压力，由于工作的透明度和决策的责任，使你的工作成果备受关注 工作范围广，须对多种功能、群体、产品和服务负责
管理界限、外来压力 没有权威的影响	你同组织外重要的人保持联系，比如客户，政府部门等 要完成你的工作，你需要对同事、高级管理者施加影响，但你对这些人又缺乏直接的权力
处理多样性 跨文化工作、工作团队的多样性	你必须同不同文化不同国家的人一起工作 你负责的团队包括不同种族和信仰、不同技能背景的人

——资料来源：C. McCauley. The Job Challenge Profile：Participant Workbook Package[M]. Jossey-Bass Inc.,1999.

2．工作指导

员工可以通过向同事或是指导者学习来获得技能的提高。这些指导者在组织中属于领导地位比较高的人，但不是受训者的直接上司。指导过程的目的是以集中的、有效的方式提高技能，从而缩短成为有效领导的时间，并减少在学习过程中产生的尝试错误。在美国大约 20％ 的规模小于 5020 人的公司有正式的指导程序。这些组织使用这些程序的目的多种多样,包括新管理者的社会化、为潜力大的领导做好发展准备、为少数民族和妇女提供领导职位的发展以及高级执行者的持续性发展。

一般来说,指导者对被指导者有三个方面的作用:

①营造一个支持性的环境,使被指导者可以在一个轻松的环境中讨论与工作相关的问题,并使被指导者面对困难时,能及时得到指导者的帮助而不会丧失信心。

②指导者会向被指导者提供反馈,说明怎样学习和在工作中提高他们的绩效。

③指导者给予被指导者更具挑战性的工作,提高他们同高级主管之间的接触机会,帮助被指导者为将来的工作做好准备。

研究表明,指导是提高学习和工作绩效的有效方法。这种指导关系与晋升和薪酬有关系,而且指导关系能加快被指导者的社会化进程等。一般情况下,自然发生的指导关系比正式安排的指导带给被指导者的好处更大,而且,将那些偏爱指导并具备指导技能的人安排在指导工作中,会带给公司和个人更多的收益。

4.1.5　其他的培训方法

1. 工作轮换法

这是一种在职培训,指让受训者在预定的时间内变换工作岗位,获得不同岗位的工作经验,主要用于新进员工,或者新进入企业的青年管理人员或有管理潜力的未来管理人员。

在为员工安排工作轮换时,要考虑培训对象的个人能力及其需要、兴趣、态度和职业偏爱,选择与其适应的工作;工作轮换时间长短取决于培训对象的学习能力和学习效果,而不是机械地规定某一时间。

工作轮换能丰富培训对象的工作经历;工作轮换能识别培训对象的长处和短处,企业能通过工作轮换了解培训对象的专长和兴趣爱好,从而更好地开发员工所长;工作轮换能增进培训对象对各部门管理工作的了解,扩展员工的知识面,对受训对象以后完成跨部门、合作性的任务打下基础。

工作轮换法的局限性在于员工在每个轮换的工作岗位上停留时间太短,所学的知识不精,该方法鼓励"通才化",适合于一般直线管理人员的培训,不适用于职能管理人员。

下面几种方法是通过参加者自身的努力、自我实践能够完成的,组织者只起到鼓励、支持和引导作用。

2. 参加函授、业余进修

参加函授是通过鼓励员工自主到高校进行各种专业技能方面的学习。这种培训中的花费一般不需要组织支付,而是由员工个人自己负责。有的企业为了引导员工积极进取的精神,通常为取得毕业证书的学员负担一定数额的学费。

3. 开展读书活动

企业定期或不定期为员工举办读书活动,让员工在活动中积极进行业务知识、工作中存在难题等方面的讨论。开展读书活动在提高员工知识水平的同时,还有利于加强员工之间的交流合作。成功的读书活动要有一个比较好的活动组织者,否则活动就会流于形式。另外,读书活动中相关的材料准备要符合员工工作的需要。

4. 参观访问

组织员工到成功的企业或本企业内其他部门参观访问,身临其境地观看、接触,从而获取成功的信息和做法。

相关链接 4-3

员工培训清单

在制订员工培训方案后,要仔细检查一下有哪些应该让员工知道的信息漏掉,又有哪些是重复的,检查清单就是运用于这个环节的。

1. 员工文件袋检查清单

①公司最新组织结构图;②公司未来组织结构图;③工厂厂区图;④政策手册副本;⑤工会合同副本;⑥工作目标及说明的副本;⑦公司公休日表;⑧小额优惠表;⑨工作绩效评价表格、日期及程序副本;⑩在职培训机会表;⑪处理紧急情况和防止事故的详细步骤;⑫重要的公司内部刊物的副本样本;⑬重要人物及部门的电话、住址;⑭保险计划副本。

2. 培训部门负责人的检查清单

公司概况

①欢迎词;②公司的创业、成长、发展趋势;③目标、优势和存在的问题;④公司的传统、习惯、规范和标准;⑤公司的特殊使命和功能;⑥产品和服务,主要用户情况;⑦产品生产和对用户提供服务的方式、步骤;⑧公司各种活动的范围;⑨组织、结构、与子公司的关系;⑩组织指挥系统;⑪主要经理人员的情况;⑫各团体之间的关系、期望和活动。

主要政策和过程介绍

①报偿；②加班制度；③轮班制；④扣留；⑤折扣；⑥工资预支；⑦工作费用报销；⑧工作效率及工资范围；⑨节日工资；⑩付薪方式；⑪购买内部处理产品的特权；⑫向贷款部门借贷；⑬纳税方法。

小额优惠

①保险金；②人寿保险；③工人奖励；④病、事假；⑤退休计划及优待；⑥顾问服务；⑦医疗及口腔保险；⑧残疾保险；⑨节、假日；⑩在职培训机会；⑪自助餐厅。

———资料来源：郑大奇.为什么要重视新员工培训[J].计算机世界,2002.

4.2 新兴的培训形式

随着 IT 产业的飞速发展,许多企业借助于日新月异的现代科学技术,通过网络等现代通信技术方式培训员工。新兴的培训形式与传统培训方式相比具有以下特点：

①可以对分布在各地的员工同时进行培训。

②可以大大降低培训费用,并使培训管理更为便捷。

③通过电子绩效支持系统和电子会议系统,参训者可以按照自己的需要随时从专家那儿获取有关信息。

④参训者能完全控制培训时间和培训地点；可以和经理按照自己的要求随时获得有关的知识及专家的建议；可以自行选择培训媒体；可以取消对培训进度的监控。

4.2.1 电子通信技术

卫星、微波传送、有线电视和光纤网络的诞生,使借助电子通信技术将培训节目发送到世界各地成为可能。

1. 电视教学

可以让不同地点的人们同时参加某个培训,以看电视的方式完成整个课程教学。如远程教学课程,人们可以通过有线电视和卫星传送的教学课程完成学士和硕士学位的学习。

2. 远程会议

借助先进的电讯技术,让身处不同地区的人们同时参与一个会议。这种技术被称为远程会议或电视会议,像 IBM 公司、AT&T 公司、达美乐比萨公司等组织都使用了这种技术。高等院校的学生以及企业客户都从这种技术中受益匪浅。远程会议技术不仅使组织大大节约了培训的人力成本、差旅费和设备成本,还使远离总部的员工也能方便地接受培训。目前大约有 23% 的组织采用了远程会议技术。

一项研究比较了传统课堂培训和远程会议培训的平均成本。结果发现,远程会议在课程设计和材料准备上需要投入更高的成本。不过,两者的效率是类似的。需要进一步研究的是远程会议如何提高培训者和受训者之间的互动性。

4.2.2　视听多媒体的培训形式

视听教学法的优势在于可以利用各种媒介来展示培训材料的内容。视听媒介可以把其他沟通方式无法描绘的细节生动地展现出来,从而将复杂的事件栩栩如生地展示在受训者面前。

1. 静态媒介

静态媒介展示的是一些静止的文字和图像材料,如印刷品、幻灯片和悬挂投影仪。印刷品包括一些分发的材料、图册、指南、参考书目和教材等。受训者可以保留这些材料,以便在培训前后和培训过程中随时查阅。幻灯片在使用上与印刷品有类似的地方,只不过它需要借助电脑或透镜将图像投影到一个大屏幕上,这样可以将幻灯片上的内容作为讨论的主题。悬挂投影仪是用来将印刷品或其他图像投影到屏幕上的。投影仪比幻灯片在使用上更灵活,因为培训者可以随时写东西,再由投影仪投射到屏幕上,这样屏幕就像一块黑板一样,可随意书写。

2. 动态媒介

动态媒介是那些可以动态呈现系列事件的技术和媒介,如录音带、CD、电影、录像带。放映录像带、录音带是常用的方法之一。用录像带可以方便地对全国各地的员工进行培训。许多培训机构都很重视培训录像带的销售和出租业务。此外,不少组织还在以低廉的成本自行制作录像带。美国西南航空公司自己制作了一部 9 分钟的音乐电视,通过这部片子向员工讲解了工作流程和公司的整体运作,同时向员工传达了团队精神和公司特有的以享受乐趣为导向的文化。

在对受训者进行行为模仿的培训时,可以充分利用录像的视觉效果。当受训者在进行角色扮演练习时,将其一举一动拍下来,事后让其观看这段录像,以便对自己在角色扮演中的行为进行回顾和反思。受训者在摄像机前可能会怯场,甚至产生对练习过程的抵触情绪。如果出现这种情况,要想办法缓解受训者的焦虑,以便放心大胆地完成角色扮演的练习。

3. 电讯媒介

与其他培训技术相比,计算机会议目前的应用并不是很普及。20 世纪 90 年代中期以来,组织对计算机会议的使用率已大幅剧增。虽然目前大多数组织主要将通信网络用于商业运作,但是未来把它用于培训的潜力是无限的。尽管最初硬件设备的投资以及技术水平问题可能会妨碍部分组织使用网络系统,但有人建议用计算机网络对全国各地的成人进行培训。随着远程会议系统成本的大幅下降,今后将会得到更大的普及,预期未来大部分中小型组织都能用上这种技术。

研究认为像电影、电视和电视会议等视听培训方法比讲座等方法更有成效。

虽然视听培训的方法有很多,但是适用的场合是不同的,以下五点可供参考:

①根据完成每个教学目标的要求、操作或标准,分析所需的教学媒介应具有的特点。

②从受训者的角度看,哪些教学媒介是比较适合的,哪些是不可取的。

③从学习环境来看,哪些教学媒介是比较适合的,哪些是不可取的。

④是什么实际问题决定了选择那种教学媒介是可行的。

⑤考虑可能影响教学媒介选择的经济因素或组织因素。

在选择视听培训方法时还需要考虑另外一些因素:

①有多少时间可以用来策划和测试教学方案;②在设计或实施培训时有哪些设备可用,或在两个过程中都可以使用的设备有哪些;③教学设计者精通哪些教学媒介的使用,是否对某些教学媒介了解得更多;④组织愿意在教学设计和开发上投入多少资金。

4.2.3　自定进度的计算机辅助式培训

计算机辅助培训就是用计算机辅助开展的培训(CBT)。用计算机开展的培训是最先应用于培训的新技术之一,最普遍的计算机培训项目是通过个人电脑运行软件来实现的。

与其他培训方法和技术相比,计算机辅助教学有四大优势,尤其是其自定进度的特点:

①计算机辅助培训可以按受训者的反应来呈现不同难度的学习材料,直到受训者完全掌握了需要学习的内容为止。

②它允许受训者自己掌握教学的进度,建立对学习的信心。

③计算机辅助教学需要的后勤工作很简单,受训者可以通过内部的资料散发系统(比如人力资源开发部门)得到相关的资料,或者从中央电脑或因特网上直接下载,这样即使员工身在远离总部的地方也能方便地接受培训,大大节省了人工费和差旅费。

④计算机辅助教学提供了一个教学管理和报告系统,可以自动"跟踪受训者的学习进度、对培训者和教师等资源进行优化配置"。

1. 计算机辅助教学

计算机辅助教学有电子版业务手册、借助光盘来演示培训项目等。计算机辅助教学软件的覆盖内容很广,简单的有基本的阅读、打字技能,复杂的有高技术含量的科研、工程和设备维护等学习主题。与其广泛的教学主题相比,计算机辅助教学软件的成本是比较低廉的。有的计算机辅助教学程序整合在商业软件程序中，比如微软的文字处理软件包附带的向导程序；有的是以零售的形式单独提供的；有的组织根据自己的特殊情况，自行设计了自己的教学软件；有的组织则在现有软件的基础上进行部分修改，以满足自己独特的需要。

多媒体程序与传统的计算机辅助教学程序相比，有了新的改进，它可以提供更吸引人的音响效果。借助多媒体平台可以让课程变得更加生动逼真，使学习过程更富有乐趣。声像和图像文件通常要占用很大的空间，大多数媒体课程都储存在光盘中，以光盘的形式传播。许多公司都已经用光盘教学替代了传统的教学方式。如 AT&T 公司光盘教学取代了为期三天的新员工入职培训。员工可以从光盘中详细了解公司的架构、每个部门扮演的角色、肩负的使命以及部门间的关系。

有的人担心依赖计算机辅助教学会使受训者人际交往能力的发展受到限制。计算机辅助教学并不总是最恰当的培训方法。比如像角色扮演之类的其他方法可能更适合来培养人际交往技能。另外，计算机辅助教学也不宜用于主动性较差的受训者，如果没有培训者的协助，是很难完成培训计划的。

2. 智能化计算机辅助培训

与单纯的计算机辅助培训相比，智能化计算机辅助培训能更灵活地对受训者的学习表现给出定性评估。一般来说，计算机辅助培训允许受训者根据自己的情况选择难度不同的水平，比如初级、中级水平等；而智能化计算机辅助培训则可以通过受训者的反应模式和所犯的错误，自动判断受训者的水平。该系统的目标是为受训者提供一个电子助教，它耐心地给每个受训者提出学习建议，鼓励其对学到的东西多加练习，用实验的方式不断激发受训者的好奇心。这样，培训者就可以将更多的时间和精力用于更需要创造性的工作上，或者用这些时间来帮助受训者克服那些智能化计算机辅助培训无法处理的细微问题或高难度的问题。

人工智能研究的进展使计算机拥有了某些近似人类的思维能力，智能化计算机辅助培训程序正是在这个基础上发展起来的。通过人工智能的研究，可以找到一些方法来改进智能化计算机辅助培训程序使用自然语言与受训者进行互动的能力，从而使其能够从追踪受训者的反应中获取必要的信息，更好地了解受训者的情况。从目前计算机硬件的更新速度、人工智能研究和知识工程学研究的进展情况看，在不久的将来，智能化的计算机辅助培训项目将成为一种常用的培训和教育项目。

4.2.4　网络培训

1. 以因特网为平台的培训

因特网（Internet），又称为国际互联网，是一个世界范围内的"网络的网络"。因特网通过各种通信线路和软件把全球范围内的计算机网络连接成一个整体，而不管这些网络的类型是否相同、规模是否一样以及距离的远近。因特网含有极为丰富的信息资源，是人类巨大的信息宝库（见表4-3）。

表4-3　因特网培训的5个独立层次

1. 一般性的沟通和交流	培训者和受训者可以借助因特网进行交流。培训者可以在网上发布课程通告、布置作业、回答问题，受训者可以在网上向培训者提问。所有类型的合作学习都可以通过因特网来实现，比如小组讨论、论坛，同一个项目组的受训者之间还可以在网上聊天
2. 在线资料检索	借助超文本标志语言（HTML）和万维网的通用程序语言，培训者可以创造一个网上图书馆。这样，受训者就能很方便地获取所有的培训辅助资料，包括产品说明书、安全手册和技术文档等
3. 培训需求分析、培训管理和测验	培训者可以在网上进行培训需求分析（比如人员分析）、管理在线培训报名的情况、对受训者进行前测和后测、给测验打分、进行评估、记录成绩。测验结果可以迅速、有效地传回给受训者
4. 以计算机为平台的培训项目的传播	借助文件传输协议（一种通过因特网传送电子文档的方法），经过授权的员工可以随时从网上下载以计算机为平台的培训项目
5. 多媒体信息的传播	新型程序的诞生，使实时、互动的多媒体信息交流成为可能。现在受训者可以接受伴随声音、画面的互动培训

——资料来源：K. Kruse. Five Levels of Internet-based Training[J]. Training. Development,1997,51(2):60-61.

TCP/IP网络传输协议使安装了不同操作系统的个人电脑可以互通信息，传输并下载数据。目前的高科技可以通过多种手段保护数据的安全和个人隐私。这些措施包括防火墙、加密技术和密码设置。有了加密技术，个人可以通过解码机制发送信息，这种机制会自动对发送途中的数据进行加密，当数据达到目的后再自动解密。

2. 以内部网为平台的培训

内部网又称局域网。基于局域网的培训是以公司的内部网为平台来开展培训的。通过内部网，人力资源开发人员可以实现与受训者的信息沟通，进行培训需求分析，完成其他培训行政管理工作，传递课程资料和其他培训文档，随时随地对全体员工进行检验。对大型跨国组织而言，基于内部网的培训是一种强有力的培训实施手段。

基于内部网的培训几乎具备了所有多媒体光盘教学的特点，它还能允许使用者迅速进行交流。随着当前实时多媒体技术的发展，基于内部网的培训已经实现了伴随声音、图像和3D效果的全面互动，将来会成为一种可以与光盘类媒介相媲美的主要的高科技手段。1995年安永会计事务所的计算机辅助培训内容由100

多张光盘组成,现在则用内部网来传播和更新计算机辅助培训的内容。

通过网络传送培训的优点:

①信息存储在一个地点,根据接受端的培训需求,通过公司的内部网或因特网传送培训的内容。

②网络培训轻松更新内容,并提高目标受众对培训的接受程度。

③接受和实施培训的及时性。

④受训者在接受培训信息的基础上,还能拓展性地学习相关知识。

⑤便于在培训项目中信息和想法的共享。

⑥详细记录培训表现便于日后的培训管理。

如果要求学习者自己做出决定时,他们往往不能很好地判断出自己的弱点何在,并且不知道什么时候能掌握材料。因此,如果在自我导引的培训中使用网络培训这种方法,最好为受训者提供较好的指导。

以内部网为平台的培训也有很多不足:

①采用的是多媒体的形式,而音像文件占用的空间是很大的,所以网络的传输能力是一个主要的问题。不过,随着科技的迅速发展,带宽不断增加,压缩文件的能力越来越强,这个问题将会得以解决。

②以内部网为平台的培训使用了多种相互之间可能不兼容的浏览器软件界面,而不同界面下可以选择的媒介类型和超文本标志语言形式是不同的。此外,用来创制培训内容的不同授权程序也是不兼容的。不过像微软 IE 这样的标准化浏览软件,可处理多种传输语言格式和多媒体。随着这类软件的推广,上述问题也正得到解决。

③从实际培训的操作来看,有人认为在线学习实际上把培训时间延长到了员工的非工作时段。所谓的"随时随地"的学习实际上就意味着受训者必须完全依靠自己来完成培训,而且通常得不到补偿。另外,有很多受训者觉得难以完成自定进度的培训。

4.2.5 虚拟现实培训

虚拟现实培训是使受训者能够看到自己在工作中可能遇到的任何情境,在这个虚拟的环境中受训者能够接触、观看以及进行操作演练。这种培训目前受到了极大的关注,因为它能够高度地激励人、吸引人,是一个有效的培训工具。

其优点在于仿真性、超时空性、自主性、安全性。学员在虚拟环境中操作设备和真实设备功能一样,操作方法也一样,理想的虚拟环境甚至让学员无法辨出真假;虚拟环境具有超时空的特点,它能够将过去世界、现在世界、未来世界、微观世界、宏观世界等物体有机地结合到一起;可在培训中不断增强自己的训练效果;这种虚拟环境使学员脱离了现实环境培训中的风险。例如一个单独的虚拟现实培训系统能够提供一个具有不同细节的环境,在较短的时间中模拟学习事件。与其他的以计算机为基础的培训相比,更为灵活。研究者预言,虚拟现实这种培训方式未来将会从技术技能领域的培训扩展到人际关系领域的培训。

模拟现实培训不仅在军队、建筑、医药、工程上得到广泛应用,而且也正应用于企业的培训中。摩托罗拉公司使用虚拟现实培训模拟生产过程,并在不同地点培训了几百名员工。学习者可以开启、操作以及停止设备的运行,并可以进行问题的诊断。当操作按钮和开关时,就模拟出设备声音和图像的反应。与传统的培训方法相比,工人比较欢迎这种培训方法,并且使培训成果的实际转化率提高 30%。

相关链接 4-4

岗位技能培训的三种方式

1.分层递进训练法

所谓分层递进训练法就是依照系统技能自身具有明显的层次结构的特点,从基础性的单元技能的训练开始,依次递升,进入高一层次的训练,分阶段完善岗位操作技能。该方法适用于岗位技能系统比较复杂,工作相对独立的工种。例如维修钳工的技能训练,先从锯割、錾削、挫削、研磨、钻扩、攻丝、套牙、平面划线、测量等基本功的训练及考核入手,然后进行本岗位特有的专项技能训练,最后进行本岗位的综合性训练。在分层进行技能训练的同时,知识基础课程、思想政治教育和职业道德教育应同步进行,其中职业道德的培养还应当在技能训练的过程中,用师傅的表率作用去影响学员的职业态度,形成良好的职业道德风尚和浓厚的质量意识。

2.超循环训练法

所谓超循环训练法就是使受训者的岗位技能在"标准—操作—考核"的循环中不断提高,同时辅以必要的知识基础、思想政治和职业道德教育的教学。该方法适用于技能结构简单的流水工序。这种训练法的特点是,在对岗位操作技能进行动作分析的基础上,制定操作标准,培养模范操作者或制成分解动作录像,用以让受训者观看模仿,然后在工作岗位上长期进行个别训练,提高操作水平,并依靠定期的操作考核来评价操作水平的提高是否已达到标准的要求。达到后进入新的一轮循环,未达到者重复进行原有的循环,以便保证流水线操作水平的不断提高。在应用此法进行训练中,先制定标准还是先考核,或许先操作都是可能的,要依受训对象的具体情况而定,而不应抽象地讨论应当从哪一环介入才是正确的。练习的效果,则应当通过技能考核来检查。而有关思想政治教育、职业道德教育可以同步进行。

　　3.板块训练法

　　板块训练法适用于技能明显可以分解为几个模块的半流水性质的工序。技能既不是简单到只有几个基本动作,也不具有非常明显的三层次结构。比较明显的几个特征形成几个技能和知识板块。可以分别对各个技能或知识"板块"进行培训,然后加以组合,因此可视生产工作的具体情况,有选择地按板块加以培训,最后进行少量的综合训练,即能形成岗位的能力。这种办法适应性极强,不单操作工人的岗位培训适用,管理岗位的培训也适用。这种办法可以使适应性训练比较方便地组合,进入岗位资格培训之中。

4.3　培训方式的选择

　　作为一名培训者或管理者,在工作中经常需要选择一种培训方法。在大量可供选择的培训方法面前,培训者要对各种培训方法进行比较选择。

4.3.1　培训形式的比较

　　各类企业人员结构、内部工种、技术要求各不相同,企业培训必然是多层次、多内容、多形式与多方法的。我们需要对各种培训形式做一个比较,明白各自的优缺点和适用范围,才能根据培训的需要选择相应的培训形式。

　　1. 各种常用传统培训方法优缺点的比较

　　各种常用传统培训方法的优缺点比较见表 4 - 4。

表 4 - 4　各种常用传统培训方法优缺点的比较

方法	优点	缺点
讲授法	有利于受训者系统地接受新知识;容易控制学习的进度;有利于加深理解难度大的内容;可以同时对许多人进行培训	讲授内容具有强制性;学习效果易受培训者讲授水平的影响;只是培训者讲授,没有反馈;受训者之间不能讨论,不利于促进理解;学过的知识不易被巩固

方法	优点	缺点
视听法	给予参训者印象比较深刻,参训者可以借助于感觉理解;生动、形象,给予参训者以亲切感,比较容易引起参训者的关心和兴趣;视听教材可以反复使用,从而更好地适应受训者的个别差异和不同水平的要求	视听设备和教材的购置需要花费较多的费用和时间;选择合适的视听教材不太容易;受训者受视听设备和视听场所的限制
角色扮演法	有助于训练基本动作和技能;提高参训者的观察能力和解决问题的能力;活动集中,有利于培训专门技能;可训练态度、仪容和言谈举止;能在一个安全的学习环境中练习技巧;面对挑战,有机会回顾过去的行为;探索并实施新的行为;在语言和非语言行为上获得反馈的机会;促进新想法、策略和价值以改进效果	人为性太强;过于强调个人;容易影响态度,不易影响行为;角色扮演的设计有局限性;角色扮演的实施有局限性
案例研究法	提供了一个系统的思考方式;在案例研究的学习过程中,可得到一些有关管理方面的知识和原则;有利于使受训者参与企业实际问题的解决;正规案例分析使学生得到经验和锻炼机会;容易养成积极参与和向他人学习的习惯;填补理论与实践之间的空白;激发创造力,寻求多种解决方式;通过思考、讨论和反馈加深理解;强调复杂问题需要较多的行动;参与者锻炼了表达及交流能力;有助于打破成见	案例过于概念化并带有明显的倾向性;案例的来源往往不能满足培训的需求;需要时间长,对受训者和负责培训的人员要求较高;引导和组织讨论需要很高的技巧,对培训者提出了挑战
商业游戏	参训者兴趣能够被调动;能够改善参训者集体的人际关系;参训者学习的知识与直观、复杂的情景联系,容易记忆,理解深刻;费用少	可能将现实过于简单化,会影响受训者对现实的理解;会使参训者缺少责任心,他们的决策可能相当随便,也可能只享乐趣而不去思考学习到什么;个别游戏器材花费很高;比较费时间,游戏方法有时经常改动,有时从头设计

2. 各种培训方式学习效果的比较（见表 4-5）

表 4-5 各种培训方法的效果比较①

方法	师资要求	费用	反馈	强化	实践	激励	转移	适应个体	对受训者要求
课堂讲授法	高	低	差	差	差	差	差	差	水平较一致为好
工作指导法	较高	较高	优	中	良	良	差	良	无特别要求
视听技术法	低	中	差	差	差	差	差	差	对培训内容有一定的基础
研讨法	较高	较低	优	良	良	优	良	中	积极参与,各抒己见
案例研究法	较高	低	中	中	良	中	中	差	有较高的管理决策水平
角色扮演法	中	较低	良	良	良	中	良	中	积极参与,有创新意识
游戏法	较高	较低	优	中	差	良	中	差	积极参与,易被启发
工作轮换法	低	较低	中	中	良	良	良	良	有较多的工作经验
网络培训法	中	较高	差	差	差	差	差	中	熟悉网络操作,积极主动
参观访问法	低	较低	差	差	差	差	差	差	有一定工作技能和经验

——资料来源:胡君辰,郑绍镰. 人力资源开发与管理[M]. 2 版. 上海:复旦大学出版社,1999.

从表 4-5 可以看出,授课的效果最差,但是费用最低;工作指导的费用较高,但是效果并非最好;效果最好的是研讨会,其费用较低,似乎是企业培训的首选方法。这些培训方法中除工作指导法和网络培训法对受训者无特别要求外,其他方法都对受训者有一定的要求。

---

① 谌新民. 员工培训成本收益分析[M]. 广州:广东经济出版社,2005:151.

3. 各种培训方法的效果指标排序比较

培训效果的评价又可以细分为获得知识、转变态度、解决问题技能、人际关系技能、受训者接受性、保持知识等指标来衡量。我们可以将各种培训方法在这些指标中来排序,见表 4-6。

表 4-6　各种培训方法的效果指标排序

方法	获得知识	转变态度	解决问题技能	人际关系技能	受训者接受性	保持知识
课堂讲授法	8	7	8	8	8	3
工作指导法	3	8	5	5	10	1
视听技术法	7	6	7	7	4	5
研讨法	1	2	4	3	5	2
案例研究法	5	4	1	4	1	4
角色扮演法	2	1	3	1	3	6
工作轮换法	4	5	6	6	9	8
游戏法	6	3	2	2	2	10
网络培训法	9	10	9	10	6	7
参观访问法	10	9	10	9	7	9

注:表中的"1"表示某方法在该项指标中排第一,以此类推。
——资料来源:胡君辰,郑绍镰. 人力资源开发与管理[M]. 2 版. 上海:复旦大学出版社,1999.

从表 4-6 可以看出:如果要使员工获得知识,可以选用研讨会、角色扮演、工作指导等方法;如果要使员工转变态度,可以选用角色扮演、研讨会等方法;如果要使员工掌握解决问题的技能,可以选用案例研究、游戏、角色扮演等方法;如果要使员工掌握人际关系技能,可以选用角色扮演、游戏等方法;如果要使员工保持知识,则可以选用工作指导、研讨会、授课等方法。而参与者的接受性以案例研究为最佳,以工作指导为最差。

这些研究都有利于企业管理者根据企业培训的目标、培训内容、期望产生的培训效果以及现实情况、成本费用等综合分析做出明智的选择,使各种方法之间能相互补充,最终使培训工作达到预期效果。

当然,以上比较只是相对的、粗略的。比如在"解决问题的技能"一栏,若是指工人操作技能,则工作指导法、工作轮换法要比案例研究的效果好;而要是针对中层管理干部以上的人员,则案例研究法和角色扮演法效果较好。实际操作中,应根据具体培训目标、培训内容、培训对象以及环境的变化而灵活选用培训的方法,并注意交叉运用多种培训方法,多管齐下,才能获得良好的培训效果。

4.3.2　培训形式选择的原则

　　许多人在选择培训方法时,总是追求选择所谓的最佳培训方法。其实,普遍适用的、最佳的方法是没有的,只能说对于不同的目标、内容和对象而言,某种培训方法是最适合的。

　　在选择培训方法时,是有章可循的,通常需要注意以下原则。

1. 目标是方向

　　通常企业的培训目标有:更新知识,培养能力(包括工作技巧、工作技能和经验决策能力)以及改变态度等内容(见表 4 - 7)。

表 4 - 7　培训目的与培训方法的对应关系

培训目标	培训方法	理由
更新知识	多采用课堂讲授、影视技术等方法	知识性培训涵盖内容较多,且理论性较强,课堂讲授法能够体现其逻辑相关性,对于一些概念性的内容、专业术语性内容通常通过讲授,便于学员理解。影视技术可以作为补充
培养能力	多采用角色扮演、工作指导、案例分析、研讨等方法	技能培训要求学员掌握实际操作能力,如销售技能、生产作业技能等,学员经过角色扮演、工作指导反复练习,使技能熟练到运用自如;对于以培训企业中级以上经营管理人员的经营决策能力为培训目的的则应选择案例研究法、研讨法,通过案例研究和事件研讨来增强解决实际问题的能力
改变态度	多采用游戏等方法	态度培训若采用课堂讲授法会使学员感到空洞,角色扮演又较难体现态度转化课程的内容,如团队精神的培训等。采用游戏培训可以使学员通过共同参与的游戏活动,在轻松愉快的游戏中得到启发,再通过培训顾问在方法上加以引导,将很快转变成学员的主动行动

2. 方法为内容服务

　　"方法为内容服务"是选择方法时的基本逻辑。有关不同的培训内容适合的培训方法可参见表 4 - 8。

表4-8 培训内容与培训方法的对应关系参照

序号	培训课程内容	适合培训方法
1	领导艺术	研讨法、角色扮演等
2	战略决策	案例研究、研讨法等
3	管理常识	课堂讲授、影视技术等
4	产品知识	课堂讲授、影视技术等
5	营销知识	课堂讲授、案例研究等
6	财会知识	课堂讲授、影视技术等
7	跨国经营	案例研究、研讨法等
8	品牌管理	案例研究、研讨法等
9	管理技能	角色扮演等
10	作业技能	工作指导、工作轮换等
11	人际沟通技能	角色扮演等
12	创新技能	研讨法、工作指导等
13	商务谈判技能	角色扮演、研讨法等
14	销售技能	角色扮演等
15	服务技能	角色扮演等
16	团队精神	游戏法等
17	服务心态	游戏法等

3. 因材施教

学习者所具备的基本知识和技能的多少,也影响着培训方式的选择。例如,当学员毫无电脑知识时,网络培训法就不太适用;当学员的教育水平较低时,自我学习的效果就不会很好;当大多数学员分析能力欠佳并不善表达时,研讨法和案例研究的方式将难以取得预期的效果。因此,培训方式的选择还应考虑到学员本身的知识状况和应对能力,正所谓"因材施教"。

在实际的培训工作中,培训者面对的培训对象往往差别很大,有新员工与老员工之分,有基层员工与高层员工之分,有本土员工与非本土员工之分。不同的培训对象有不同的实际情况,如果对于每一种培训对象,都采用同样的方法,很多情况下都收不到好的效果。

(1)新员工。对于新员工来说,刚进公司,对公司的基本情况还不了解,课堂讲授法和视听技术法是基本的培训方法。新员工要对企业形成全面的认识，还可以采取实习和工作指导等方法。

（2）基层员工。基层员工素质不如高层员工高，他们希望接受的培训是非常容易理解的，实用性强的。如果采用研讨法和案例研究就不符合他们的要求了。而选择那些实用性较强的方法，如工作指导、角色扮演等方法，就能较好地满足他们的要求。

（3）本土员工。本土员工与非本土员工因为文化背景不同，存在一定观念习惯的差异。培训者选择培训方法时，要充分考虑到这种差异。比如说，某些国家的员工非常喜欢表现自己，针对这类员工的特点，采用研讨法和角色扮演等参与性强的培训方法就很适合；而有些国家的员工比较含蓄，不愿在众目睽睽之下表现自己，对这样的员工如果事先不了解这一差别，同样像表现欲强的员工一样培训，可能就会在进行参与性强的培训中出现冷场的尴尬场面。

总之，由于每个企业的培训对象都有所不同，实际操作时，培训者要灵活对待。

4. 其他需考虑的因素

选用培训方法还要充分考虑到以下一些因素：

（1）所需的时间。由于各种培训方法所选用的时间长短不一样，所以，培训方式的选择还受时间因素的影响。有的培训方式需要较长的准备时间，如多媒体教学、录像带教学；有的培训实施起来则时间较长，如工作轮换。这就需要根据企业组织、学习者以及培训者个人所能投入的时间来选择适当的培训方式。

（2）受训者的岗位可离度。对那些难以离岗接受培训的员工，如一线操作员，合理的解决方式是用分散的培训方式。对工作可离性高的员工，在企业统筹安排下，采用集中培训方式能够强化培训的控制力和培训的效果。

（3）所需的经费。有的培训方式需要的经费较少，而有的则花费较大。如：演讲、研讨法、案例研究等方法，所需的经费一般不会太高，差旅费和食宿费是主要的花费；而视听技术和网络培训法则花费惊人，如各种配套设备购买等需要投入相当的资金。因此需要考虑到企业组织与学员的消费能力和承受能力。

（4）学员的数量。学员人数的多少还影响着培训方式的选择。当学员人数不多时，小组讨论或角色扮演是不错的培训方法；但当学员人数众多时，演讲、多媒体教学、举行大型的研讨可能比较适当。因为学员人数的多少不仅仅影响着培训方式，而且影响着培训的效果。

（5）相关科技支持。有的培训方式需要相关的科技知识或技术工具的支持。如，电脑化培训自然需要电脑的配合；视听技术法至少需要会用电脑和影碟机；网络多媒体教学则需要更多的声光器材的支持。所以，培训单位或组织能否提供相关的技术和器材，将直接影响着高科技训练方式的采用。

本章思考题

1. 请分析比较不同培训形式的特点和适用范围。

2. 什么是虚拟现实培训?

3. 企业在选择适合自己的培训形式时应注意什么原则?

4. 针对不同的培训内容,培训媒介技术应如何组合才能更好地提高培训效果?

案例分析 4-1

麦当劳的员工培训①

在麦当劳的企业里,有超过 75% 的餐厅经理、50% 以上的中高层主管以及 1/3 以上的加盟经营者,平台雇员在麦当劳的职业生涯是由计时员开始的。麦当劳的培训"魔法"一直令外界好奇,究竟麦当劳是如何进行人员策略计划的呢?

一、认定培训利益

麦当劳创始人雷克罗克先生说过一句经典的话:"If we are going to anywhere, we have got to have some talents. And I am going to put my money into talents."(无论在哪里,我们都需要人才。我们要不断为人才投资。)。1976 年麦当劳的创始人就开始在人员的发展上做投资。麦当劳认定了训练带来的利益。第一,相信有最好训练、最好生产力的麦当劳团队能够在顾客满意与员工满意上达成企业目标。第二,强调在正确的时间提供正确的训练,因为训练的价值在于对员工生产力的大幅度提升,同时由于麦当劳的训练也提供给加盟经营者,而加盟经营者在麦当劳的系统里占有很大的部分,这对加盟经营者的生产力也有很大帮助。第三,如果可以有效率地运用训练投资,对于麦当劳的股票投资人也会产生一定的效益,这也是麦当劳企业对投资人的责任。第四,通过良好的训练,就能将麦当劳的标准、价值、信息以及想要做的改变——达成共识,这对整个系统的持续经营相当重要。

---

① 彭剑锋. 人力资源管理概论[M]. 上海:复旦大学出版社,2003:487.

二、训练不只是课程

麦当劳的训练发生在真实的工作里面,而不是一个课程。强调对人员策略的重视,主动地执行训练计划,并且把麦当劳的训练和人员自我的梦想期望结合在一起。还强调员工的参与、认同和高度责任感。在麦当劳香港汉堡大学的课程中,有一堂叫作"与成功有约",目的是让高层主管有机会分享成功经验,同时也帮助未来经营领导者的成长与训练。最后一个就是"衡量",合理训练的结果与企业的成果有没有结合,这是一个关键。麦当劳有很好的训练需求分析,针对需要训练的部分去设计,同时要评估训练的成果是不是达到组织所需。

三、四个层次的评估

第一是"反应",就是检查在上课结束后,大家对于课程的反应是什么,例如评估表就是收集反应的一种评估方法,按反应调整课程。

第二是对讲师的评估。每一位老师的引导技巧,都会影响学员的学习。每一次课程结束后,都会针对老师的讲解技巧来做评估。在知识方面,汉堡大学也有考试,上课前会有入学考试,课程进行中也会有考试,主要想测试大家通过这些方式究竟保留了多少知识,以了解训练的内容是否符合组织所要传递的内容。汉堡大学还非常重视学生的参与,会把学生的参与度量化为员工评估方法。大学还对每天的课程做调整以适应学生的学习需求。

第三是"行为",检查员工在课程中学到的东西能不能在回到工作以后改变行为、达到更好的绩效。麦当劳有一个双向的调查,上课前会先针对学生的职能做一些评估,再请他的老板或直属主管做一个评估,训练三个月后,再做一次评估,以便把职能行为前后的改变进行比较来衡量训练的成果。它所花的成本较大,而且分析起来也比较困难,所以很多企业都没有做到。

第四是"绩效",课后行动计划的执行成果和绩效有一定的关系,每一次上完课,学生都必须设定他的行动计划,回去之后必须执行,执行之后会由他的主管来为他做鉴定,以确保训练与绩效结合。

四、传授价值观与技能

企业的价值观会影响训练的成效。在麦当劳的人员训练结构上,有两个重要的部分,第一个是全职学习通道,第二个是全球麦当劳的人员学习发展中心,包括汉堡大学。

麦当劳最主要的价值观就是"以人为本",在训练过程中注重如何把麦当劳"以人为本"的价值带入到每一个人每一次的用餐经验中、如何落实到每一天的实际工作中去。员工在传递服务的过程里，如果有一些互动，有一些关怀，有一些感受，会做出更好的结果，而这也就是麦当劳"以人为本"的要义。麦当劳在人员的发展上，就是要"传授一生受用的价值与技能"。让每一个学习者在每一段不同的经验里学到一生受用的价值观和技能，这是麦当劳人员发展的一个很重要的观念，也就是这样一个价值观，支持麦当劳训练与人员发展系统的成功。

五、全职生涯培训

有了上述价值观之后，人员发展系统就可以被有效地执行。麦当劳强调的是"全职生涯培训"，也就是从计时员开始到高层主管，都有不同的培训计划，通过各区域的训练中心以及汉堡大学进行进阶式的培训，使得麦当劳的每一个员工能够持续不断地学习、成长。麦当劳为什么要培育他们？要给他们这么多的训练？除了传递全球一致的产品与服务以外，这和麦当劳的价值观也有很重要的关系，麦当劳帮助每个员工实现梦想，所以给予每个员工一个能力提升的机会。

当目的为招募实习经理这个职级的时候，应注重观察应聘者是否具有做餐厅经理的潜能。在餐厅经理培育的一连串的训练计划方面，就是要训练实习经理可以做到餐厅经理。内容包括从怎样去经营一个楼面、最基本的餐厅的运作、如何使顾客的用餐体验舒适顺畅，到管理订货、排班几个系统的培训，一直到领导技巧、怎样建立有效的团队，直至企业经营等。

中层主管的职责和餐厅经理有所不同，着重在两个方面：一是顾问的技巧，另一是部门的领导。除了训练、营运，还需要很多其他专业职能的训练。麦当劳有一系列专业讲师的培育课程，当然不只有上课，还会有很多的实践工作，在这些发展计划里面包括一连串、一系列的课程来让员工的能力获得提升。

提升为麦当劳的高层主管之前，在汉堡大学学习也是重要一环。高层主管通常要经历从基层到中层主管的发展，对职能型和管理型知识技能已经有某些程度上的掌握，才能做到高层主管。

麦当劳的高层主管训练有三个方面：全球讨论会、外部发展讨论会以及执行辅导。

——资料来源：http://www.slpclub.com.

案例讨论

1. 麦当劳的培训理念是什么?

2. 麦当劳是如何将培训与企业需要有效结合在一起的?

3. 麦当劳在培训评估方面有哪些可取之处?

4. 麦当劳对一个职业生涯的关注表现在哪些地方? 从组织或者员工的角度来思考,你认为该如何保证组织发展和员工发展的双赢?

案例分析 4-2

沃尔玛的另类培训[①]

一、案例介绍

沃尔玛没有"员工"这个称谓,即使创始人沃尔顿在称呼下属时,也是称呼"同事",他们只对"同事"进行培训,不对"员工"进行培训。沃尔玛对职员的尊重可见一斑。"同事"一直被视为公司最大的财富。"尊重",是沃尔玛整个培训的基础。

与世界上任何一个企业的培训都不相同的是,在沃尔玛,没有所谓的"经验",没有"先例",没有"教条",他们所有的培训看起来都有些"另类"。

沃尔玛有员工整套健全的培训体系,这套完整的培训体系奠定了沃尔玛作为世界零售业龙头老大的基础。这个培训体系大致可分为以下几方面:

(一)新人入职培训:90 天定乾坤

沃尔玛的"新人",90 天定乾坤。现在全世界的雇员总数大约为110 万人,确保有才能的同事取得成就,得到承认,并为他们提供脱颖而出的机会,就成了留住人才的关键。为此,公司将注意力集中在帮助新同事在头 90 天里适应公司环境。如分配老同事给他们当师傅,分别在 30 天、60 天和 90 天时,对他们的进步加以评估等。这些努力降低了 25% 的人员流动,也为公司的进一步发展赋予了新动力。

---

① 张岩松,李键,等. 人力资源管理案例精选精析[M].北京:经济管理出版社,2005:136.

（二）6个月培训后即可被提拔

在一般零售公司，没有10年以上工作经验的人根本不会被考虑提升为经理，而在沃尔玛，经过6个月的训练后，如果表现良好，且有管理好同事、管理好商品销售的潜力，公司就会给他们一试身手的机会，先做经理助理，或去协助开始新店，如果干得不错，就会有机会单独管理一个分店。

（三）海外培训：利用股东大会培训

沃尔玛零售学院，不定期地从世界各地的沃尔玛公司选拔工作表现优秀、有发展潜力的管理人员前往接受培训，培训内容涉及零售学、商场运作及管理、高级领导技术培训等。培训时间从数周至数月不等。一年一度的股东大会，更是为全世界的沃尔玛人提供了相互沟通、交流、学习的机会。

目前，沃尔玛正在制定和扩展一系列海外培训机会，让更多的同事有机会参与培训，尽快成长，以适应中国沃尔玛飞快发展的需要。

（四）专业技能培训标准化："露出八颗牙"微笑

他们微笑服务的标准："露出八颗牙"，是想让员工笑得开朗一些。有些员工的微笑过于含蓄，露出八颗牙可以确保他笑得很开朗，类似的标准还有很多。"三米原则"：当顾客走近时，向他微笑，主动提供服务，主要是为了让顾客有宾至如归的感觉；"日落原则"：在太阳下山前也就是下班之前把当天的问题解决，不要拖到第二天，等等。

所有的不同和所有的另类，造就了这个企业的最大不同——世界第一，因为第一永远只有一个。

二、案例分析

1.培训内容的独特性。沃尔玛的培训涵盖了知识的传授、技能的培养和态度的转变三大方面，做到了培训的完整性。而且，培训的内容大多也是沃尔玛自己的经验，由老员工进行"学徒式"的培训，做到了经验的传递性。

2.培训过程的长期性。沃尔玛的培训并不是一个短期的解决方案，而是一个长期的过程。它利用所有可能的机会将培训贯穿于员工的整个职业生涯。

案例讨论

1. 如何通过培训提升员工的满意度，减少员工的离职率？

2. 请说明员工培训同内部提升之间的关系。

3. 通过本案例,你认为"态度的转变"在一个企业的培训中应占什么地位?

案例分析 4-3

松下幸之助的培训之道①

一、案例介绍

松下幸之助认为,一个人的能力是有限的,如果只靠一个人的智慧指挥一切,即使一时取得惊人的进展,也肯定会有行不通的一天。该公司不是仅仅靠总经理经营,不是仅仅靠干部经营,也不是仅仅依靠管理监督者经营,而是依靠全体职工的智慧经营。松下幸之助把"集中智慧的全员经营"作为公司的经营方针。为此,公司努力培养人才,加强职工的教育训练。公司根据长期人才培养计划,开始各种综合型的系统研修、教育讲座。

由于松下公司把人才培养放在首位,有一套培养人、团结人、使用人的办法,所以,自松下体制确立以来,培养了一支企业家、专家队伍。事业部长一级干部中,多数是有较高学历的、熟悉现代管理的,不少人会一门或几门外语,经常出国考察,知识面广,年纪比较轻,比较精干,而且雄心勃勃,渴望占领世界市场,有在激烈竞争中获胜的志向,这是能够实现高效率管理的前提。

在如何培养人才上,松下有自己的独到见解:

1. 注重人格的培养。名刀是由名匠不断炼成的;人格培养,也要经过千锤百炼。松下认为,造成社会混乱的原因,可能在于忽略了身为社会人所应有的人格锻炼。缺乏应有的人格锻炼,就会在商业道义上产生不良的影响。

2. 注重员工的精神教育和人才培养。对员工精神和常识上的教导,是身为经营者的责任。松下力主培养员工的向心力,让员工了解公司的创业动机、传统、使命和目标。

3. 要培养员工的专业知识和正确的价值判断。没有足够的专业知识,不能满足工作上的需要,没有正确的价值判断,也等于乌合之众,无

---

① 张岩松,李键,等. 人力资源管理案例精选精析[M].北京:经济管理出版社,2005:121.

法促进公司以至社会的繁荣。只要随时养成判断价值的意识,就会有准确的判断,这样,做事时就能尽量减少失败。在平常应该多参考别人的意见,与自己的想法做比较,从而想出更好的方式,做出最妥善的决定。

4. 训练员工的细心。细心体贴,其实是非常关键的,往往足以影响大局。在现代世界,人们犯一点差错,就可能招致不可挽回的局面。

5. 培养员工的竞争意识。松下认为,无论政治或商业,都因比较而产生督促自己的力量,一定要有竞争意识,才能彻底地发挥潜力。

6. 重视知识与人才相结合。知识是一种兵器,只有碰到人才才能发挥威力。汽车大王亨利·福特说:"越好的技术员,越不敢活用知识。"说明知识分子往往是弱者,容易限于自己知识的格局内,划地自限,缺乏应战困难、打破陈规的精神,无法成大功立大业。由于现代社会分工很细,工作项目越来越复杂,年轻人具备高程度的学问知识,是必要而且是很好的事。但重要的是不要被知识所限制。不要只用头脑考虑,而要决心去做实际的工作,在处理工作当中,充分运用所具备的知识。要发挥知识的力量,而不要显示知识的弱点。

7. 恶劣环境促使成功。松下强调真正的教育是培养一个人的人格,知识的传授只是教育的第二意义。给成长中的人知识,是给他们兵器,绝不是教育本身;教育的中心,是培养一个人的人格,至于知识、技术之类只是教育的附属。一个具有良好人格的人,工作条件好,就能自我激励,做到今天胜过昨天,明天胜过今天,即使在恶劣的环境或不景气的情况下,也能排除困难,承担压力,以积极的态度渡过难关,开辟胜利的新局面。

二、案例分析

从员工个人来看,培训可以帮助员工充分发挥其人力资源潜能,实现自身价值,提高工作满意度,增强对企业的归属感。从企业来看,对员工的培训是企业应尽的责任,有效的培训可以减少事故,降低成本,提高工作效率符合经济效益,从而增强企业的市场竞争力。

一般来说,员工培训的目的主要有"育道德、建观点、传知识和培能力"四项,缺一不可。前两者是企业文化方面的培训,也就是软性的培训。而后两者是适应性培训,一般也是企业培训的重点。松下电器公司在培养人才方面注重员工的软性培训,即企业文化方面的培训。

案例讨论

1. 企业的培训关键是观念的培训,使员工接受公司的理念,并能在统一的理念下工作。松下电器的培训向员工传输的理念是什么?

2. 你如何看待培训的意义?

3. 假如你是公司员工培训部门的经理,你认为在培训中应该如何向员工传输理念?

第 5 章

管理技能培训

管理效率的高低是企业能否获得竞争优势的一个重要来源,为了生存和发展,企业需要高质量的管理团队。在当今激烈的市场竞争环境下,优秀管理人员和管理才能的缺乏是许多企业面临的永恒话题。管理技能培训是针对管理者进行的一项培训计划,其目的是为了让管理者具备行使有效的管理职能所需要的知识、技能、能力、态度和积极性,从而能适应多变的环境,实现企业的持续发展。管理技能培训是企业获得竞争优势的一项重要因素。

重点问题

⇨ 管理技能的特征
⇨ 管理技能培训的含义及层次
⇨ 企业进行管理技能培训的必要性与作用
⇨ 管理技能培训项目的设计
⇨ 管理者继任计划
⇨ 企业创办大学模式
⇨ 管理培训发展趋势

5.1 管理技能培训概述

5.1.1 管理技能的特征

在过去的 20 年中,有大量的研究表明,有技巧的管理,尤其是那些在各类组织中有效的管理者,是组织获得成功的关键因素。近年的研究进一步确认,无论何种类型的组织,如果想要成功,它们必须拥有能胜任的,有技巧的管理者。基于此,许多研究人员都曾经探索作为最有效管理者特征的特定技能是什么,而且试图通过调查确定那些能够从人群中区分出高效管理者的技能和能力。一项通过精心设计的问卷、以 400 多位经验丰富的有效管理者为调查对象的研究,发现有关管理成功的关键管理技能有 10 种(见表 5 – 1)。

表 5 – 1 研究中最频繁被提到的有效的管理技能

1. 言语沟通(包括倾听)	6. 授权
2. 时间和压力管理	7. 目标设置和阐明愿景
3. 个体决策管理	8. 自我意识
4. 发现、定义和解决问题	9. 团队建设
5. 激励和影响他人	10. 冲突管理

——资料来源:大卫·威坦,等.管理技能开发[M].王垒,等,译.北京:清华大学出版社,2004:7.

简单来讲,管理技能是指管理者行使有效的管理职能所需要的知识、技能、能力、态度和积极性。管理技能的特征主要体现在以下几个方面。

(1)管理技能主要是指体现在管理者行为方面的。它不是管理者的人格特质或风格倾向。管理技能由一套可以被确定的活动组成,管理者通过进行这些活动可以产生出某种结果。有效的管理技能表现是可以被观察到的。

(2)管理技能是可控的。这些技能的表现处在管理者的控制之下,可以被管理者自身有意识地表现、实践、改善或者抑制。

(3)管理技能是可发展的。表现为管理技能可以改进。与人的智力、特定人格或气质这些相对稳定的方面不同,通过实践和反馈,各级管理者可以改善他们的技能表现,可以从较少的技能进步到较多技能。

(4)管理技能是相互联系、相互重合的。把某项管理技能从其他技能中完全分离出来是不可能的。技能不是简单的、重复性的行为,它们存在于一个复杂的系统中。有效的管理者必须依靠多种技能的有机结合以达到特定结果。

5.1.2 管理技能培训的含义

管理技能培训是企业或其他组织自觉地为其管理者或者潜在的管理者所提供的一系列学习、成长和变化的机会,目的是让他们具备行使有效的管理职能所需要的知识、技能、能力、态度和积极性,从而能够适应企业面对的变化多端的环境,满足由此而引起的需要,实现企业的持续发展的一项活动。

　　从含义中我们可以看出:管理技能培训所提供的只是管理者学习、成长和变化的机会,而不是保证管理者通过技能培训就一定能向着好的方向发生变化。当然,另一方面,如果企业不提供这种机会,管理者是肯定不会发生这些变化的。因此,管理技能培训应该是企业的一种自觉的活动,如果企业没有有意识地进行这种活动,企业想要获得自己需要的变化是不可能的。管理培训活动应该与企业战略紧密联系。

　　广义上讲,管理技能培训包括管理者素质的开发与培训和管理者能力的开发与培训两个方面。其中素质开发指管理者的体能、心理、观念、思维、知识等方面的开发与培训;能力开发指管理者的决策能力、管理技巧、人际关系技能等方面的开发与培训。

5.1.3　管理技能培训的层次

　　管理者通过别人来完成工作,他们做决策、分配资源、指导别人的行为以达到工作目标。管理者需要在企业中完成他们的工作,企业中所有从事管理工作的人员都可以被称为管理人员,包括高层管理者(副总裁及其以上的企业领导)、中层管理者(职能经理、业务经理)和基层管理者(一线经理、项目经理)。管理技能培训计划通常会因管理者层次的不同而不同。表 5-2 简要列出了不同管理角色和职责的划分。

表 5-2　管理者角色和职责的划分

职位	职责
一线经理	帮助员工适应岗位、监督控制、对短期绩效负责
项目经理	产品的研发与推广、直接面向客户、项目团队的沟通与协调、对外联络
职能经理	制定职能战略、咨询专家、变革推动者、为业务部门提供职能服务与参谋
业务经理	创造短期利润、参与带来长期成功的战略制定、关注收益和成本并对其负责
企业领导	战略制定、重要人员的任免、企业文化的倡导者、变革领导者、企业首脑

　　高层管理者的开发与培训是管理技能培训最重要的一部分,这包括 CEO 的开发、VP 的开发。在许多企业,高层管理者的开发与培训已经成了企业战略议程的一部分。如果企业倾向于从内部培养自己新一代的 CEO,那么这个对新的 CEO 的开发与培训的工作可能持续 10 年之久。在高层管理者的开发与培训过程中,企

业人力资源管理的角色有些变化。企业越来越需要高级管理者扮演人力资源培训与开发的角色,因此,对高层管理者的平衡计分卡中,学习和开发占有很大比例。在高层管理者开发过程中有一个悖论:管理者需要有控制能力、需要执着和果断。这将产生刚愎自用和听不进不同意见的高层管理者,尤其是 CEO。因而需要以团队培训和开发的形式来弥补,也就是说应该在高层管理团队中培养具有与 CEO 形成互补性格的人,这样才能保证有人敢于发表不同意见。

　　在不同层次的管理开发与培训中,中层管理者的培训与开发是比较受重视的。一般所说的管理开发与培训实际上可以看成是对中层管理者的培训与开发。一般管理开发与培训中忽略的一个开发领域就是基层管理者的培训与开发,或者称之为主管培训与开发。这部分管理者在企业和其他组织中常常是由技术或者操作岗位晋升上来,他们没有管理教育与管理经验的积累,实际上是最需要培训与开发的对象。

　　管理工作是复杂的,管理者应该掌握的技能也是多种多样的。目前人们普遍接受的是美国学者罗伯特 • 库茨(Robert. Kutz)于 20 世纪 70 年代提出的管理技能模型,如图 5 - 1 所示:

图 5 - 1　不同层次管理人员应该具备的管理技能

——资料来源:谢晋宇.人力资源开发概论[M].北京:清华大学出版社,2005:288.

　　概念性技能包含着一系列的能力,包括能够提出新想法和新思想的能力,能够进行抽象思维的能力,能够把一个组织看成是一个整体的能力,以及能够识别在某一个领域的决策对其他领域将产生何种影响的能力。人际关系技能是与其他人能够一起有效开展工作的能力,即管理者能够以小组成员的身份有效地工作,并能够在他领导的小组中建立起合作的能力。技术性技能指能够运用特定的程序、方法和技巧处理和解决实际问题的能力,即对某一特殊活动的理解和熟练程度。

　　处于高层的管理人员需要制定全局性的决策,他们需要更多地掌握概念性技能,进而把全局意识、系统思想和创新精神渗透到决策过程中。他们并不经常地从事具体的作业活动,所以并不需要全面掌握完成各种作业活动所需具备的技术性技能,只需对其有基本的了解,以便与他们所主管的组织内的专业技术人员进行有效的沟通并对其管辖范围内的各项管理工作进行具体的指导。

　　作为基层管理人员,他们每天大量的工作是与从事具体作业活动的工作人员打交道。他们有责任检查工作人员的工作,及时解答并同工作人员一起解决实际工作中出现的各种具体问题。因此,他们必须全面而系统地掌握与本单位的工作内容相关的各种技术性技能。当然他们也需要掌握一定的概念性技能,以便更好地处理面临的一些例外的、复杂的问题。

　　人际关系技能是组织中各层管理人员都应该具备的技能。因为不论哪个层次的管理者,都必须在与组织内、外部进行有效沟通的基础上,相互合作地完成组织目标。

5.1.4　企业进行管理技能培训的必要性与作用

1. 企业进行管理技能培训的必要性

　　由于世界总体经济形势的变化和我国经济体制的变革,企业的发展不断受到挑战,管理任务日益复杂,这提高了对管理人员素质的要求。目前,我国许多大中型企业的发展与效益,越来越受到管理人员水平的制约。而学校的教育更多地致力于管理人员的基本素质和基本能力的培养,许多实际的管理知识与能力,则需要企业自行开发,这些都使得对管理人员的技能培训开发越来越紧迫。

　　尽管目前不少组织实行扁平化和网络化的组织结构,中间管理人员的数目大大减少;尽管目前企业纷纷提出更少的控制与领导,更多协调与合作,但实际上,这对管理人员的素质提出了更高的要求。例如,网络型的组织要求管理人员具备理解团队互动的动态能力、更好的观察技能以及学习如何诊断团队的问题,这些技能对于处在层级制的组织中的管理人员来说可能并不重要,但对现在先进的组织模式中的管理人员却是必需的素质和技能,并且现在企业中劳动力队伍日益多样化,管理者则需要培养更好的倾听技能和协调能力。

2. 企业进行管理技能培训的作用

　　具体来说,管理技能开发与培训具有以下几点作用:

　　(1)管理人员开发与培训是企业职业化管理的要求。职业化管理要求拥有一批职业管理人员,这些人需要拥有丰富的管理理论和实践经验,能够规范地管理企业。职业化管理要求在全国范围内建立管理人才市场,供需双方自由选择,要求人才能够自由流动,这些要求在我国目前尚不能满足。但是企业只有吸引、保留了一批职业化的管理人员,企业才能蓬勃发展。发展企业不能只靠技术,还要依赖管理来牵引。

　　(2)管理人员选拔为企业培养了接班人队伍。企业之间的竞争归根到底就是人才的竞争。企业的生存和发展离不开人才。新经济时代的来临,企业中"知本家"人数的多少决定了企业最终的战斗力。而管理人员开发与选拔则为企业识别内部劳动力市场中的潜在管理人员创造了一种极好的机制,并且丰富了企业的接班人队伍。随着我国加入 WTO,国际知名企业纷纷进入我国,企业间的竞争已经不仅仅局限于国内企业的相互竞争。国内民营企业、国有大中型企业的人才流失问题也越来越严重,内部管理人员的选拔则为解决这类问题提供了一个既节约成本又鼓励员工的解决方案。

(3)管理人员的开发与培训提高了管理人员的管理能力和管理效率,有效地解决了职业顶峰和技能老化问题。管理人员并不是生来就会管理的,管理是一门科学同时也是一门艺术,必须通过后天的学习才能精通。随着技能的更新和环境的变化,管理者必须不断地学习。同时员工的职业顶峰和技能老化现象,也要求企业对管理人员进行培训,以更好地帮助和促进员工有效地完成任务。职业顶峰是员工已不太可能再得到职务晋升或承担更多责任的一个职业生涯阶段。与处于其他职业生涯阶段的雇员相比,处于职业生涯中期的员工最可能到达职业顶峰。而处于这一发展阶段的员工大多处于管理岗位。这些员工可能会感到工作受阻和缺乏个人发展空间,这种受挫感会导致员工工作态度消极、缺勤率上升以及工作绩效不佳。公司应该鼓励达到职业顶峰的员工参与各项开发活动,以使员工在现有职位上接受更具挑战性的任务,或者有资格调任新的岗位。

对于技能老化问题,以前人们认为只有技术人员和专业人员才需要关注技能老化问题,但是科技的迅猛发展对各个层级都产生了影响,所有的员工都可能面临着技能老化的问题。因此管理人员的技能老化问题不能忽视。

许多知名企业都非常重视管理人员技能的开发与培训,例如日本富士通公司从 1979 年开始实施 45 岁进修制度;美国通用公司对管理人员采取三种形式:在职培训、管理者企业内培训和将管理人员派往大学或专门机构进修;IBM 公司的领导才能训练营等等。

相关链接 5-1

管理潜能测试

以下的测试能帮助您了解自己的管理潜能。请根据您的实际情况填写,在相应的□内打"√"。

1. 我可将个人和公司目标清楚地写出来,并且每天使二者不断结合。

　　□总是　　　　□有时　　　　□从不

2. 我将我的目标按重要程度排序,以不断提醒自己应该前进的方向。
　　□总是　　　　□有时　　　　□从不

3. 从下属那里我知道工作对他们的重要程度。
　　□总是　　　　□有时　　　　□从不

4. 对下属的工作指导我有信心。
　　□总是　　　　□有时　　　　□从不

5. 我对于自己所作的决定有信心。
　　□总是　　　　□有时　　　　□从不

6. 我与下属的沟通顺畅。
　　□总是　　　　□有时　　　　□从不

7. 我同上级的沟通顺畅。
　　□总是　　　　□有时　　　　□从不

8. 我注重提高下属的工作能力。
　　□总是　　　　□有时　　　　□从不

9. 在做出会影响甚至改变下属的有关决定时,我听取他们的意见。
　　□总是　　　　□有时　　　　□从不

10. 对于工作的争执我不会走开不理。
　　□总是　　　　□有时　　　　□从不

11. 当我做决定时,我会考虑其影响。
　　□总是　　　　□有时　　　　□从不

12. 我通过说服而不是压服,使下属接受建议。
　　□总是　　　　□有时　　　　□从不

13. 当执行新的决定时,我留意它所产生的效益。
　　□总是　　　　□有时　　　　□从不

14. 我会向同事解释决定产生的原因,而不仅仅是决定本身。
　　□总是　　　　□有时　　　　□从不

15. 对于新工作方式的实行,我有耐心听取下属的反馈。
　　□总是　　　　□有时　　　　□从不

16. 对于新工作,我有相应的应急措施,防止其受阻而影响全局。
　　□总是　　　　□有时　　　　□从不

17. 对于每天的工作,我都有相应的计划。
　　□总是　　　　□有时　　　　□从不

18. 我会仔细地听从下属的想法。

　　□总是　　　　　□有时　　　　　□从不

19. 对于不同文化背景的人,我会用同一目标不同方法的工作方式。

　　□总是　　　　　□有时　　　　　□从不

20. 与下属沟通,我能很好地理解他们的想法。

　　□总是　　　　　□有时　　　　　□从不

21. 主持会议时,我会事先将有关议程交给与会者,并且让他们知道会议的目的。

　　□总是　　　　　□有时　　　　　□从不

22. 不论是同个人还是同全体小组成员会面,我都会提前准备。

　　□总是　　　　　□有时　　　　　□从不

23. 当下属的工作取得成绩时,我及时表扬他们。

　　□总是　　　　　□有时　　　　　□从不

24. 我避免将表扬与批评混为一谈。

　　□总是　　　　　□有时　　　　　□从不

25. 工作中我对事不对人。

　　□总是　　　　　□有时　　　　　□从不

26. 对于批评只在私下进行。

　　□总是　　　　　□有时　　　　　□从不

27. 对下属批评前,我能认真听取他们的观点。

　　□总是　　　　　□有时　　　　　□从不

28. 我经常将有关的工作授权给下属。

　　□总是　　　　　□有时　　　　　□从不

29. 我会仔细认真地将有关工作分配给最适当的人选。

　　□总是　　　　　□有时　　　　　□从不

30. 当下属承担新的工作时,我同其商量并制定出相关的目标。

　　□总是　　　　　□有时　　　　　□从不

31. 我使用多种方法培训下属,以提高他们的有关技能。

　　□总是　　　　　□有时　　　　　□从不

32. 我鼓励下属从兴趣出发干工作。

　　□总是　　　　　□有时　　　　　□从不

33. 我愿意帮助下属,以使他们达到其工作目标。

　　□总是　　　　　□有时　　　　　□从不

34. 对于公司的要求和远景目标我充满信心。

　　□总是　　　　　□有时　　　　　□从不

说明:选"总是"得 3 分,"有时"得 2 分,"从不"得 1 分。

　　90 分以上,你已经是一名成功的职业经理了;

　　76～90 分,高于平均水平,但是还有提高的必要;

　　66～75 分,刚刚合格,需要努力学习;

　　65 分以下,赶快,要从头学起!

5.2　管理技能培训项目的设计

　　管理技能培训的最终目的是提高组织的未来核心竞争力与最终的工作绩效。直接的目的是让现有与未来的管理人员具备必要的专业知识、技能与观念,满足组织持续发展的管理需要;让主管人员树立愿意与乐意为本组织发展服务的正确价值观与态度,并具备相应的知识、能力与经验,使他们能够顺利实现组织未来的战略目标。由于不同层次管理人员应该具备的管理技能侧重点有所不同,因此对他们进行的管理技能培训的侧重点也应该有所不同。

5.2.1　中层及基层管理者的开发与培训

　　从管理人员的职能分工来看,中层管理人员是以企业的经营战略、方针、计划为基础实现其目的的人员,而基层管理人员是负责企业实际工作的管理者。中层管理人员是高层管理人员的后备力量,企业应该把培训的重点放在这一层次上;基层管理人员最接近员工,是联系上下的纽带,因此他们的素质状况对维持组织的稳定性有很大的影响。

1. 培训的内容

　　根据罗伯特·卡茨提出的三成分模型,中、基层管理人员的开发与培训的重点在技术能力培训和人际关系能力培训方面,这与他们在企业中所发挥的作用是密切相关的。针对中、基层管理者的培训主要是开发领导能力,增强管理人员对他人的敏感性,激发下属员工的工作士气,提高下属的人力资本付出和改善工作绩效,减少部门之间的冲突。目前,国际上比较流行的管理技能培训主要有领导者匹配培训、领导能力培训、人际关系分析培训、敏感性训练、团队协作培训。

　　(1)领导者匹配培训。其主要是培训企业管理者如何确定自己的领导风格并适应特定环境的一种培训项目。该培训项目采用一本手册来实施,手册中附有能够让领导者评价自己习惯的管理风格以及对自己所处环境控制的问卷。该技术的开发者菲德勒认为领导问题主要是适应环境并保持在自己能够有效工作的环境中工作。它假设领导者能够控制局面的程度决定了到底是采取"以人为中心"的领导风格合适,还是"以任务为中心"的领导风格合适。"以任务为中心"的领导者,无论在他们能够高度控制还是几乎无法控制的环境中都能够有效工作。在高度控制的环境中，领导者的话就是"法"，工作非常程序化，即工作小组随时待命，下属人员期望上级告诉他们去做什么。而在控制程度很低的环境中，领导者既不能解雇人员也不能重新雇人，要做的工作是非常规化的，如果没有领导者的主动干预和控制，工作小组就会瓦解。因此，无论是在高控制还是在低控制的环境中，都要求采取严肃的、"以任务为中心"的领导风格。菲德勒说，就中等类型而言，环境没有这样泾渭分明，最大的问题是通常可能发生冲突，影响工作小组的工作绩效。在这种情况下，领导者必须具有支持作用并"以人为中心"，因为这对他来说，耐心地引导下属员工一起工作是很重要的。改变自己的环境，或者选择适当的环境通常比改变自己的领导风格更为容易。因此他提供了几个旨在使管理者能够让自己的风格与环境相匹配的处方。例如，一个发现自己被置于中等控制环境中的"以任务为中心"的领导者应当采取行动更多地控制所在环境，这种行动包括让他的上司给他聘用和解雇下属的权利等。

（2）维罗姆-耶顿领导能力培训。这是为提高管理者决策能力而实施的一种管理技能开发项目，该项目主要是确定让下属人员参与决策的程度。首先，维罗姆和耶顿指出有几种参与程度：无参与、最低程度参与、比较多的参与、更多的参与和完全参与。在此基础上，维罗姆和耶顿指出适当的参与程度取决于七个环境特征，包括决策质量的重要性，你自己在多大程度上占有足以作出高质量决策的信息，要决策的问题是常规的、结构性的，还是模糊不清的、复杂的等。最后，他提出了一个用决策树的形式确定员工参与适应程度的图标，先是确定决策质量是否重要；然后，确定是否充分占有作出高质量决策的信息等。学员对每个问题作出"是"或"否"的回答，就可以按自己的方式通过决策树，从而确定何种参与程度最佳。在实施以这种模式为基础的开发项目时，受训者首先要学习这种方法的基本原理，然后再利用决策树来确定最佳风格。运用维罗姆-耶顿模型培训管理人员的成果表明这种培训是有效的。

（3）人际关系分析培训。这是在分析管理者与下属之间人际"交易"或沟通模式的基础上，帮助管理者在工作中以理性的、合乎逻辑的方式，通过理解与互动来与下属进行沟通和相处的一种方法。该培训能使管理者更好地分析各种人际环境，分析自己所处的特定的自我状态，这三种自我状态分别是家长式、成人式和儿童式状态。当某个人处在某种特定的自我状态时，其行为也具有相应的特征。处在家长式状态的人的行为特征表现为过分保护性、专断、责任心强、正直等，主张不以逻辑事实为根据，而以规则或者以以往成功的经验为依据。因此，这种人争辩和辩解的方式很像父母对子女所做的那样，始终摇着一个手指表示不满意，采取这种方式的人通常不是一个出色的管理者。处在儿童自我状态的人总是表现出儿童特有的特征,如通常采取不合逻辑的莽撞行为、喜怒无常、易发脾气,有时用沉默表示怨气、害羞等。处在成人状态的人通常采取理性的、合乎逻辑的方式,善于处理新资料,仔细寻找新信息,以事实为依据提出论点。处在成人状态的管理人员一般是优秀的管理人员,他们不会极力"为难"自己的下属,或者设法使下属人员承担感到为难的任务,而是乐于以积极、明智的方式面对问题,解决问题,通过通盘考虑各种观点找到解决问题的办法。

(4)敏感性训练。这是一种通过在改善关系小组"实验室"中公开表达情感,以提高参与者对自己行为以及他人行为洞察力的方法。这种训练的假设前提是,接受敏感性训练而变得敏感的员工会觉得比较容易作为一个小组成员与他人和睦相处,一起工作。敏感性训练要求在改善关系小组中就参加者的个人情感、态度以及行为进行坦率而公正的讨论,努力达到人际敏感性的目的。在这种小组中,鼓励参加者真诚地相互交流对各自行为的看法并说明所引起的情绪反应。

(5)团队协作培训。这是利用咨询顾问、面谈以及团队建设会议来改进企业管理者的工作绩效,让他们学会应用一系列技术去改进部门的工作的方法。团队协作培训的一般过程为:最初,在召集小组会议之前,由咨询顾问与小组领导及每位成员进行面谈,了解他们的问题所在和他们对该小组职能的看法,以及阻碍该小组更好地工作的障碍。有时可以用员工满意度调查来收集所需的基本背景数据。接下来,专家顾问通常会对由主体面谈得来的数据进行分类,并在小组会开始时向整个小组介绍这些主题。然后,由整个小组根据主题的重要程度对主题进行排序,将最重要的主题作为会议的议程。在会上,小组成员一起讨论问题,分析问题存在的原因,并深入探讨解决问题的对策。

(6)时间管理培训。就是要通过演讲、案例分析、管理游戏、录像等形式,对有效时间管理重要性进行讲解,通过对人们日常工作中时间管理上存在的误区的分析及时间管理的基本方法、技巧的讲解,帮助学员进行有效的时间管理、提高工作绩效。它有助于帮助学员在今后的工作中减少浪费时间的现象,学会正确地分配时间并充分有效地利用时间,并且学会制订工作目标以及掌握制订有效工作计划的方法和过程。

在我国现阶段可以采用"多级瀑布式"培训意识和实践。为了充分地、有效地实现培训效用,许多美国企业、机构提倡和实践逐级传递的"瀑布式"培训方法。即高层经理接受培训后,负责结合机构部门实际,实施对下属的培训。在一定意义上说,是否有培训意识是衡量一个经理是否有领导意识的标准。反观我们的企业和机构,各级干部对其自身的学习不能不说是重视的,但他们普遍缺乏关心和支持下属接受培训的自觉性和责任心。要保证对各级干部实施有效的培训,不能依赖于某一个"上级"的个人意识和气魄,必须通过制度约束,使"上级"负责落实对"下级"

的培训。

2. 培训的方法

由于管理人员所需的技能、知识、经验更加丰富，所以管理人员培训的方法与新员工入职培训有较大不同。

（1）在职培训。管理技能和能力并不是仅仅通过倾听、观察和阅读相关材料就可以获得的。必须通过一定的实际操作和经历，让他们有机会在压力下工作并从错误中总结经验。在职培训通常被企业用来培训管理人员。培训过程应该仔细计划和监督，并且对于受训者来说应该是有实际意义和具有挑战性的。通常在职培训包括以下几种方法：

·员工辅导——包括上级管理者给下属提供的一系列连续的指导、评价和建议。

·角色替换——推荐员工个人去接管上级管理者的工作，获得解决工作中重要难题的经验。

·工作轮换——通过多种工作经验，为更有效的管理提供更加渊博的知识和更高理解能力。

·晋升——涉及在不同部门间的水平调动，但是这种水平调动在组织内是向更高级别的调动。

·座谈——通过让参与者了解其他管理者的想法和考虑的问题，使得他们可以了解发生在他们管辖范围外的事件和问题

·项目小组访谈——为个人提供了解组织现存问题、组织计划和决策制定活动的机会。

（2）非在职培训。当然在职培训是管理技能开发培训的核心，其他的一些离职培训方法也能被用来进行管理技能开发。离职培训既可以用来培训个人也可以用来培训团队，并且可以通过某种特定的计划或环节来实施。他们可能包括时间管理计划、自信培训、商务写作技巧、战略规划能力、雇员甄选、创造性思维、压力管理、人际关系技能、倾听技巧和对变化的管理。具体包括以下几种培训方法：

①案例教学法。案例教学法为美国哈佛管理学院所推出，起初用于培养工商管理硕士。目前，案例学习法被广泛运用于经理人员培训。案例学习法向受训者提供一套描绘组织运转过程中（可能）实际存在的问题和情景。受训者先是个人分析案例，作出自己的判断；随后，在集体讨论中发表自己的看法，同时听取别人的意见。案例学习法旨在给受训者提供一种体验、一个认识和分析实际管理情景并提出管理对策的模拟实战机会。

②篮中练习法。篮中练习法也叫作公文处理法，是对管理者所从事的管理性工作进行的一种模拟训练。即设计一系列管理者所处的真实环境中需要处理的各

种公文,要求被试者阅读相关文件材料,以管理者的身份模拟真实生活中的想法,在规定的时间内对各种公文材料进行处理并形成公文处理报告。这些文件所涉及的问题都是实际从事这种工作的在职人员经常面对的一些典型问题。篮中联系是对一个人的计划、组织、分析、判断、决策、文字表达能力进行评价和判断。

③无领导小组讨论法。由5~7名管理者组成一个小组,不明确谁是召集人,让其共同讨论某项业务或人事安排问题,在规定的时间内让他们共同解决一个难题。讨论过程中看谁善于驾驭整个会议,集中正确意见,并说服他们达成一致决议。无领导小组讨论法的评估是通过受训者的主动性、领导技能和在团队中有效工作的能力等方面进行的。

④管理游戏。受训者被要求制定一系列将会影响某个虚拟组织的决策。所有这些决策实施后的效果将通过一个为该游戏设计的程序表现出来。这种方法的一个主要优点就是它要求极高的参与度。

⑤角色扮演。角色扮演是指一位参与者扮演一位管理者或者是其他雇员的角色。通常包括一位管理者和一位面临人事问题的下属。角色扮演培训法可以帮助受训者提高他们与他人合作的能力,同时还能帮助受训者学习如何通过帮助别人从另一个视角解决问题。

⑥行动学习法。行动学习法是指给团队或者工作小组布置一项实际难题,要求他们想办法解决这一问题,制订行动计划,并且负责该计划的实施。行为学习法一般包括6~30名员工。尽管对这种方法尚没有正式的评价,但是这种方法看上去却有利于学习和培训成果的转化。此外行动学习法还有利于发现那些阻碍团队有效解决问题的方面。

5.2.2　高层管理者的开发与培训

高层管理人员一般都受过高等教育,尽管如此,他们仍要接受培训,如参加目前非常流行的 MBA/EMBA 或 DBA 培训项目或到国内外考查交流等。由于完成 MBA 项目所需时间较长,而且这些高层管理者的工作也非常繁忙,所以,许多机构已经开发设计了一项替代项目。这些替代项目被称为高级经理在职教育计划,其范围囊括了浓缩的 MBA 项目(即 EMBA)、特定主题的短期课程以及一次性研讨会等。高级经理在职教育已经成为大学及其他机构提供的比较大的业务。美国麻省理工学院率先于 1931 年举办了为期一年的青年管理人员在职讲习班;后来哈佛大学管理学院将这类培训正规化,现在的"哈佛高级管理人员讲习班"就是这类在职培训。

现在许多发达国家也纷纷建立管理人员在职培训网络,以企业、高校和政府三位一体的形式,不断扩大在职培训人员的数量和范围。法国在 20 世纪 60 年代以后,许多大学为了加强和企业界的联系,直接为企业服务,在高等商业学校纷纷建立管理人员的培训中心。例如法国经济与商业科学高等学校的分校实际上就是一个培训中心,每年培训 3000 名管理人员。日本企业界也非常重视管理人员的在职培训,他们的企业管理人员分为高中低三个层次。企业对各层次管理人员都订有强制性的学习计划。一些企业规定高层管理人员每年培训 34 次,每周一次,内容则侧重于全局性经营管理方面;中层管理人员每年培训时间累计为两个星期;底层管理人员每年培训时间累计四个星期,内容是改进管理技术。日本大企业职工的晋升顺序是系长—课长—次长—部长—公司会长。每名管理人员晋升前后各有一次强制性学习,内容包括如何管理下属、管理章程、熟悉新的工作环境等等。

1. 高层管理人员在职教育培训计划的目标与内容

高层管理人员培训的目标通常是让管理人员了解沟通技巧,了解沟通障碍的解决方法,增进部门之间的双赢效果,帮助管理层在实践管理事务上更好地运用有效沟通来塑造领导风格,使整个组织走向一个良好的循环氛围。培训的内容一般包括:①有效沟通技巧;②授权技能;③有效反馈技巧;④激励员工技巧;⑤时间管理技巧;⑥团队建设与团队力量的发挥;⑦有效倾听的建议;⑧选择正确的竞争优势;⑨实战演练。

高级管理者培训开发项目设计的指导原则:

· 有效的高级经理教育是经验、培训、教育及其他开发形式的开发体,不应该仅仅依靠课堂教学。

· 与现实商业问题的适时接触是有效的高级经理教育必不可少的一个组成部分。

· 高级经理教育不仅要开发参与者,还要开发组织,并使两者都具有活力。

· 高级经理要有应该为个人和组织灌输持续学习以及知识创新的思想。

· 有效的高级经理教育活动应该能够开发个人的领导才能以及基于特定组织的综合知识。

2. 对高层管理人员进行在职教育的原因分析

对高层管理人员进行在职教育的原因总体说来就是:管理环境的变化对经理人员知识能力提出了新要求。

首先,经理人员管理对象的变化。随着我国经济的发展,企业劳动力队伍的构成发生了根本的变化。管理对象教育程度的提高同时也是一种无形的挑战。

其次,经理人员管理状态的变化。近 20 年间我国管理状态的最大变化,莫过于从追求稳定到追求变革、从追求大规模效应到追求速度效应变化。信息技术在管理过程中的运用,也使管理程序和管理状态发生了新变化。以销售员管理为例,在没有电脑和电子通信技术的过去,一个销售经理要管理 5 个销售员可能也是比较困难的事情。但是,依靠电脑建立及时报告系统,一个销售经理可以轻而易举地同时掌握和管理 20 个甚至更多的销售员的工作状况。

最后,企业变革过程中经理人员肩负着双重角色。一方面经理人员是企业变革的组织者、推进者。为了企业的生存和发展,他们必须承担起运用新技术、改进企业组织运行机制、提高企业员工整体素质等一系列任务。变革通常是一个伴随着痛苦的过程。即使最终可能导致令人喜悦的结果,其中也难以避免使某些部分(组织和人)付出痛苦的代价。对经理人员来说,变革失败所导致的失败,往往会使他们付出比一般职工更大的机会成本。另一方面经理人员也是企业调整和变革的对象。

5.2.3　管理者继任计划

很多大型组织都发现,为了确保其所需要的技能持续稳定,从而保证目前和未来组织生产效率最大化的经营状态,他们需要实行继任计划以及组织与个人发展计划。一个组织必须有自己的继任计划,以便评价管理能力和监控管理能力开发过程,保证关键管理职务继任人的能力类型和人数能适应该公司未来业务的发展要求。这个计划应当说明存在的问题并决定在当今员工队伍迅速变化的环境中招聘和留住人才的策略。

继任计划是一种程序,用以鉴别能替代关键高级管理人员、经理人员和专业人员的人员,并且在鉴别出这些人员之后,确定必须实施什么开发计划以使他们做好升迁到更高职位的准备。在实施外部招聘计划之前,必须对继任计划进行评审。以下是一个有效的继任计划的四个关键因素:

(1)继任计划综述。这是有关使命的陈述,说明本组织继任计划及组织发展的目标和承诺。

(2)候补职务及人选摘要。这里列出关键职务并确定候选人。

(3)个人发展计划。在确定了继任人之后,必须制订和实施个人发展计划。

(4)未来招聘计划。基于继任计划的招聘计划在任何时候都会更有效。

应当在组织的几个层次实行继任计划,这些层次是:总裁、副总裁、总监、经理以及所有职能领域的关键专业人员。虽然最终可以在组织的各个层次都实行继任计划,但是由于如果在这些层次上有离职的话组织就很可能发生重大混乱,因此先从这些层次的职务上开始实行继任计划最好。也正是在这些层次上通常会进行人才开发以为晋升做准备。这种开发可能要花大量的时间,因此提前规划很有必要。

继任计划是促使高级管理人员更仔细地考虑必须对其部属进行什么开发,无论企业规模大小,这个问题都是至关重要的。

继任计划是组织的人力资源规划乃至整个组织发展规划的一个组成部分。从根本上讲,它也是公司战略业务规划的一个组成部分。为保证继任计划取得成功,高层管理人员必须把握继任计划的所有权并且充分参与到这个过程中去,为实施继任计划提供实实在在的支持。继任计划不是一次性的事件。

在实施继任计划时,应首先进行管理人员评价。组织应当知道必须收集什么信息以及要向管理人员询问什么问题。以下提问有助于开始这个过程:

- 对我们公司而言,对我们的行业而言,未来的市场环境是什么样的?
- 一年后、三年后、五年后,我们公司各层次需要什么人才?
- 本公司已经拥有什么人才? 目前我们是否拥有我们所需要的人才? 今后的三年里是否拥有我们所需要的人才?
- 我们最近如何开发已经确认具有发展潜力的人才?
- 我们目前的绩效评价方案是否有助于识别和提升最好的员工?
- 我们是否已经具体确定了公司目前和潜在的"突破口"?
- 我们的招聘活动是否瞄准了我们目前和未来的需求?
- 现在和未来我们具有或需要什么行动计划来帮助我们管理公司?

人力资源审计也是非常必要的,以便鉴别、评价和分类管理组织中的关键职位任职人员以及极具发展潜力的候选人。关键职位是那些对实现组织目标非常重要的职位。每个职位的任职人员都应得到定性考查,考查的内容为:绩效水准、发展潜力、发展需求、未来可能的工作安排、继任—重置、高潜质—快速提升,应当对职位候选人进行鉴别和考查。组织希望考虑以下重点问题:

- 公司内部合适的后备人选供给情况。
- 已确定的高潜质候选人的个人发展需求。
- 其他内部群体中候选人的供给状况,或需要探究组织外部合适的候选人的供给情况。
- 候选人的多样性考查。

如果内部没有替补人员和后备人员,要立即制定开发或招聘所需人才的具体时间表。

5.2.4　企业创办大学模式

由于开始意识到了培训在应对竞争性挑战过程中的战略地位,许多企业无论规模大小,都按企业办学模式来组建培训职能部门,并呈现出上升的趋势。这些公司认为,实现管理者开发战略的重要措施就是自己成立一个内部大学,在这里,所有的经理都可以完成特定的课程。此种模式可以提供范围更广的培训项目和课程。该模式将培训作为中心,从而保证了在公司某一部门内部开展有价值的培训活动可以在整个公司进行传播。一份研究报告指出,至 2000 年,全球已经有 1600

余家企业有自己的大学。摩托罗拉大学、西门子管理学院、意大利 ENI 集团培训中心、施乐公司大学等都是企业办学模式的代表。这些企业的学校设施相当完备。

　　摩托罗拉大学是不断涌现的企业大学中最大的一家。摩托罗拉大学一直在摩托罗拉公司的成功中扮演着重要角色。摩托罗拉大学以斯坎伯格的一个校园和摩托罗拉公司的部分分支为基地。大学现有 410 名全职教员和另外 800 名兼职合同教师,每年培训 10 万多名学生,其中有 22％的学生来自于公司外面。在斯坎伯格的主校园就像平常的大学一样有课程和研讨室,除此以外,大学在 19 个国家设有 30 个点,范围从巴西到南非和中国。大学的许多课程还通过联机进行函授。为了扩大其全球的业务范围,摩托罗拉又在欧洲、中东和非洲建立了摩托罗拉大学。这种企业办学模式为创新能力训练提供了可能性。

　　摩托罗拉大学的主要任务是提供专业培训课程,以满足公司培训目标,要求所有员工每年至少参加 40 个小时的培训。这个由成功的总经理们定下来的任务是为了提供持续的教育,也作为"改造的代理及作为摩托罗拉文化、价值观和历史的保护者。"但大学的角色已经不仅局限于此。它还向其他大客户之一——德国西门子尼克斯多夫公司——提供管理和领导能力培训,参与为其他不同行业的公司提供咨询的项目,特别在其核心的质量控制课程方面。

　　麦当劳在伊利诺伊斯的"汉堡大学"为其经理开设的课程是,培训如何保证质量、服务和清洁。汉堡大学里的课程,包括清华组织理念的操作程序,采用了多种培训方法,包括演讲、讨论、视听教学法等。

　　施乐公司把其位于弗吉尼亚州占地 2000 英亩的公司的生活学习和健身中心改成了公司教育培训中心。该中心能同时容纳 1000 名学生,提供销售服务培训和管理培训等课程。管理培训课程强调,传授给主管人员重要的商业知识,让其了解经理的工作要求和特点。培训者从公司内部聘请,课程的设计由专业人员负责。

5.3　管理培训发展趋势

　　管理开发与培训在发达国家的运用效率已经得到了充分的证明。管理是根源于文化和社会价值观的,管理开发与培训在发展中国家的运用还必须与社会现实、文化结合起来,因此在包括中国在内的发展中国家,管理开发与培训还处在比较低级的阶段。但是了解国际上领先企业的管理开发与培训的发展趋势有利于我们寻找我国企业管理开发与培训的新方向。目前国际上企业管理开发与培训的发展趋势主要体现在以下三个方面:

1. 管理开发与培训更趋向于个性的张扬和人际间的平等

　　管理者越来越注意个人优点的展现和发挥,被管理者也越来越喜欢个性化的管理所带来的感染力、信任和"品牌"效应。扁平化组织和网络组织的兴起使传统的金字塔式的管理急剧减少,取而代之的是公平和平等的管理。这种管理的基本观念是"人是发展的关键"。发达国家的管理开发与培训之所以越来越重视管理者管理风格的改变和人际沟通技巧的改善,都是以此为理论基础和出发点的。

2. 管理开发与培训方式越来越多样化

这种多样化体现在两个方面:一方面,正规的以正式项目为载体的管理开发与培训项目越来越复杂,既有在企业内部进行的管理开发与培训项目,又有许多企业在外部进行的管理开发与培训项目,还有越来越多的在野外进行的管理开发与培训项目出现。另一方面,又出现了没有正式项目作为载体的管理开发与培训形式的多样化。自我开发、非正规的开发与培训或者偶然的开发与培训都已经成为管理开发与培训得以实现的有效的新载体。强调这种多样化是很有意义的,这意味着没有哪一种管理开发与培训方式是最优秀的,管理开发与培训方式没有优劣之分,只有适合与否之分。大凡适合企业实践状况的管理开发与培训方式就是好方式。

3. 管理开发与培训对象的细分化发展方向

随着管理开发与培训的发展,人们越来越认识到,要使管理开发与培训符合管理者的需求,必须提供越来越细分化的管理开发项目。这种细分可以是管理层次、管理者的性别、管理者的国别等。

本章思考题

1. 简述管理技能培训的含义及层次。
2. 简述企业进行管理技能培训的必要性。
3. 国际上比较流行的管理技能培训内容主要有哪些?
4. 结合实际谈谈在职培训可采用的几种方法及其各自的适用性。
5. 分析高层管理人员进行在职教育的原因。
6. 简述企业实施管理者继任计划的重要意义。
7. 结合实际简述管理培训发展的趋势。

案例分析

一则管理开发与培训的寓言

　　张洁是一名新上任的、年轻的管理者,她刚刚被任命为一家服务业公司的服务主管,这家公司管理着安装在各种场所的投币自动售货机。张洁负责管理一个由四名一线工程师组成的小团队,一线工程师的职责是安装和维修机器,他们在建立于工业园区的一个补给站的外面工作。张洁向服务经理汇报工作。上任之前,张洁本人也是一名工程师,当时她对工作有些生疏并且缺乏经验,但她富有热情并且乐于付出。在她这次作为服务主管的职业生涯期间,她参加过一些1~2天的管理技能课程,这些管理课程部分是内部课程,部分由瑞铭咨询公司提供,课程的主题包括时间管理、树立自信心、人员管理和 TQM(全面质量管理)。这个时期,张洁更多的是从个人的观点,而不是组织的观点来看待她的这份职务。随着她越来越相信自己可以应对团队中的一线工程师,张洁逐渐形成了对管理者角色的理解。他们刚刚开始时会联盟弄虚作假;但张洁感觉到他们开始对她抱有信心。随着时日增长,张洁最初的不安全感消失了。她开始形成一些如何做好一名管理者的清晰的观点,即使这是无意识的。她认为,作为一名管理者就是要通过他人来完成工作。她对组织的批判开始减少,并且开始假设她和组织朝着同一个方向前进。

　　张洁现在已经得到晋升。她被调到一个更大的补给站,负责管理的一线工程师更多了。张洁对此次晋升很满意,但是晋升是有一定代价的。她原来在一个虽然很小但紧密联系的团队中工作,那种作为团队中重要成员的感觉很好,而现在她作为成员的感觉已经不复存在了。张洁现在管理的是团队而不是管理团队中的人。另外一个变化是,张洁开始形成组织自觉,意识到补给站中的其他与她的团队相互竞争的团队。除了一线工程师,补给站中还有负责从机器里收集现金的收银员。工程师和收银员之间不存在什么交情。环境也进一步加强了这种敌意。尽管两个团队都要逗留在同样的建筑物一段时间,但是工程师下午来到补给站,而收银员是早上到补给站。收银员有规律地到达补给站,而工程师在任何时间都可以离开。收银员以女性为主,工程师则大多数都是男性。两个团队相互诽谤和中伤。张洁试图努力地站到工程师一方,并把为他们的权益而斗争作为自己的一项工作。现在,她的大多数时间都花在和补给站中的高级经理一起出席管理会议上。在她晋升之前的职务角色中,她认为这些高级经理是遥远的人物,并会对他们产生一些敬畏感,因而从来不会主动地与他们打交道。这可能就是"当别人和你说话时你才有说话的机会"。但是现在,为了保护工程师的利益,张洁已经形成与他们更加同等的关系。张洁的政治技巧得到了很大的开发。现在,她能够在大多数人没有意识到她是如何操纵会议成员的情况下,使一个会议朝着有利于她的方向转变。她尤其擅长使用"打擦边球"的策略。这包括,让管理层接受一件表面上看起来不起眼的事情。但短时间后,这件事情就可能产生让工程师得到更多的资源分配和好处的结果。张洁发现她很喜欢玩弄组织政治,尽管有时马基雅弗利权谋术没能像她预期的那样产生作用。

现在,张洁被调到一个更大一些的补给站,并且晋升到了服务经理的职务,她开始负责管理全部的服务工程师。她现在已经从一线工程师被晋升到服务主管,又再被晋升到了服务经理。可能是因为新奇感已经消失,玩弄办公室政治的乐趣已经降低。现在,张洁开始重新看待过去的经历,她现在认识到,收银员和补给站中的其他团队让她很生气,实际上并不总是因为他们居心不良。她现在看清楚了,这些问题之所以产生是每个团队都有不同的同时又都很紧迫的任务,这导致了他们之间没能有效相互沟通。问题不在于居心不良,问题的根源在于误解,并且缺少一个有效的系统。

张洁刚刚完成在当地理工学院(现在已经变成大学)举办的一门管理系统和控制课程。现在作为服务经理的张洁感觉到她对补给站整体就像当年对她的工程师那样忠诚。这部分是因为她要向区域经理直接汇报,并且更多地关注跨职能的问题。补给站中不同群体间的很多摩擦都根源于对工作负担分配不公平,以及一个团队导致了另外一个团队额外的工作的谴责。张洁感觉到使用一个适当的计算机命令和控制系统能产生很大的裨益,这个系统同时能够使流程最优化,也能使团队与个人之间的工作分配合理化。她意识到,关于管理服务和维修工作,有很多开发的系统和软件可以利用。她已经草拟了一些关于改进系统的想法,并以书面形式呈递给区域经理开始实施。

没过多久张洁又获得了一次晋升,这次晋升事实上是一种侧向调动,在另一个大补给站担任业务会计经理。调动的目的是为了让她获得顾客和业务经验。从工程导向转向更明确的商业导向,这种视角的转变给张洁带来了很大的影响。现在,张洁又开始了她新的学习。她现在是一个行动学习(action learning)小组的成员,这个小组由来自于跨地区的其他补给站高级经理组成。在每次会议的最后,小组成员会开一个"不得志的失宠者"研讨会,在研讨会中,每个人都必须主动承认自从上次犯错误后又犯下的最大的错误,并且反思多少错误可以在未来得到避免。而在此之前,张洁是决不会承认这样的失误的。

这次的晋升和参加的培训所获得的新 KSAIBs 都加强了她的信念,她更加坚信需要通过开发一种顾客导向的方法来使补给站中的每个人都朝同一个方向前进。她感觉到补给站中的所有团队都应该相互谅解,这样他们就能够看到他们都需要朝着共同的目标前进。她开始举办许多讨论会。目的是让大家形成一个一致的共同愿景和使命陈述。张洁相信,经过充分的时间和理性的思考,这是可以达成的。她不再必然地将补给站看成一个派系竞争的场所。她已经形成一个宽阔的胸襟,设身处地地考虑其他团队的困难和问题。

现在,张洁已经成了一名区域经理了。她很喜欢这个新的职务。但是有一件让她感觉不舒服的事情,那就是在她的手下中,有一个经理曾经是她参加过的行动学习小组的一名成员。这名行政经理,由于对这位新的上司不满,与补给站中每个愿意听他说话的人大谈特谈张洁过去所犯错误的故事。一开始,这种滥用在行动学习小组中逐渐形成的信任让张洁十分愤世嫉俗。但是她已经学会如何应对行政经理,并没有造成大量的流言蜚语。

张洁仍然对组织抱有热情并甘于奉献,但是她日益意识到事情并不总是朝着规划或者预期的方向发展。她不再相信一个大而好的计算机系统就可以解决组织内的冲突;她也不再认为一个"绘制精美"的愿景和使命陈述就意味着每一个都共享着同样的价值观,并能指挥大家朝着同一方向前进。但是这种嘲讽意识并非意味着张洁已经变得愤世嫉俗;尽管她没有变成这样,她的很多管理同事却变成这样了。

张洁现在参加了 MBA 课程,她参加这一项目,不是为了时髦,她希望通过学习解决她的问题。她的问题是,在她的脑子里现在装满了许多关于发展组织的想法了。她希望着找到一个方法,让她能够避免从一个实施了一半的行动转向另一个行动所带来的对目标的干扰和影响。她学习的全部材料,包括组织文化、组织行为的过程方法、量化研究等等,好像都是有道理的,这使得她难以林中见木。

现在,张洁已经担任区域经理有些年头了。她感到自己已经达到了管理成熟,这种成熟是基于她的幽默感和对不确定性的忍耐力形成的。在准备她的 MBA 学位论文——女性在休闲产业管理层中的角色——时,她偶尔读到了在电子图书馆查到的一篇文章。文章指出随着女性年龄的增长,女性会对不确定性有更高的忍耐力,这种思想激起了张洁的兴趣。

张洁持续地致力于改善工作(不管是什么内容),但是却懂得了以一种不同的方式进行。现在张洁认为行动应该以时刻准备为基础。她在与一个资深同事交流时说:"这个组织的文化是枪炮和玫瑰的文化。枪炮在指着我们,而美丽的玫瑰在木桶里开放。你需要特别小心翼翼,不是取到芳香的鲜花就是被子弹打中。"张洁现在已经认识到,管理者的角色从本质上说是零碎的,而且,组织内存在多元价值观,这两者她都必须同样接受。这使她感到一种狂躁和消沉。但尽管如此,张洁在管理补给站时,仍然努力保持礼貌和忍耐。

案例讨论

1. 从本案例来看,管理开发与培训是否无所不能?
2. 管理开发与培训能使管理者发生什么变化?

第 *6* 章

培训效果评估

培训效果评估是指系统地搜集有关人力资源开发项目的描述性和判断性信息的过程,评估的目的是判断项目是否实现了预期的目标,证实人力资源开发项目的价值,增加项目的可信度。本章介绍了培训效果评估的内容、培训效果评估模型、培训效果评估的方法与过程、培训效果评估的有效实施四部分内容。

重点问题

⇨ 培训效果评估的意义
⇨ 培训效果评估的内容
⇨ 柯克帕特里克模型的内容
⇨ 培训效果评估的过程
⇨ 培训效果评估中收集信息的方法
⇨ 培训效果评估结果的总结和应用
⇨ 为保证培训效果评估的有效实施需做的工作

6.1 培训效果评估的内容

培训评估是一个完整的培训流程的最后环节,它既是对整个培训活动实施成效的评价与总结,同时评估结果也是以后培训活动的重要输入,为下一个培训活动确定培训需求提供了重要信息。与管理中的控制功能相似,在企业培训的某一项目或某一课程结束后,一般要对培训的效果进行评估或检查,以便找出受训者究竟有哪些收获与提高。所谓人员培训的评估,就是企业组织在人员培训过程中,依据培训的目的和要求,运用一定的评估指标和评估方法,检查和判断培训效果的环节,实际上,人员培训的评估就是对人员培训活动的价值判断过程。

6.1.1　培训效果评估的重要性

培训效果评估在组织中的重要作用体现在以下几个方面:

①通过评估,可以对培训效果进行正确合理的判断,以便了解某一项目是否达到原定的目标和要求。

②通过评估,看看受训人知识技术能力的提高或行为表现的改变是否直接来自培训的本身。例如,员工管理决策的培训班,选择同样两种水平的小组,其中一个小组参加培训,培训结束后,可以把同一个决策案例交给受训小组和未经过培训的小组进行讨论决策,如果两个小组得出的决策分析和解决办法相同或类似,那就说明受训小组的决策能力没有什么提高,其决策能力并不是直接来自培训本身。

③通过评估可以找出培训的不足,归纳出教训,以便改进今后的培训。

④通过评估往往能发现新的培训需要,从而为下一轮的培训提供重要依据。而且通过对成功的培训做出的肯定性评价,也往往能提高受训者对培训活动的兴趣,激发他们参加培训活动的积极性和创造性。

⑤通过评估可以检查出培训的费用效益。评估培训活动的支出与收入的效益如何,有助于使资金得到更加合理的配置。

⑥通过评估可以比较客观地评价培训者的工作。一般来说,培训的效果反映了培训者的水平和对待培训的态度。对培训效果的检测评估,有助于培训人员进行自我检查,进一步端正态度,从而不断提高培训质量,同时也可以正确地对培训者进行绩效评估。

⑦通过评估可以为管理者决策提供所需的信息。而且管理者尤其是领导者对培训结果的重视,往往也会引起企业其他人员对培训结果的重视,从而促进了对培训的积极性。

6.1.2　培训效果评估的形式

1. 非正式评估和正式评估

(1)非正式评估。非正式评估是指评估者依据自己的主观来进行判断,而不是用事实和数字来加以证明。虽然非正式的培训评估是建立在评估者的主观看法上,但有时能够发挥很大的作用,尤其是要就培训对象之间的关系以及培训对象对待评估的态度做出评估时。要把这些问题数据化,再对这些数据进行客观的分析,是一件既复杂又浪费时间和精力,而且不切实际的事情。这时采用非正式的评估比较适合。

　　这种非正式评估一般不需要记录有关信息，但有时可记下某些注意到的、认为对评估有价值的信息，如培训对象的有关表现、态度和一些特殊困难等等。

　　非正式评估最大的优点在于它能够在培训对象不知不觉的自然状态下对其进行观察，这就减少了一般评估给培训对象带来的紧张和不安，从而增强了信息资料的真实性，增强了评估结论的客观性和有效程度；它的另外一个优点在于方便易行，几乎不需要什么额外的时间和资源。

　　（2）正式评估。在一些正式的场合，尤其当评估结论要被高级管理者用来作为决策的依据，或者为了向特定群体说明培训的效果时，就需要进行正式评估。

　　正式评估往往具有详细的评估方案、测度工具和评判标准。它尽量剔除主观因素的影响，使评估更具有信度。在正式评估中，对评估者自身素质的要求降低了，起关键作用的不再是评估者本身，而是评估方案和测试工具的选择是否恰当。在长期实践中，已经形成了一套成熟的评估方案和测试工具。

　　值得注意的是，即使在一些正式的评估中，也并不是完全排除了评估者的主观因素，例如，要对培训对象在培训中的满意度以及他们工作态度的变化等问题做出评价时，评估者的主观因素就很重要。作为一名评估者，应该分清楚哪些是正式的，哪些是非正式的；哪些是主观的，哪些是客观的。

　　正式评估的好处是：在数据和事实的基础上做出判断，使评估结论更有说服力；更容易将评估结论以书面形式表现出来，如记录和报告等；可将评估结论与最初计划比较核对。

2. 建设性评估和总结性评估

　　（1）建设性评估。建设性评估就是在培训过程中以改进而不是以是否保留项目为目的的评估。如果评估结论表明培训并不是按培训者所期望的运转，就可以对培训项目做出适当的调整，如改变培训的形式等。建设性评估常常是一种非正式的主观评估。

　　培训过程中的建设性评估是作为培训项目改进的依据。建设性评估还可以帮助培训对象了解自己的进步，从而产生某种满足感和成就感。这种满足感和成就感在培训对象后一阶段的学习中将会发挥巨大的激励作用。

　　进行建设性评估不要太频繁，也不要让培训对象有简单乏味和重复学习的感觉，否则就无法发挥它的激励作用。如果培训对象对频繁的评估感到厌烦，甚至因此憎恨培训，测试的时间甚至超过学习、工作的时间，评估就显然是失败的。

　　评估频率的问题主要是针对建设性评估提出的，指进行两次连续评估之间所间隔时间的长短。时间越短，频率越高；时间越长，频率越低。

　　（2）总结性评估。总结性评估是指在培训结束时，为对受训者的学习效果和培训项目本身的有效性做出评价而进行的评估。这种评估常常是正式和客观的。

适用的情况包括：当评估结论被作为决定给予受训者某种资格，或为组织的决策提供依据时采用。但是，终局测试毕竟是结束的象征，无论评估结论如何，只能用于决定培训项目的生死，而不能作为培训项目改进的依据；只能用于决定是否给受训者某种资格，而无助于受训者学习的改进。

总结性评估关注整个项目期间受训者获得的改进。评估者是否能够全面评估受训者所学习的全部内容，对于一个长期培训而言，这个问题往往十分突出，为了解决这一问题，评估者不得不定期地对受训者进行间隔不长的阶段性测试。

需要注意的是，培训目标和预期培训效果从头到尾必须清晰，这不仅是对于培训者而言，同时也包括受训者在内。在培训之前，可以通过书面测试或小型座谈会的形式，使受训者了解培训目的。

6.1.3　评估过程概览

培训评估的全过程如图 6-1 所示：

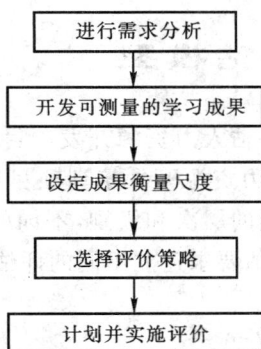

图 6-1　培训效果评估过程

为了评价培训效果，必须确立培训成果或标准。这些成果包括态度、动机及投资回报率。这样，就将培训成果分成了五大类：认知成果、技能成果、情感成果、绩效成果、投资回报率。表 6-1 列出了这些成果及衡量的方法。

表 6-1　培训项目使用的成果

成果	举例	如何衡量
认知成果	安全规则 电子学原理 评价面谈的步骤	笔试 工作抽样

续表 6 - 1

成果	举例	如何衡量
技能成果	使用拼图 倾听技能 指导技能	观察 工作抽样 评分
情感成果	对培训的满意度 其他文化信仰	访谈 关注某小组 态度观察
绩效成果	缺勤率 事故发生率 专利	观察 从学习系统或绩效记录中收集数据
投资回报率	资金(元)	确认并比较项目的成本与收益

6.2　培训效果评估模型

　　组织可以从多个角度来评估人力资源开发项目,首先必须确定从哪些角度来评估。评估什么,它取决于人力资源开发培训项目的种类、组织本身和评估的目标。获得的数据可以分为不同的层次和级别,不同的层次和级别需要运用不同的评估方式,需要根据不同的评估要求建立不同的评估模型。

6.2.1　柯克帕特里克模型①

　　目前国内外运用最为广泛的培训评估方法是美国学者柯克帕特里克在 1959 年提出的柯克帕特里模型。柯克帕特里克从评估的深度和难度将培训效果分为 4 个递进的层次——反应层面、学习层面、行为层面、效果层面(见表 6 - 2)。

表 6 - 2　克帕特里克培训效果分层

层面	名称	问题	衡量方法
第一层面	反应层面	受训者喜欢该项目吗? 对培训者和设施有什么意见? 课程有用吗? 他们有些什么建议?	问卷

---

①　谌新民. 员工培训成本收益分析[M]. 广州:广东经济出版社,2005.

层面	名称	问题	衡量方法
第二层面	学习层面	受训者在培训前后,知识以及技能的掌握方面有多大的提高?	笔试、绩效考试
第三层面	行为层面	培训后受训者的行为有无不同? 他们在工作中是否使用了在培训中学到的知识?	由监工、同事、客户和下属进行绩效考核
第四层面	结果层面	组织是否因为培训经营得更好了?	事故率、生产率、流动率、质量

1. 反应层面评估

反应层面评估是指受训人员对培训项目的印象如何,包括对培训科目、讲师、设施、方法、内容、自己收获的大小等方面的看法。反应层面评估的主要方法是问卷调查。问卷调查是在培训项目结束时,收集培训人员对于培训项目的效果和有用性的反应,受训人员的反应对于重新设计或继续培训项目至关重要。问卷调查易于实施,通常只需要几分钟的时间。如果设计适当的话,问卷调查也很容易制表、分析和总结。问卷调查的缺点是其数据是主观的。个人意见的偏差有可能夸大评定分数,而且,在培训课程结束前的最后一节课,受训人员对课程的判断很容易受到经验丰富的培训协调员或培训机构的领导者富有鼓动性的总结发言的影响,加之有些受训人员为了照顾情面,所有这一切都可能影响评估结果的有效性。所以这个层次的评估内容可以作为改进的建议或综合评估的参考,但不能作为评估的结果。

2. 学习层面评估

学习层面评估是目前最常见,也是最常用到的一种评估方式。它被用来测量受训人员对原理、技能、态度等培训内容的理解和掌握程度。学习层面评估可以采用笔试、实地操作和工作模拟等方法来考查。培训组织者可以通过书面考试、操作测试等方法来了解受训人员在受训前后,知识以及技能的掌握方面有多大程度的提高。笔试是了解知识掌握程度的最直接的方法。而对一些技术工作,例如工厂里面的车工、钳工等,则可以通过操作考核来掌握他们技术提高的程度。另外,强调对学习效果的评估,也有利于增强受训人员的学习动机。

3. 行为层面评估

行为层面的评估指受训人员培训后在实际工作岗位中行为的变化,用以判断所学知识、技能对实际工作的影响。这是考查培训效果的最重要的指标,往往发生在培训结束后的一段时间,由上级、同事、下属或客户观察受训人员的行为在培训前后是否有差别,他们是否在工作中运用了培训中学到的知识。这个层次的评估可以包括受训人员的主管、下属和同事对其培训前后行为变化的对比,以及受训人员本人的自评。这通常需要借助于一系列的评估表。这种评估方法要求人力资源部门建立与职能部门的良好关系,以便不断获得员工的行为信息。培训的目的就是要改变员工工作中的不正确操作或提高他们的工作效率,因此,如果培训后并没有使员工的行为发生太大的变化,则说明培训是无效的。

4. 效果层面评估

效果层面的评估上升到组织的高度,即判断培训是否对企业经营成果具有具体而直接的贡献。这可以通过一些指标来衡量,如:事故率、生产率、员工流动率、质量、员工士气以及企业对客户的服务等。通过对这样一些指标的分析,企业便能了解培训带来的收益。例如,人力资源开发人员可以通过分析事故率以及事故率的下降归因于培训的程度,确定培训对组织的贡献。

6.2.2　菲利普斯的五层次 ROI 框架

ROI 是"return on investment"的首字母缩写,指投资回报率。

培训结束后,绝大多数的公司只是报告在培训上花了多少费用、多少时间以及参加培训的人员数目,而没有提供培训给公司带来的价值、参与者所学到的知识以及培训带来的投资回报。近年来,ROI 过程成为评估的关键部分。

ROI 过程在柯克帕特里克的四层次模型上加了第五个层次。分别叫反应和已经存在的行动、学习、工作应用、组织结果和投入产出。

第一层次,测量受训者的满意度以及他们如何应用培训所学。这一层次的评估通常是在培训结束后采用问卷调查测量。几乎所有的组织都会评估这一层次。

第二层次,测量受训者在培训过程中所学。可以采用的评估方法有测试、技能练习、角色扮演、模拟、多人评估等。学习检查有助于确保受训者是否掌握了材料并且知道如何使用它们。

第三层次,使用许多跟踪方法测量受训者新技能的使用频率等来判断受训者是否将所学应用于实际工作中。

第四层次,测量受训者应用培训材料后对组织产生的积极影响,通常测量产量、质量、成本、时间和顾客满意度。

第五层次,计算 ROI,通常不是乘一个百分数或成本与收益的比率。

图 6-2 是 ROI 方法实施培训评估的全过程。从数据收集开始,以 ROI 计算结束。

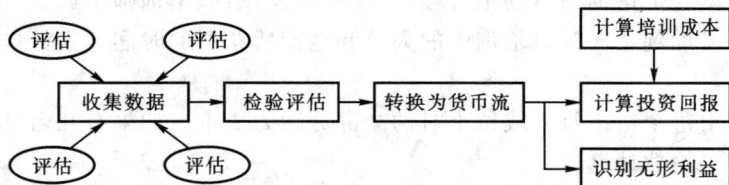

图 6 - 2　ROI 评估模型[①]

　　评估目的必须在评估计划之前考虑,因为评估目的常常决定了评估的范围、评估方法和所收集的数据类型。最常见的 7 种收集数据的方法是调查、问卷、访谈、测试、观察和绩效记录。选用何种方法收集数据取决于组织对这些工具的熟悉程度以及是否符合情境和评估要求。在某些情况下,数据收集的时间是在培训实施前后进行的。然而,有时培训前的数据无法收集到,只能在培训后进行跟踪评估。

　　这里的一个重要问题是跟踪评估的时间,通常跟踪评估的时间是 3~6 个月。

　　在实际操作中,ROI 评估过程是一个困难并且昂贵的过程。如果要进行第五层次的评估,那么前四个层次的评估都是必不可少的。

6.2.3　三级评估——如何计算某一培训项目的收益

　　目前很少有企业开展三级评估,关键是它们不知培训项目的成本和收益体现在哪里。下面以如何计算某一培训项目的成本和收益为例来进行说明。

1. 计算成本

　　完成任何一项培训都有两种耗费:一是劳动力成本,如组织投入的培训人员;二是直接成本,如差旅费、材料费、餐费、顾问费用、设备设施费用以及机会成本等。

　　劳动力成本是指培训师和学员花费在培训上的时间的价值,它通常占整个培训成本的大部分。劳动力成本又可分为直接劳动力成本和全部劳动力成本。直接劳动力成本可用一个员工一年的收入总额除以其工作的天数。假如一名培训师一年的收入是人民币 40000 元,工作了 240 天,那么他的直接成本是 40000÷240＝166.67(元/天)。全部劳动力成本除员工的收入外还包括一些额外的优惠,如:带薪年假和病假、养老金、房贴、营养费等。全部劳动力成本能够如实反映组织进行一项培训的劳动力成本。通常,可以用直接劳动力成本的 3 倍来估算全部劳动力成本。

　　这样,可以按照以下步骤计算一个培训项目的劳动力成本:

　　① 谌新民. 员工培训成本收益分析[M]. 广州:广东经济出版社,2005.

①识别出这个培训项目的全过程,如课程开发设计、培训师培训、授课和评估。

②列出参加到本次项目培训中的人员和他们所花费的时间。人员包括培训师和学员。

③计算出每个员工每天或每小时的全部劳动力成本。如果有几名员工的收入相当则可用平均数计算。

④将所有参加的人数,其每天或每小时的劳动力成本和花费的总天数相乘,即得本次培训的劳动力成本。

接下来就要按步骤计算本次培训的直接费用:

①列出所有过程中花费成本的类别,如:材料费、差旅费、餐费、场地租赁费等。

②计算出每一单位的成本,如:一本书、一次旅行、一天的餐费、一天的场地费等。

③将每一单位的成本乘以总使用量,即得出全部的直接成本。

全部劳动力成本和直接成本之和即为本次培训项目的总成本。

2. 计算收益

商业运作中有两种方式来增加收益:提高售价或销售量来增加销售收入;降低费用。培训项目一般不会影响售价的决定,但能够促使销售和生产的增长,大部分培训带来的收益包括因缩短工时、降低人工或物料费用、提高设备利用率、降低人员流失率等所得到的收益。

(1)缩短工时。培训收益最容易体现在缩短员工完成工作所需要的时间上,如耗费在无效会议上的时间。只要将节省的时间乘以每单位时间的全部劳动力成本即可得到因缩短工时所带来的培训收益。假设 10 名员工每人每天的全部劳动力成本是 375 元,如果培训能够避免 1 个小时的无效会议,那么该培训就可以为企业节省 468.75 元。再假设这是一个周会议,那么按一年 50 周计算,该培训每年可为企业节省 23437.5 元。

有人会认为这并不是真正的收益,因为这些人仍需要支付同样数量的薪水。但是培训所带来的收益体现在充分利用这些浪费的时间所增加的收入上,或组织可以用更少的人来完成工作。

(2)物料的高效使用。培训收益亦可以体现在物料的合理有效利用上。通过培训可以提高员工的计划能力和完善质量控制程序,从而能够更合理有效地使用物料,降低库存。它的计算是将每单位时间节省的物料数、每单位时间的物料成本和总时间相乘即得培训带来的物料上的收益。

(3)设备的高效使用。人员知识技能的提高能够提高机器设备的利用率并降低其故障率,培训在这方面带来的收益也是可观的。要计算这部分的培训收益,就要计算出机器设备每小时的价值。如果一台价值 300 万的设备,使用寿命是 10

年,那么每年分摊 30 万元。假设该设备每周运转 20 小时或一年运转 1000 小时,则每小时设备的价值是 $300000 \div 1000 = 300$(元/小时)。当然,操作人员的劳动力、维修费用、场地费、电费等也应记入机器设备每小时的价值中。

(4)人员流失的减少。招聘和新员工的培训成本是非常高的,它几乎相当于原来员工一年的收入。招聘费用通常会占所招岗位第一年收入的 1/3,新员工收入占第一年收入的 10%,员工完全熟悉环境所耗费的费用占其第一年收入的 50%。由此可见,培训通过降低人员流动率为企业带来了客观的收益。这部分的培训收益可以在企业范围内将员工流失率和这部分员工的工资等级相乘来计算。

(5)员工事故的减少。员工事故包括员工投诉、罢工、伤残等。计算出这些事故发生、处理的费用,就可以计算出因培训提高员工满意度的收益。

计算出这些事故费用的程序是:确认先后发生的事件;确认谁参与到这些事件中;计算这些参与人员每单位时间的费用是多少;确认每个人员花费的时间。最后,将这些数据相乘汇总即可得出该事故发生、处理的费用。

3. 明晰培训收益的策略

明晰培训收益应该从发现问题开始。在进行培训前应衡量问题的程度,计算出目前的问题耗费了组织多少资金。例如,某一职能部门要求进行一线管理人员的培训,那么你就应该搞清楚:为什么要进行这个培训?现在一线管理人员出现了什么问题?答案可能是士气低落、离职率高。这种情况下,进一步需弄清楚的问题是:有多少人离职以及他们的工资水平如何。这样在培训前,你就可以计算出离职带来的损失是多少,以便培训结束后说明因离职率降低而带来的收益。

在培训前就关注问题的损失可以帮助你把培训课程设计得更加符合实际情况。

培训结束后,对培训效果进行跟踪、评估,检查培训前的问题是否得到改善和在多大程度上得到了改善,并计算出培训收益。

6.2.4　四级评估——如何衡量企业培训对经营目标的贡献

企业的培训是一个系统工程,它的目标是持续不断地提高员工的素质能力以满足企业发展和经营目标的需要,为企业的生存发展、创新提供原动力。上面讨论了如何计算某一培训项目的收益。接下来我们主要谈一下如何站在企业的角度衡量企业培训对企业经营目标的贡献,也就是前面所说的四级评估。

1. 将员工的知识技能同企业绩效挂钩

作为竞争企业,都想提高企业产品的市场占有率,并进而处于行业领先地位。为此,企业的产品与服务必须具有"不可抗拒力",必须具有新功能或差异功能。基于这种观点,我们认为核心能力是企业维持竞争优势的基础,即企业的竞争优势来源于企业的核心竞争力。

　　毫无疑问,员工知识技能的积累和运用是企业实现其财务目标的重要资源。要解决的问题是如何将这种因果关系书面化、数字化。

　　①应该建立这两者之间的作用过程。员工只是技能的提高不会立即直接表现在财务目标的实现上;财务目标的实现也不仅仅是因为员工知识技能的提高。两者之间有一个作用的过程。员工个人知识技能的积累会体现在公司业务流程的改进上,业务流程的改进会提高客户的满意度,从而最终实现公司的财务目标。可见,员工的知识技能是通过这样一个路径来支持企业的财务目标的:个人成长和学习—业务流程改善—客户满意度提高—财务目标达成。

　　②在上述这个作用过程中,为了进一步说明培训在多大程度上帮助实现企业的财务目标,就要找出各个过程中相互关联的数字指标。这个设定衡量指标的过程同上述的作用过程相反,首先要设定企业的财务衡量指标,然后设定客户满意度和业务流程改善指标,最后得出员工学习指标。

　　这样,就从两者作用的反方向,推出了员工知识技能同企业财务目标之间的数字联系。

　　③收集相关数据,计算出各个指标的值,找出有待改善的指标,并分析其原因,看培训是否是其原因之一。

　　2. 四级评估的基础和操作

　　进行四级评估,需要企业各职能部门的参与和高层的支持,需要大量的人力和物力。而且,四级评估应建立在良好的一、二、三级评估的基础之上。

　　就目前而言,很少有企业开展三、四级评估。很多企业平时进行了一些一、二级的评估,但没有将这些评估的结果进行很好的归纳、分析,只是评估结束后看看而已,没有将其联系到今后课程的改进和学员工作绩效的跟踪上,因而无法开展深层次的评估。所以,对一些企业来说,目前的当务之急是进一步规范培训的全过程,做好一、二级评估工作。

6.3　培训效果评估的方法与过程

　　培训效果评估并没有一个放之四海而皆准的固定方法。企业如果能根据具体情况选择适合的方法,就能得到真实、客观的培训结果,使培训效果评估事半功倍。遵循良好的评估流程是保证培训效果评估顺利进行的关键。

6.3.1　培训效果评估的方法 ①

培训效果评估的方法可以分为定性分析和定量计算两大类。本节主要讨论五种方法。

1. 目标评价

通常情况下,企业系统化的培训都是由确定培训需求、编制培训预算及计划、监控以及效果评估等部分组成。它们之间并不是割裂的,而是相互联系、相互影响的。好的培训目标与培训效果密不可分。目标评价法要求企业在制订的培训计划中,将受训人员完成培训计划后应学到的知识、技能,应改进的工作态度及行为,应达到的工作绩效标准等目标列入其中。培训课程结束后,企业应将受训者的测试成绩和实际工作表现与既定培训目标相比较,得出培训效果,作为衡量培训效果的基本依据。

目标评价法操作成功的关键在于确定培训目标。企业通常有两种方法确定培训目标:一是任务分析法。企业的培训部门可以设计出任务分析表,详细列明有关工作任务和工作技能信息,包括主要子任务、各任务的频率和绩效标准、完成任务所必需的知识和技能等等。二是绩效分析法。这种方法必须与绩效考核相结合,确定标准绩效。

2. 绩效评价

绩效评价法是由绩效分析法衍生出来的。它主要用来评估受训者行为的改善和绩效的提高。绩效评价法要求企业建立系统而完整的绩效考核体系。在这个体系中,要有受训者培训前的绩效记录。在培训结束三个月或半年后,对受训者进行绩效考核时,只有对照以前的绩效记录,企业才能明确地看出培训效果。

绩效考核一般包括目标考核和过程考核。目标考核是绩效考核的核心。目标可以分为定量目标和定性目标。培训经理在选取目标时,应注意选取能体现岗位职责的指标。目标达到了,基本上就履行了岗位职责。

过程考核是绩效考核的另一个重要内容。过程是绩效的保证,没有好的过程就不可能有好的结果。过程考核能反映员工的工作现状,它通常包括考勤、服务态度、工作饱满程度等指标。将目标考核与过程考核结合起来,就能够反映一个岗位的绩效。

3. 关键人物评价

所谓的关键人物是指与受训者在工作上接触较为密切的人,可以是他的上级、同事,也可以是他的下级或者顾客等。有研究发现,在这些关键人物中,同级最熟悉受训者的工作状况,因此,可采用同级评价法,向受训者的同级了解其培训后的

---

① 徐庆文,裴春霞. 培训与开发[M]. 济南:山东人民出版社,2000.

改变。这样的调查通常很容易操作,可行性强,能够提供很多有用的信息。

同其他培训效果评估方法一样,同级评价法也有缺陷,尽管同级间相互很了解,但由于存在竞争,有时会导致评估结果失真。而让上级来评估培训效果同样避免不了局限性,因为有的上级不太了解全面情况,或者会主观臆断。因此,学者设计了一种360度的评价法——由上级、下级、顾客、同事,甚至培训管理者等从不同角度来评估受训者的变化。这种方法对了解工作态度或受训者培训后行为的改变比较有效。

4．测试比较

无论是国内还是国外的学者,都将员工从培训中学到的知识、原理和技能作为企业培训的效果。测试比较法是衡量员工知识掌握程度的有效方法。实践中,企业会经常采用测试法评估培训效果,但效果并不理想,原因在于没有加入任何参照物,而只是绩效简单的测试。而有效的测试法应该是具有对比性的测试比较评价法。

测试比较评价法有多种不同的方案。其中事前、事后测试法主要是对受训者在参加培训前后分别进行内容相同或相近的测试。这样可以体现出被测者受训前后的差别。但这也有缺陷,不能体现参加培训与未参加培训的员工间的差别。为克服这一缺点,企业可以将参加培训的员工组成培训组,另外再挑选一个参照组,与培训组素质相近,但未参加培训。分别对这两组员工进行测试。

有研究显示,分组测试的方案有时也不能测出真实的培训效果。因为会出现"霍桑效应"——受训者可能因为有机会参加培训而积极性高涨,工作绩效得到提升,但这与培训本身的关系并不大。为克服这一误差,学者所罗门设计了"所罗门四小组"方法,通过增加对照组的数量,尽量减少测试误差。

针对培训具有滞后效果的特性,测量比较法还提供了时间序列方案,即在培训后期做几次测量,以准确分析培训效果的转移程度。

5．收益评价

企业的经济学特征迫使企业必须关注培训的成本和收益。培训收益评价法就是从经济学角度综合评价培训项目的好坏,计算出培训为企业带来的经济收益。

有的培训项目能直接计算其经济收益,尤其是操作性和技能性强的培训项目。但是并不是所有的培训项目都可以直接计算出收益。

本书所讨论的5种综合性的培训评估方法一般可以多种联合使用。企业在操作中,可以采用一些常用的方法,如问卷调查、座谈会、面谈、观察等,取得相关数据。取得数据后,再将两组或多组不同的数据进行分析比较。

培训效果的评估是很复杂的管理活动,因此,培训评估并没有一个放之四海而皆准的固定模式。企业需要视不同情况选择适合的方法,才能得到真实、客观的评估结果。

6.3.2　培训效果评估程序

培训评估的整个过程主要有评估决定的作出、评估规划、评估操作、数据的分析与整理以及评估报告的编写五部分。

1. 评估决定的作出

在进行评估之前，培训项目的组织者或者实施者要对评估的可行性、评估目的以及评估的参与者进行调查或确定。

（1）评估的可行性分析。评估的可行性分析也就是评估开始之前，确定评估是否有价值、评估是否有必要而进行的研究过程，这一过程可以有效地防止不必要的浪费。

可行性分析主要包括两个方面：一是决定该项目是否交由评估者评估；二是了解项目实施的基本情况，为以后的评估设计奠定基础（见表 6 - 3）。

表 6 - 3　培训评估的可行性分析

必须评估	不宜评估
1.培训项目所需经费超过一定警戒线 2.培训项目需三个月或更多时间 3.培训项目确定的受训者面广，为数众多 4.培训效果对整个企业而言十分重要，如顾客满意度、产品质量 5.一个部门的培训项目对其他部门产生很大影响 6.当企业面临一系列重大改革措施，需要培训评估结论作依据	1.培训项目目标不明，缺乏共识，评估无标准 2.培训评估的结果得不到利用，如评估者动机不纯，或评估后无人根据评估结果进行改进，致使评与不评一个样，甚至适得其反 3.培训所需资源不足 4.时间有限，评估不能保证质量，如评估时间仓促，致使信息数据收集不全，或培训效果需要更长时间才能显现出来

（2）明确评估的目的。一个良好的企业培训评估对企业成功培训会产生很大的作用。我们进行培训评估之前一定要搞清楚评估的目的。评估的基本目的是满足管理者的需要，而管理者可能会因下列三个目的中的一个而需要有关的信息和评价：了解有关方案的情况，包括培训目的是否有利于增进组织员工的绩效、培训项目是否能进一步改进；管理者满意地知道方案已确实提供，如果没有提供，则要让他们明白已经用什么来代替了这个方案；就继续还是中止，推广还是限制该方案一事做出决策。要结合管理者的意图，明确相关的培训目的，这样才能使评估报告有意义。

2. 评估规划

(1)选定评估者。评估者主要分为内部评估者与外部评估者。内部评估者来自组织内部,可属于组织专门从事评估的部门,也可能临时从其他部门抽调出来从事该项目的评估工作。外部评估者是来自组织之外的评估工作者,如来自大学、研究机构或专门的评估咨询公司。

选择评估者要从被评估项目的特点、内容、目的和评估者本身所具有的优势和弱点等几方面来考虑。内部评估者的优势在于对培训项目的具体内容、运作过程、注意事项、有关项目执行者的情况及项目提出的原因和意义等方面比较了解。另外,内部评估者可借助内部关系,容易取得培训项目有关人员的信任、合作与支持,这都有利于评估者获得全面信息以及敏感信息,把握问题的关键。外部评估者多来自研究机构或专门的评估咨询公司,对评估过程中遇到的技术难题有较强的处理能力,而且外部评估者比较熟悉各种评估技术与方法,评估操作比较熟练。此外,外部评估者对培训中存在的问题反映比较客观,不受内部关系影响。

(2)选定评估对象。显而易见,培训的最终目的就是为企业创造价值。由于培训的需求呈增长的趋势,因而实施培训的直接费用和间接费用也在持续攀升,因此不一定在所有的培训结束后都要进行评估。主要应针对下列情况进行评估:

①新开发的课程应着重于培训需求、课程设计、应用效果等方面。

②新教员的课程应着重于教学方法、质量等综合能力方面。

③新的培训方式应着重于课程组织、教材、课程设计、应用效果等方面。

④外请培训企业进行的培训应着重于课程设计、成本核算、应用效果等方面。

选定评估对象,我们才可以有效地针对这些具体的评估对象开发有效的问卷、考试题、访谈提纲等等。

(3)完善评估数据库。进行培训评估之前,培训主管必须将培训前后发生的数据收集齐备,因为培训数据是培训评估的对象,尤其是在三级、四级的评估过程中必须要参考这些数据。培训的数据按照能否用数字衡量的标准可分为两类:硬数据和软数据。硬数据是对改进情况的主要衡量标准以比例的形式表示,是一些易于收集的无可争辩的事实。这是最需要收集的理想数据。硬数据可以分为四大类:产出、质量、成本和时间,几乎在所有组织机构中这四类都是具有代表性的业绩衡量标准。有时候很难找到硬数据,这时,软数据就很有意义。常用的软数据可以分为六类:工作习惯、氛围、新技能、发展、满意度和主动性。

(4)评估形式的选择。评估规划阶段实际上是评估者利用自己的知识和经验,并结合实际的评估情景进行选择的过程。在选定评估对象和完善数据库之后,评估者需选择恰当的评估形式,只有在确定评估形式的基础上,才能设计出合理的评估方案并选择正确的测度工具,同时对评估的时机和进度做出准确的判断。评估形式的选择以评估的实际需要以及这种形式的评估所具有的特点为依据。评估的形式主要有非正式评估和正式评估、建设性评估和总结性评估等。

（5）确定培训评估层次。从评估的深度和难度看，柯克帕特里克模型包括反应层、学习层、行为层和结果层四个层次。培训主管要确定最终的培训评估层次，因为这将决定培训评估开展的有益性和有效性。一般来讲，所有课程可以进行一级评估。

要使学员掌握一些课程中所讲的某些特殊知识或运用某一具体技能，可以进行二级评估。

三级评估适用于那些意在改变工作表现，而且客户对实际效果期望很高的课程。

（6）选择评估方案及测试工具。对于评估的实际操作人员而言，最重要的莫过于选择一套合适的评估方案和测试工具。评估方案主要回答在哪儿收集数据、获得信息的问题，它构成了整个评估过程的骨架。测试工具则主要回答怎样收集数据、如何获取信息的问题，它是评估过程的血肉。评估方案选择的恰当与否，决定了数据反应培训效果的程度。评估方案和测试工具与培训项目、培训对象的匹配程度则直接决定了评估能否取得成功。

建设性评估和总结性评估由于各自的作用和特点不同，评估时间和评估地点也不同。建设性评估可以在培训的各个阶段中进行，这类评估的信息反馈到培训部门之后，就可以为培训部门调整课程的难度和内容提供必要的依据。

实施了建设性评估，并不意味着总结性评估不再重要。恰恰相反，因为每一个培训项目的参与者都希望知晓培训的成效，所以，几乎在每一项培训计划结束之后，都要进行总结性评估。

3. 数据的收集、整理和分析

在评估规划完成后，开始着手培训操作阶段的相关工作。为了收集到关于受训者的数据和资料，首先要确定相关的评估变量，然后，通过这些变量对培训对象做出准确的测度。

收集数据可以采用很多方法，一般依据先前培训规划阶段确定的测试工具进行。较为常见的做法有向受训者发放咨询表或问卷、与受训者进行座谈以及评估者亲自观察等方法。

收集到数据以后，就要开始对数据进行整理和分析。数据整理过程主要是依据类别，将同一类的数据放在一起，为以后的统计、分析做准备。数据分析方法的选择取决于数据本身的特性。数据分析的方法很多，如：直方图法、圆饼图法、统计检验法等，主要分为定性方法和定量方法两大类。

4. 撰写培训评估报告

培训主管在分析以上调查和数据之后，再结合学员的结业考核成绩，对此次培训项目给出公正合理的评估报告。编写培训评估报告是整个培训工作的尾声,同时也是影响培训评估结果的重要环节。因此,在撰写评估报告时不可凭一两个人的观点,那样会大大影响评估结果的价值,也失去了培训评估的重要意义。

培训评估报告的撰写要点:①要用辩证的眼光来分析问题;②要在下结论之前确定真凭实据;③要考虑评估者本人存在的偏见;④要考虑到培训评估的短期效果和长期影响。

培训评估报告的构成:①培训背景说明;②培训概况说明;③培训评估的实施说明;④培训评估信息的陈述和表示;⑤培训评估信息的分析;⑥培训评估结果与培训目标的比较;⑦培训项目计划调整或是否实施的建议提出。

如果是外训项目,培训主管还可以要求此次培训的培训机构基于本培训项目的评估提交报告书,对培训项目做出有针对性的调整。在认真地对评估数据、评估问卷进行考查之后,培训项目得到了学员的认可,收效很好,则这一项目继续进行;如果培训项目没有什么效果或是存在问题,培训机构就要对该项目进行调整或考虑取消该项目;如果评估表明培训项目的某些部分不够有效,培训机构就可以有针对性地考虑对这些部分进行重新设计或调整。

相关链接 6-1

内部培训评估表格范例

受训者姓名:			受训者部门:		
培训时间:			培训地点:		
使用设备:			培训形式:		
培训内容:			培训老师:		
内容	不理想1	2	3	4	5 好
课程的实用性					
课程的知识性					
课程的时效性					
课程的启发性					

授课老师对课程安排与课程目的联系的紧密程度				
授课老师的教学方法和技巧				
授课老师在本门课程的能力				
培训地点安排				
视听设备效果				
总评（培训效果）				

备注:该培训评估在培训结束二周内完成,将作为对员工接受培训的考核,人力资源部将根据培训评估进一步跟踪培训效果。请认真填写。谢谢合作。

6.3.3 培训效果评估的总结和应用

帕米拉・帕库克(Pamela Pocock)曾说:"个人目标应该作为组织整个目标的一部分来处理。应该鼓励经理辅导、忠告并培训下属以提高他们的绩效。评估被看作是常年不断的对话。"这段话可以看作是对培训效果评估的经典总结。

1. 培训评估的时机

在培训过程中需要把握好时机,一般经验总结如下:

(1)培训评估的"五要"。

①培训项目经费超过一定的警戒线时要进行评估;

②培训项目需要三个月或更长的时间时,应被评估;

③培训项目的效果对组织很关键时,应被评估;

④一个单元的培训会对组织其他业务单元产生很大影响时,应被评估;

⑤当组织面临一系列重大改革举措,需要评估结论作为依据时,应进行评估。

(2)培训评估的"五不要"。

①培训项目目标不明确或目标尚缺乏共识时,不应评估;

②培训项目评估结果不能得到利用,不应评估;

③时间有限,不能保证质量,不应评估;

④资源不足,不能保证质量,不应评估;

⑤培训项目本身缺乏外在价值时,不应评估。

2. 培训效果评价的作用和局限

(1)培训效果评价的作用。

①能为决策提供有关培训项目的系统信息,从而做出正确的判断。决策需要高质量和高可信度的信息,而评估是提供这些信息的最好手段。通过从评估获得的信息,有助于决定时间跨度较长、投入资金较多的培训项目是停止还是继续。

②可以促进培训管理水平的提升。培训评估可以帮助培训者全程审视培训的各个环节,如培训需求的确定、培训目标的选择、培训计划的拟订、培训资源和时间的控制、培训形式的采纳、培训讲师的确定、培训环境的营造等。经此过程,有关各方可从中吸取经验教训,从而使培训需求更加准确,培训动员更加有效,培训计划更加符合实际需要,培训资源分配更加合理,培训内容与形式更加相得益彰,培训讲师更加符合需要,而且有利于及时对培训进行调整和纠偏。这样,组织培训工作就可不断跃上新台阶。

③可使培训管理资源得到更广泛的推广和共享。通过培训评估,可促进有关各方关注与培训活动有关的资料,同时使培训对象更清楚自己的培训需求与目前水平的差距,从而增强其未来参加培训的愿望,进而间接促进培训的深入开展。

(2)培训评估的局限。

①评估委托方往往要求评估者做出全面的总结,甚至提出改进方案,一旦产生与自己有关的利害关系,将使培训带有太多的感情色彩。

②评估往往是由内部人员进行的,这些人可能不愿意报告方案的消极因素,有些组织甚至要求培训方案设计者自己进行评估,就更加重了这种倾向。

③虽有评估制度,却对其结果难以使用,评估虎头蛇尾,不了了之。

总之,对培训进行评估并不是想象中那么容易。一般而言,培训者不喜欢别人对其工作进行审查,他们对使用在自己身上的方法不是很高兴。这会导致培训评估工作在许多组织中只能处于从属的、非战略性的地位。

3. 培训效果评估在企业中的应用

大多数公司的高层领导对培训的必要性已有比较深刻的认识,用在培训上的经费也越来越多。但是,因为培训本身并不直接产生经济效益,到底该花多少费用在培训上,有什么效果就成为让领导头疼的问题。

企业中培训效果的评估一般包括四个层面:第一,反应层,即课程刚结束时,了解学员对培训项目的主观感觉;第二,学习层,即学员在知识、技能或态度等方面学到了什么;第三,行为层,即学员的工作行为方式有多大程度的改变;第四,结果层,即通过可以衡量的指标来考查,看最终产生了什么结果。

(1)反应层。需要评估以下几个方面:内容、讲师、方法、材料、设施、场地、报名的程序等。对这个层次的评价,首先要有总体的评价,比如询问学员:你感觉这个课怎么样？你会向其他人推荐这个课吗？但是这样容易产生一些问题，比如以偏概全，主观性强，不够理智等。因此还必须有涉及以上内容的更细致的评估方法。适合的方式有问卷、面谈、座谈、电话调查等。

（2）学习层。主要的评估方法有：考试、演示、讲稿、讨论、角色扮演等多种方式。这个层面评估的优点在于：对培训学员有压力，使他们更认真地学习；对培训讲师也是一种压力，使他们更负责、更精心地准备课程和讲课；学习是行为改善的第一步。但问题在于，压力是好事也可能是坏事，有可能使报名不太踊跃。

（3）行为层。主要有观察、主管的评价、客户的评价、同事的评价等方式。这个层面的评估可以直接反映课程的效果；可以使高层领导和直接主管看到培训的效果，使他们更支持培训。但是，这个层面的评估要花很多时间、精力，人力资源部门可能忙不过来；问卷的设计非常重要却比较难做，因为要占用相关人员较多的时间，大家可能不太配合等等。

（4）结果层。把企业或学员的上司最关注的并且可度量的指标，如质量、数量、安全、销售额、成本、利润、投资回报率等，与培训前进行对照。这种评估方式的优点显而易见，因为企业即企业高层主管在培训上投资的根本目的就是为了提高这些指标。如果能在这个层面上拿出令人信服的调查数据，不但可以打消高层主管投资于培训的疑虑心里，而且可以指导培训课程计划，把有限的培训费用用到最可以为企业创造经济效益的课程上。这个层面评估的缺点是：需要较长的时间；对于这个层面的评估人员才开始尝试，缺乏必要的技术和经验；必须取得管理层的合作，否则你就无法拿到相关的数据等等。要解决这些问题，办法是选择其他相关因素很稳定的课程，如质量管理、安全管理等；另一个好办法是用一个参照组来对照评价。

6.3.4　培训效果评估中的问题

培训效果评价并不是一件容易的事情。美国有的咨询公司对员工进行的调查表明，大约 80％以上的员工都对本公司的培训效果评价不满意。

1. 指标体系难于建立

为了有效地进行绩效考核，必须有一套明确的指标体系来体现考核的目的，并通过考核使员工明确绩效改进的方向。我们在前面已经明确介绍了培训效果评价的方法和程序，然而在实践中，很多企业和非营利组织的绩效考核往往没有明确指标体系，随意性大；或者虽然有指标体系，但却没有适当的评分标准；等等。这些问题都严重地限制了绩效考核的有效性。

2. 信息不对称带来的误差

在一个企业中，一般都存在几百种职位、数千名员工，企业领导或者人力资源部门不可能详细了解每一个员工的工作内容和绩效标准。就每一个部门而言,部门经理也不能全面了解每一个员工在日常工作中的具体表现。这样,就造成了绩效考核中信息不对称带来的误差。

一方面,考核者并不一定深入了解每个员工工作的特点、绩效的体现、努力的难点等方面内容,这样,在考核过程中,考核者就可能对被考核者给出不适合的分数。

另一方面,员工可能并没有全面了解企业对自己的期望和要求,因此在工作中搞错了努力方向,或者不知道自己该如何提高绩效。

企业管理者的基础性工作——工作分析——可以帮助解决信息不对称问题,但更重要的是,在考核的全过程中一定要有管理层和员工的密切配合,在合作中解决这些信息不对称的问题。

3. 组织文化带来的误差

组织文化是影响管理者和员工行为的大环境,因此对绩效考核也有很大的影响。在一个一团和气、怕得罪人的企业中,大家考核时必然打分过宽,相互讨好。反之,在一个拉帮结派、排除异己的企业中,绩效考核又成为权力和利益斗争的战场。为使绩效考核真正发挥它应有的作用,必须纠正企业文化上的问题,在一个"比、学、赶、帮、超"的良好气氛中考核每个人的绩效。

4. 偏松或偏紧倾向

有些主管人员倾向于从来都对下属员工的工作绩效做出较高的评价,而另外一些人却倾向于总是给员工较低的评价,就像有些老师向来就愿意给学生高分,而有些老师向来就只给学生较低的分数一样。

5. 偏见效应

被评价者之间的个人差异有时也会影响他们所得到的评价,甚至会导致他们所得到的评价大大偏离他们的实际工作绩效。

员工过去的绩效状况也有可能会影响他们当前所得到的绩效考核结果。这种历史事实所造成的误差可能会以几种不同的形式表现出来。比如,有时候评价者可能会高估一位低绩效者的绩效改善状况;相反,也有可能会将一位高绩效员工的绩效下滑程度看得过于严重。在某些情况下,尤其是当下属员工的行为变化十分缓慢的时候,评价者对被评价者的行为变化又有可能过于不敏感。在这几种情况下,工作绩效考核的主观性都太强。因此,在实际工作绩效考核过程中,必须努力避免因员工过去的绩效、年龄、性别或种族等情况的影响,而造成对他们的工作绩效做出不正确的评定。

6. 居中效应

在确定评价等级时,许多监督人员都很容易造成一种居中趋势。比如,评价等级是从第 1 等级到第 7 等级,那么他们可能既避开较高的等级,也避开较低的等级,而把他们大多数员工都评定在 3、4、5 这三个等级上。这种过于集中的评价结果会使工作绩效考核变得扭曲,它对于企业做出晋升、工资方面的决定或进行关于咨询等工作所能起到的积极作用就很小。

7. 近因效应

实际上每位员工都准确地知道何时对自己的绩效进行考核。尽管员工的某些行动可能并不是有意识的,但常常是在评价之前的几天或几周内,员工的行为会有所改善,劳动效率也趋于上升。对于评价者来说,最近行为的记忆要比遥远的过去行为更为清晰,这是很自然的事情。然而,绩效考核通常贯穿一个特定的时期,因此评价个人的业绩应当考虑其整个时期的业绩。

相关链接 6-2

员工培训效果评估用表

1. 你从该课程中了解的内容包括: 2. 可用于目前工作的理论和技术: 3. 针对本课程,你觉得自己的长处和需要发展的地方在哪? 如何改善需要发展的地方? (请注明完成日期) 4. 你认为此次培训计划是否有价值? 5. 你认为此次培训计划是否达到了你的预期目标? 有何不足之处? (包括课程设置安排、授课老师以及培训部的准备工作) 6. 目前你最希望参加的培训是哪方面的? 请详细写明并阐述理由。	
主管评价:	
该员工对此次培训计划的反应	
该员工是否学到了预期应学到的原理技能和事实	
该员工的工作是否有所提高,请从工作态度、工作能力、工作效率等方面详细阐述	
其他	
员工签名	主管签名

6.4　如何保证培训效果评估的有效实施[①]

6.4.1　设立有效的考评项目

设立有效的考评项目包括多方面的内容,必须一一落实。

1. 考评的项目要具体

很多人都知道应该对员工的品德、业绩、能力、态度等方面进行考评。但是,这些内容并不能直接拿来作为考评的项目。例如,有一所学校为了加强对教师的管理,在学期结束时,给每个学生发了一份调查表。这份调查表主要包括"出勤情况"、"授课情况"、"作业布置情况"以及"总体印象"这几个项目,要求每个学生用优、良、中、差四个等级,对授课老师做出相应的评价。调查结果出来后,校长大失所望。学生对老师的评价简直是五花八门,就算是对同一位老师,他们也"照顾"地面面俱到——优、良、中、差全都有了。这样的结果无法对教师进行考评。没有办法,调查也就不了了之。像这种事情还有很多。究其原因,主要是考评项目过于笼统。这样一来,每个人都按照自己对项目的理解来进行考评,结果当然相差甚远。所以,在确定考评项目的时候,一定要做到具体。

2. 考评项目要与企业目标一致

我们先来看一个例子。在美国的一个小镇里,每天都有交警骑着巡逻摩托穿梭于大街小巷,但是,这里的交通状况却非常糟糕,这些警察对很多交通事故都置之不理。一个细心的人很快就发现原因了。原来,小镇的警察局对交通警察的考评,是看每天巡逻的里程数。这样一来,警察自然就不那么热衷于处理各种交通事故了。

3. 考评的项目要全面

在确定考评项目时要考虑周到一些,比如考察员工出勤情况,对迟到、早退、请假、旷工……要进行考评,才能做到考查结果公正客观。这里说的仅仅是员工的出勤情况,在对其他方面进行考评时,同样存在这一问题,因此考评的项目一定要全面。

4. 制定切合实际的考评项目

所谓"制定切合实际的考评项目"是指,这些考评项目对于员工所从事工作而言,是必需的。举个例子来说,要考查主管的能力,就要对他的组织能力、领导能力、协调能力等项目进行考评,因为这些都是作为一个主管必须具备的。但是,在对门卫进行考评时,这些项目就不符合实际。因为要干好门卫这项工作,是否具备

---

① 李剑锋. 人力资源管理[M]. 北京:经济管理出版社,2003:276.

这些方面的能力是无足轻重的,主要应该考察他分辨是非的能力以及处理紧急情况的能力,这些才是"制定切合实际的考评项目"。

6.4.2　做好技术准备

绩效考评是一项技术性很强的工作。其技术准备包括确定考评标准、选择或设计考评办法、培训考评人员等内容。

1. 确定考评标准

根据各个被考评岗位的工作内容确定具体的考评标准。通常情况下,有绝对标准和相对标准两大类。

(1)绝对标准。这种标准一般以员工业绩的客观现实为依据,能较好地克服考评者的主观误差,考评结果客观性较强。如销售人员的销售业绩达到 30 万元,操作人员的产品合格率达到 99%。

(2)相对标准。这种标准是采取相互比较的办法对员工的工作绩效进行考评,如评定先进,规定按一定的比例评选。此时,每一位被考评的员工既是被考评的对象又是比较的标准,未被评选为先进的员工的绩效可能比绩效普遍比较差的部门中被评为先进的员工的绩效还要好。

评价标准应采用绝对标准,以保证考评结果的客观性。

2. 设计考评方案

设计考评方案与选择考评方法有着密切的关系,事实上,考评方法一经决定,考评方案也就明确了。

3. 培训考评人员

为了保证考评质量,应对考评人员进行培训,使他们掌握考评原则,熟悉考评标准,掌握考评方法,克服常见偏差。

6.4.3　收集资料信息

绩效考评结果常常决定一个人在组织中的地位和前途。所以,作为考评基础的信息必须真实、可靠、有效。搜集信息的主要方法有:

(1)生产记录法。生产、运输、销售、服务的数量、质量、成本等均应填写原始台账。

(2)定期抽查法。由专职人员定期抽查生产、加工、服务的数量、质量,做好详细记录。

(3)考勤记录法。加班、出勤、缺勤的情况及原因,均一一记录在案。

(4)项目评定法。采用问卷调查形式,指定专人对员工逐项评定。

(5)减分抽查法。根据职务职责、岗位规范制定出违反规定后的扣分办法,日后定期进行登记。

（6）限度事例法。抽查关键事件，把特别好、特别不好的事例记录下来。

（7）指导记录法。将主管的意见及部下的反应记录下来，既考察部下，又考查主管。

6.4.4　实施评估

1. 考评的实施

根据企业情况，各部门的绩效考评工作既可以并行实施，也可以按顺序实施。在第一次实施时，建议按顺序实施，以便人力资源部门进行监督、指导。实施的时间以不影响各部门的正常工作为宜，且实施时间不能过长，以免影响实施的效果。

绩效考评可以先从员工自评开始，然后进行员工互评，最后由上级进行考评并撰写考评评语。上述工作完成后，人力资源部门应该对考评资料进行审核，确定无误后，进入考评沟通阶段。

2. 考评沟通

考评沟通是绩效考评的一个非常重要的环节。在实际工作中，很多企业忽视了考评沟通，从而影响了绩效考评的最终效果。它的主要任务是让被考评人认可考评结果，客观地认识自己并且改进工作，这也正是进行绩效考评的根本目的。

"考评沟通"一般由考评人和被考评人单独进行，沟通的程序建议采用"三明治"法，即开始对被考评人的工作先进行肯定，然后提出一些不足及改进意见，最后再对被考评人进行一番鼓励。

3. 考评结果的统计和分析

绩效考评完毕后，人力资源部门应该及时地对考评结果进行归档、整理，并进行统计和分析。需要进行统计和分析的主要内容有：

①各项结果占总人数的比例是多少，其中，优秀人数比例和不合格人数的比例各为多少。

②不合格人员不合格的主要原因是什么，是工作态度问题，还是工作能力问题。

③是否出现员工自评和企业考评差距过大的现象，如果出现，主要原因是什么。

④是否有明显的考评误差出现，如果出现，是哪种误差，如何才能预防。

⑤能胜任工作岗位的员工比率是多少。

企业人力资源部门可以根据不同的需要，进行不同的统计和分析。它有助于人力资源部门更科学地制定和实施各项人力资源管理政策，比如招聘政策、选拔政策、培训政策等。

6.4.5　考评误差调整

1. 调整误差

一般来说,进行绩效考评时由于考评方法和考评人员心理因素等原因,总会产生这样或那样的误差,因此应对考评结果进行误差调整。

导致误差的原因不一样,调整误差的方法也就不一样。如果考评者考评过宽或过严而导致误差,应用"两两比较法"调整,将由不同考评者考评的个人进行比较,调整宽严幅度,而不对全员进行比较。在两个考评集团内,只取最上面的、中间的、最下面的水平对比分析,做出调整。但是,无论怎样调整,考评结果总有误差,所以对绩效考评应树立这样的观念:绩效考评不是为了考评而考评,而是为了找出员工的不足,为改进工作明确方向,帮助员工的发展,提高组织所拥有的人力资源的质量。

2. 分析考评结果和结果反馈运用

对调整后所得的考评结果进行绩效分析,对考评内容做出结论。

绩效考评结果的运用在绩效考评中占有重要地位,它是绩效考评系统中不可缺少的部分,没有反馈应用的绩效考评工作不是完整的考评工作。考评结果的运用主要包括:向员工反馈考评结果,帮助员工改进绩效,如果结合目标管理效果更佳;为人事决策提供依据;检查组织各项政策的合理性,如人员配置是否做到了人尽其才。

本章思考题

1. 培训效果评估为什么重要?

2. 培训效果评估的内容有哪些?

3. 柯克帕特里克模型的内容有哪些?

4. 如何对培训效果评估的结果进行总结和应用?

5. 如何规划和实施一个理想的培训评估过程?

6. 为保证培训效果评估的有效实施需要做哪些工作?

案例分析 6-1

摩托罗拉的培训效果评估工作①

　　摩托罗拉的培训系统就像一座建在工厂里的大学,它奉行"对人永远尊重"的价值观,严格执行系统的培训计划,为企业源源不断地输送着各种人才。

　　在员工培训方面,摩托罗拉的培训计划因其与公司的经营战略紧密联系而被认为是同行中的典范。摩托罗拉一贯认为,人是企业中最宝贵的资源,只有向这些有限的资源提供各种培训机会并给予发挥的空间,才能释放其最大的能量,从而培养成一支同行业的优秀人才队伍,以不断满足公司在全球范围内日益增长的业务需求。为此公司每年为员工培训投入了大量的人力、物力和财力,将其雇员工资总额的5%~10%用于雇员培训工作,并规定每年每位员工至少要接受40小时与工作有关的学习。摩托罗拉还积极推广电子学习,公司要求每个员工每年要通过电子学习自学8个小时。

　　多年来,摩托罗拉的培训系统就像一座建在工厂里的大学,为摩托罗拉各事业部、客户及合作伙伴源源不断地输送各种人才。

　　摩托罗拉大学课程运作部负责授课教师的认证与管理、教学材料的打印、教室及其教学设备的安排与管理,以及进行核心项目的管理等。在全球范围内,摩托罗拉的雇员可以从600门课程中进行选择,这些课程在全球14个地点开设。对于摩托罗拉大学所开设的课程,课程运作管理部将负责认证讲课教师。只有经过认证合格后的教师才有资格掌管该课程的教鞭。

　　培训信息管理中心则负责培训信息的发布、登记、课程的安排,学员培训记录及培训评估结果的分析与管理等,配合全球系统,集中信息资源。

　　在摩托罗拉的培训课程中,有一些独具特色的内容,比如摩托罗拉的虚拟现实培训。摩托罗拉的产品系列涉及寻呼机、手机、手持双向对讲机、半导体和提供技术支持的基站设备。为了以尽量低的成本教会

---

①　孔杰,王洪伟. 2003 年度中国企业最佳案例——人力资源[M]. 上海:商务印书馆,2003:170.

员工各种产品的生产技能，摩托罗拉提出用虚拟现实培训来教工人怎样在世界各地的工厂操作装配线。虚拟现实技术是一项以计算机为基础的技术，它带给学生一种三维空间的学习体验，通过使用专门设备或是在计算机屏幕上观看虚拟模型，学生们进入虚拟世界并与其组成部分相互作用。

当学员们的虚拟现实培训结束之后，他们就可以在极短的时间内投入实际工作，大大节省了适应工作的时间和成本。

培训效果评估工作

培训结束之后，学员的感受是怎样的？培训是否达到了所设定的目标？其效果如何？通过培训，学员是否掌握了所学的知识？其所学的知识是否已经转化成了能力？培训的投资回报率如何？所有这些问题都是大家非常关心的问题。

摩托罗拉依据上述问题将整个培训的评估分为四个水平，即：

水平 1：考查学员对所学课程的反应如何。其目的在于考查学员对课程的满意度。例如，在摩托罗拉，每个员工参加培训后都要填写一份课程评估表，其中的问题包括学员的教师、教材、时间安排等，并对其进行评估，给予建议。这些都将成为课程设计部改进课程的重要依据。

水平 2：考查学员对课程内容的掌握情况。为了不给学员带来不必要的负担，摩托罗拉大学采取灵活、有趣的方式对学员学习情况做出评估，如通过游戏活动等。

水平 3：学员是否将所学的知识转化为了相应的能力。由知识转化为能力需要时间，因此对能力的评估需要一个较为先进的评估方法。例如，为了配合摩托罗拉在华四大业务方针之一的加速人员本土化进程，设计发展了“中国强化管理培训”体系。学员在接受培训前，要接受多项培训以确定其培训前的能力水平。接受培训后 3～6 个月，进行再次能力评估。通过两次评估结果的对比分析，就可确定培训对学员能力发展所带来的影响和作用。

水平 4：投资回报率，即考查培训投资为各事业部及员工个人所带来的效益。例如，摩托罗拉公司于 1992 年推出“六西格码黑带”项目计划，其目的是培训一批具有丰富经验的专业技术人才，在其领域内推广、应用解决问题的技能和改进质量系统，从而取得产品在设计、制造服务等方面的不断进步。经过几年的发展和完善，黑带计划已显示出巨大的功效。对黑带项目第四水平评估的结果表明，黑带专业人才通过带领团队解决公司内部的质量，生产率甚为可观，为摩托罗拉带来了丰硕的成果和回报率。

对比：麦当劳 4 个层次的评估

第一个"反应"，就是在上课结束后，大家对于课程的反应是什么。例如评估表就是收集反应的一种评估方案，可以借由大家的反应调整以符合学员的需求。

第二就是讲师的评估。每一位老师的引导技巧，都会影响学员的学习，所以在每一次课程结束后，都会针对老师的讲解技巧来做评估。在知识方面，汉堡大学也有考试，上课前会有入学考试，课程进行中也会有考试，主要测试大家透过这些方式究竟保留了多少知识，以了解训练的内容是否符合组织的需要。除此之外，汉堡大学非常重视学生的参与，会把学生的参与度量化为一个评估方法，因为当学员提出他的学习情况，或者是和大家互动分享时，麦当劳可以知道他掌握知识的程度，并且在每天的课程中去做调整，以符合学生的学习需求。

第三是"行为"。在课程中学到的东西，能不能在回到工作以后改变你的行为，达到更好的绩效。在麦当劳有一个双向的调查，上课之前会先针对学生的职能做一些评估，再请他的老板或直属主管做一个评估，然后经过训练三个月后，再做一次评估；因为学生必须回去应用他所学的，所以可以把职能行为前后的改变做一个比较，来衡量训练的成果。这个部分在企业对人员的训练方面非常重要，这也是现在一般企业较少做到的。因为它所花的成本较大，而且分析起来也比较困难，所以很多企业都放弃了。而汉堡大学很努力地推动这个部分。

第四，在"绩效"方面，课后行动计划的执行和绩效有一定的关系，每一次上完课，学生都必须设定出他的行动计划，回去之后必须执行，执行之后会由他的主管来为他做鉴定，以确保训练与绩效结合。

通过上述评估体系，一方面验证了培训的结果是否达到了各事业部及员工个人的培训期望；另一方面也为客户培训需求分析、课程设计、实施与管理提供了有科学价值的反馈信息，为改进培训系统与效果提供了可靠的依据。

案例讨论

1. 如果你是一名想加入摩托罗拉的毕业生，摩托罗拉员工培训的哪些方面会吸引你？

2. 摩托罗拉在培训效果评估方面有哪些可取之处？

3. 麦当劳在员工培训效果评估方面有哪些可取之处?

4. 你认为员工培训效果评估最重要的部分是什么?

案例分析 6-2

在"美丽"的培训统计数据背后

一、背景

CX 公司为生产高科技产品的制造型企业,由于良好的外部市场环境和正确的内部决策,2002 年初公司获得高速发展的契机。目前有人员 700 人,2002 年全年产值 2.4 亿元人民币,并正在为上市作准备。公司最高领导层很快就意识到公司内部学习速度必须与公司发展速度相匹配,这样才有利于公司的健康发展,因此培训工作受到了前所未有的重视。

为此,公司新增培训专员一职,其隶属于人力资源部,并接受人力资源部的直接管理。培训由专人负责,逐步走向了正规化。同年 8 月 CX 公司通过了 ISO9001,新的质量体系对培训提出了有效性的要求,此后培训专员开始实施单个培训控制,增加了若干培训跟踪方法。例如:教师授课评估、5 级课程满意度调查、课后测试、关键指标跟踪等。随着培训量的增大,培训专员无法对所有培训进行跟踪,只能选择培训投入大的,或课程重要性强的,或培训被关注程度高的课程进行评估。

年末培训专员提供了以下数据:全年培训次数 67 次;全年受训人数 1393 人次;年度计划达成率 99%;年度培训覆盖率 78%;培训跟踪率 70%;跟踪反馈优良率 95%。所有数据的来源都有各类记录做支持,统计真实。从数字上看,2002 年底的培训跟踪似乎很有成效,但多数部门经理反馈培训并没有达到持续改善的效果,似乎培训只停留在课堂上,随着教师大门的关闭,培训也就此结束了。为什么会这样呢?该如何改善呢?

二、问题产生的原因分析

1. 培训专员在培训有效性工作上没有找到工作重点

培训的根本目的:通过培训,企业得以持续改善,调整自身的知识结构,适应外部变化,持续地保持并增强竞争力。因为是环境的变化、知识的更新才使得培训有存在的理由和意义。持续改善是其核心思想,而培训本身对培训并没有重要意义,将已经有的经验运用在未来的培训中,不断改善培训,提高培训有效性才使评估产生价值,因此培训有效性改善才是培训专员应该努力的方向。

2.单个培训效果很难达到培训改善的目的

单个培训控制:对某一个培训课程进行执行、评估,主要解决了4个为什么和2个怎么做的问题,即培训做什么(培训内容)、为谁做(培训对象)、由谁做(培训教师)、怎么做(培训形式)、在哪做(培训地点)、何时做(培训时间),因此它能向企业提供仅限于培训小时数、培训人次、心得报告、满意度报告等这些简单的培训效果反馈。培训控制力图完善培训流程,完成评估后即被认为是流程的结束。

垂直方向的流程完善了,那水平方向呢? 单个培训控制在此方向上毫无作为。如果把单个培训控制比作制定良好的工艺流程、提高一条生产线的生产效率的问题,那么在现实中我们同时还面临着怎么管理好一个由多条或许多不同功能生产线组成的生产车间的问题。

三、改善方案

借鉴了 QC 到 TQC 以及绩效管理到战略绩效管理的发展,培训有效改善的方向为:单个培训控制过渡到项目培训管理直至全面(战略)培训管理。

培训项目管理的定义是针对固定的一群人或者是确定的需要改善的一个现状或问题,制定相关的系列培训组成单个培训项目,其通过计划、执行、评估、调整项目内部课程来达到培训有效性改善的目的。

相对于单个培训控制,培训项目管理的明显优势在于:①更好地适应变化环境;②培训项目管理包括怎样更好地达到培训的目标和培训项目自身的改善,是一个良性的循环;③实现多个培训的统筹,对培训进行二维视角管理。

具体来说,计划建立在具有明确改善目标的基础上,使培训更具针对性和跟踪的可操作性。执行、评估、调整,循环作用于整个项目的生命周期,在项目本身及目标恒定的前提下,依据内外环境的转变和培训对象反馈的情况及时调整单个培训课程,调整的手段包括增添、删除课程;增加、降低课程难度;调整培训进程;改变培训方法等,保证了课程对目标及学员的及时适应,避免了常规的年初计划与企业现实发展的脱节。

项目的最终评估主要检查其是否达到了预先设定的改善目标,其数据都是有效的(内、外部环境的变化,教师选择的遗憾,学员接受能力的局限性等众多因素都会造成课程效果的不理想），但是通过调整以及课程跟进却能在项目内减弱个别课程的无效性，并且让失败的经验发挥积极的作用。

　　在评估培训效果的同时也进行了效果过程改善是培训项目管理的最大特点，课程评估是培训的纵向控制，课程评估后的调整是在横性上对培训加以改善，应用多个培训课程管理的协同作战，相互结合、协调，实现"$1+1>2$"的效果。项目评估结果是改善后的效果反馈。培训项目管理可以实现二维培训控制。

　　全面（战略）培训管理是在培训项目管理的基础上引入企业战略作为第三条控制线，并且以其为主控方向对培训做三维管理。全面（战略）培训比培训项目管理更能适应市场的变化和企业发展的需要。但是想在企业内部实现全面（战略）培训管理需要许多必要但是普遍缺乏的条件，最高领导层是否真正重视培训工作，组织结构是否支持培训管理参与最初的战略决策，培训管理人员是否有足够的资源进行培训控制，国内符合以上条件的企业极少。相比而言，培训项目管理实施所需的条件几乎类似于单个培训控制，它无需改变公司已有的高层管理模式，只要公司具有一定数量的培训量，就可以逐步推行培训项目管理。

　　四、点评

　　培训越来越受到企业的重视，企业对培训的投入也越来越大，但培训的回报如何？如何提高培训的投入产出比呢？这是企业在培训方面最关心的问题，也是培训的根本出发点。

　　1. 培训理念与策略

　　培训是什么？培训为什么？培训做什么？培训如何做？对这些基本命题的回答，就构成了企业的培训理念。培训是什么？在经济学意义上，培训是一种人力资本投资；在管理学意义上培训是一项重要的人力资本管理活动。培训为什么？提升人员职业技能、专业能力和人力资源素质，提高人均劳动生产率，支持公司经营目标乃至战略目标的实现。培训做什么？概括地讲，是做人力资源开发；具体地讲，是做课程、活动和项目。培训如何做？首先基于企业战略和文化，确定培训策略。这是从静态角度来理解培训理念与策略。不同企业之间，由于战略和文化的差异，培训理念和策略是有差异的；同一个企业不同阶段，由于业务重点和管理要点的变化，培训策略与培训内容也是动态的。

　　本案例中的 CX 公司业务高速发展、人员急剧膨胀，"最高层领导很快就意识到公司内部学习速度必须与公司发展速度相匹配，培训工作得到了前所未有的重视"。而且,CX公司从培训组织、人员和资源方面都加大投入,反映出良好的培训理念和意识。但美丽的培训数据并不意味着美好的培训结果,为此CX公司培训专员采取有效的培训策略,引入"培训项目管理",产生了积极的效果。从CX公司所处的发展阶段分析,公司的主要问题是业务发展,管理的核心目标是经营业绩。"培训项目管理"就是从业务需求和经营问题出发,以解决问题为导向,明确培训目标、设计培训内容、选择培训形式,充分调动业务部门参与培训的积极性,大大提高了培训项目的有效性。考虑到高层领导和HR部门精力有限且聚焦业务发展,CX公司培训专员没有追求所谓的全面(战略)培训,这是务实和明智的。值得深思的是,如何更准确、更合理地选择培训项目?只有培训项目选对了,培训项目管理才真的有效率、有价值。建议CX公司培训专员多与业务发展部门沟通,想办法做些组织诊断,分析影响公司或部门业务发展的经营业绩的关键问题,以此来确定紧急而重要的培训项目。

2. 培训执行与管理

培训由一门门课程、一次次活动和一个个项目构成,只有管理好每门课程、每次活动和每个项目,培训才能达成良好的效果。有效的培训管理是"目标—执行—评估—改进"循环向上的系统,始于目标,归于目标。目标是执行的方向、评估的标准、改进的重心。有效的培训管理系统即是人力资源管理的子系统,也是业务经营的支持系统。培训管理必须以目标为导向,平衡好人力资源和业务经营两个侧面。从培训目标上看,不能局限于教师授课评估、学员满意度调查等职能性指标,也不能止步于行为改进、绩效提高等个体指标;更重要的是,设计出可衡量的业务指标。培训课程、活动和项目的执行及其结果,应围绕着整体的培训目标展开。培训评估的标准来源于培训目标及其衡量标准,而不是那些就事论事的培训评估表。通过培训评估,发现差距,分析原因,找到改进点,或直接纳入培训目标,或用于指导培训进程的执行和改进。

本案例中CX公司的培训项目管理,正是应用了"目标—执行—评估—改进"的循环流程。项目管理环环相扣,从问题出发,培训目标清晰,衡量标准明确,衡量手段齐全;评估易操作,结果较准确;改进点分析到位,改进措施针对性强;持续的改善与调整,明显地提高了培训执行的效率和最终效果。CX公司"班组长能力提升"项目是培训项目管理的成功典范,很有启发和借鉴意义。

3. 培训内容与形式

培训执行环节的核心是内容和形式，一体两面，缺一不可。整体来说，培训内容根源于并且也服从于培训目的。具体地讲，静态的培训内容由工作分析而来，工作对人的任职资格要求是培训内容的来源。不同类型、不同层次的工作，所需要的培训内容是不同的。动态的培训内容由培训目标分解而来，如何达成培训的职能性、个人性和业务性指标？哪些内容更好地支持培训目标的实现？以上从组织角度来看，还要考虑个体素质特点和个人发展需求等。培训形式多种多样，课程讲授、活动演练、项目运作、自我学习等等，哪一种更为有效呢？这没有定论，关键是适合。可以根据企业和人员的具体情况，权变地组合各种形式。当然，培训内容和形式的有效性也要不断评估和持续改善。

CX 公司的培训项目管理，实践证明是可取的。在"班组长能力提升"项目中，主要基于培训目标来设计培训内容和课程，同时考虑了班组长的工作职责，因而培训内容是合理的。培训形式以教师课程教授为主，这对于基础较差、素质较低的人员而言，应该更合适。不足之处：一是培训形式单一，有些不适于教师讲授，可采用小组研讨、经验分享、现身说法等形式；二是培训内容的深浅方面，没有兼顾人员的素质层次和接受能力。值得高兴的是，CX 公司培训专员应用培训项目管理的循环，对培训内容与形式一直不断进行改进。

案例讨论

1. 什么是有效的培训管理？
2. 培训项目管理的意义是什么？
3. 如何针对企业开展培训项目管理？

第 7 章

学习型组织构建

学习型组织是当代前沿的管理理论,也是企业培训热门的课程。学习型组织的概念,源于 20 世纪 80 年代美国学者彼得·圣吉《第五项修炼》一书。知识经济时代的企业将主要通过知识而不是金融资本或自然资源来获取竞争优势。在知识密集型的现代企业中,学习能力无疑已经成为企业核心能力系统中最关键的组成部分,是企业取得竞争优势的根本源泉。因此,关于组织创新过程中的组织学习问题备受企业管理学界关注。"昨天的组织是机械,今天的组织是系统,明天的组织是头脑。"

重点问题

⇨ 学习型组织的基本理念
⇨ 学习型员工和学习型团队的概念
⇨ 如何成为学习型员工

7.1 组织学习与学习型组织

学习型组织的学习,不是传统意义上的学知识。彼得·圣吉认为学习就是提升创新的能力,只有当一个人尝试去做一些真正想做的事的时候,才开始学到东西。当人们迫切需要创新,这就是学习,学习就是真正去做。学习是一种全过程的学习,整个工作的过程也就是学习的过程,也即在工作中学习,在学习中工作。在学习型组织中学习不是单个人孤立地去学,而是一种团队的学习。

7.1.1　组织学习概述

1. 组织学习的概念

组织学习,是指组织成员积极主动地利用有关资料与信息来规划自己的行为,以提高组织持续适应能力的过程,是团队学习的进一步扩展,是更大范围的团队学习。组织学习的特点:组织学习首先是一个过程,是一个通过组织中人与人之间的交互作用不断产生和应用新的知识,以便不断改变组织行为的过程;组织学习是一个组织知识不断产生、不断传播、不断应用的循环上升过程;组织学习强调的是一种社会性的学习,是组织中人人都参与的集体学习和集体实践的社会现象。

2. 组织学习与个人学习的区别

组织学习区别于个人学习的一个重要方面是,它根据组织的特点,就组织的价值、知识系统进行反思,从事变革、创新,建立新的程序和开展新的实践。组织学习是在个人学习和团队学习的基础上,采用互动、相互咨询、反馈等方法,使组织学习的效果无论在数量上还是在质量上都要大大超过个人学习效果的总和。组织学习把个人发展、公司发展目标和社会需要有机结合起来。

模拟设备(Analog Devices)公司总裁雷•斯塔达(Ray Stata)从两个方面来阐述组织学习与个人学习、团队学习的区别:第一,组织学习通过分享公司员工的洞察力、知识和心智模式来实现;第二,组织学习建立在过去的知识和经验的基础上,即建立在组织记忆上,而组织记忆是依靠诸如政策、战略和其他一些知识存储形式来实现的。

在知识层面上,组织学习是一种以共有文化、共同愿景为基础的知识学习和创造的整体性行动。至关重要的一点是,要辨别影响其他人加入这一共享过程的人或关键要素。

在当今企业内部,组织学习所隐含的内容是,能够超越个人或一个特定团队的界限而在更广阔的范围内创造和传播知识。这一过程往往不是自发形成的,需要通过合理的干预和影响来推动,在组织范围内形成合作的意识和氛围,组织成员不应只是以"我已经学到了新的东西,下面的事情自然会如期而至"的被动姿态去坐享其成,因为组织的学习过程应该是一项积极的运动过程,而不是一个根茎蔓延的顺应过程。

3. 组织学习的类型

组织学习包括三种类型:单向式、双向式和反思式。

(1)单项式学习。在单向式学习中,组织成员共同进行探索,发现错误,提出新战略,并且还要评价和确定解决问题的方法。单向式学习通常发生于对市场变化情况和竞争对手压力的响应,它是一种企业日常技术、生产和经营活动中的基本学习类型。单向式学习是一种维持性学习,是一种适应性学习,学习过程以及组织体制中的变革都是表层上的,而没有任何本质上的变化。

(2)双向式学习。双向式学习不仅包括在已有组织规范下的探索,而且还包括对组织规范本身的探索。双向式学习经常发生在组织的渐进或根本性创新时期,或者两个组织合并,一个组织的价值观、行为规范被另一个组织成功地接纳的过程中。双向式学习是创造性的学习,它可以不断推动企业在正确的方向上前进。

(3)反思式学习。反思式学习则经常出现在组织反思以往是怎样学习的以及学习中的不足,从而进一步寻求更好的学习方法的情况下。反思式学习包括有意识地学习、怎样学习以及努力寻找提高单向式和双向式学习效率的途径。因而,反思式学习也是企业根本性组织创新过程中的主要学习类型。

7.1.2　学习型组织概述

1.学习型组织的提出

学习型组织这一概念是美国哈佛大学佛睿思特(Forrester)教授于 1965 年在《企业的新设计》一文中首先提出的。彼得·圣吉本人对学习型组织从未下过一个完整的定义。但他在《第五项修炼》开篇时就指出:"这本书所提出的构想与工具,就是要打破这个世界是由个别不相关的力量所创造的幻觉,奠基于此,才能建立不断进步、创新的学习型组织;在其中,大家得以不断突破自己的能力上限,创造真心向往的结果,培养全心、前瞻而开阔的思考方式,全力实现共同的抱负以及不断一起学习如何共同学习。"

圣吉已将他所理解和创造的学习型组织模型——自我超越、改善心智模式、共同愿景、团队学习、系统思考诠释殆尽。

2.对学习型组织的不同定义

大卫·加尔文指出:"学习型组织是指善于获取、创造、转移知识,并以新知识、新见解为指导,勇于修正自己行为的一种组织。"

马恰德在他的组织学习系统理论中指出:"系统地看,学习型组织是能够有力地进行集体学习,不断改善自身收集、管理与运用知识的能力,以获得成功的一种组织。"

鲍尔·沃尔纳对学习型组织所下的定义是:"学习型组织就是把学习者与工作系统地、持续地结合起来,以支持组织个人、工作团队及整个组织系统这三个不同层次上的发展。"

国内学者郭咸纲的定义是:学习型组织,是指通过培养弥漫于整个组织的学习气氛,充分发挥员工的创造性思维能力而建立起来的一种有机的、高度柔性的、扁平的、符合人性的、能持续发展的组织。这种组织具有持续学习的能力,具有高于个人绩效总和的综合绩效。

　　曹世潮认为,所谓学习型组织,即组织是否具有学习的欲望、机制、环境和全体一致的自觉。

　　综合以上观点,所谓学习型组织是指:在这种组织中,个人、团队和组织是学习的三个层次,他们在由组织共同愿景所统领的一系列不同层次的愿景所引导和激励下,不断学习新知识和新技能,并在学习的基础上持续创新,以实现组织的可持续发展和个人的全面发展。

　　学习型组织是以信息和知识为基础的组织,它实行目标管理,成员能够自我学习、自我发展和自我控制。组织中的信息流是自下而上的,要想使以信息为基础的系统发挥作用,必须要求每个人和每个部门都为他们的目标、任务和联系沟通承担起责任。每个人要自问:我能为组织贡献什么? 我必须依靠谁来获取信息、知识和专门技能? 反过来,谁又依靠我获取信息、知识以及专门技能? 这样的组织能促进成员的自我学习和自我发展。

　　彼得·圣吉强调学习型组织的本质特征,用四个字概括叫"创新""成长"。学习型组织的核心理念也正是创新和成长,即知识创新、学习方法创新,组织成长和员工成长。判断学习型组织的主要尺度,是看这个组织(企业、地区、单位、班子)的知识创新能力,看能否进行创造性劳动的高素质管理者和员工队伍的质量与数量,看组织的管理者、员工学习力、创新力的提升和全面发展的成果。因此,创建"学习型组织",已经不是一般地强调个体学习和组织学习,而是要能够不断主动学习,持续创造,真正与时俱进,与信息社会发展相适应的那种创造性学习;已经不是一般地强调学习的必要性、重要性,建立一般的学习制度,而是要形成一套推动全体员工不断学习、终身学习的学习机制,促使从领导到员工不断更新知识、更新观念,形成反思、反馈、共享、互动的那种有活力有效益的学习;已经不是一般地倡导某种学习方法、制订某种学习纪律,而是培育与知识经济发展相适应,与系统论、控制论、信息论和先进管理理论相匹配的一整套学习技术和方法,不断提高创新力、领导力、执行力的那种变革式学习。这就是"学习型组织"的内涵所在。

　　工业时代的许多组织不能称为学习型组织,是因为存在两种分离:从组织角度看,是工作与学习的分离;从个人角度看,是工作与知识的分离。前者导致组织绩效中没有学习而带来的改善,后者则妨碍了个体成长。而整合学习、工作与知识的方法,就是创建学习型组织。在成熟的学习型组织中,学习和工作是融为一体的,员工要成为学习型组织的一员,而管理者则要千方百计地提高组织的学习能力。这一方面要求有高素质、自我超越的员工,另一方面在于管理者的认识。

7.1.3　学习型组织的特征

　　美国学者瓦特金斯和马席克提出了学习型组织的七个特点:持续不断的学习

（continuous）、亲密合作的关系（collaborative）、彼此联系的网络（connected）、集体共享的观念（collective）、创新发展的精神（creative）、系统存取的方法（captured and codified）、建立能力的目的（capacity building）。这 7 个 C,成为学习型组织是否建成的检查体系。

一般而言,学习型组织具有以下特征:

1. 组织成员拥有一个共同的愿景

共同愿景是大家共同愿望的景象,是在客观分析现实情况基础上勾画出来的远景规划,它来源于员工个人的愿景而又高于个人愿景。共同愿景使具有不同个性的人凝聚在一起,朝着共同的目标前进。

2. 组织由多个创造性团体组成

在学习型组织中,团体是最基本的学习单位,也是最具创造力的单位。组织的所有目标都是直接或间接地通过团体作战来达到的。所谓"终身学习""全过程学习",不仅是对员工个人提出的要求,更是对组织中所有团体提出的要求。所以,作为组织,必须大力倡行"团体学习",并借此提取出高于个人智慧的团体智慧,从而形成多个创造性团体,以不断地创新、创造推动组织的发展。

3. 善于不断学习

这是学习型组织的本质特征。所谓"善于不断学习"主要有四点含义:一是强调"终身学习",即组织成员均能养成终身学习的习惯;二是强调"全员学习",即组织中的决策层、管理层、操作层都能全身心地投入学习,尤其是决策层(包括管理决策层和技术决策层),因为他们是决定企业发展方向与命运的重要阶层;三是强调"全程学习",即学习必须贯穿于组织系统运行的整个过程中;四是强调"团体学习",即组织不但重视个人学习和个人智力的开发,更强调组织成员的合作学习和群体智力的开发。学习型组织正是通过学习能力的保持,及时铲除发展道路上的障碍,不断突破组织成长极限,进而实现可持续发展。

4. "地方为主"的扁平式结构

传统的组织结构通常是金字塔式的,学习型组织的组织结构则是扁平的,从最上面的决策层到最下面的操作层,中间相隔层级极少,尽最大可能将决策权向组织结构的下层移动,让最下层单位拥有充分的自主权,并对产生的结果负责。只有这样的体制,上下才能不断沟通,下层能直接体会到上层的决策思想和智慧,上层能亲自了解到下层的动态,汲取第一线的营养。只有这样,组织内部才能形成互相理解、互相学习、整体互动思考、协调合作的群体,才能产生巨大的、持久的创造力。

5. 自主管理

按照学习型组织理论,现在的企业管理方式有两类:一类是权力型的,一类是学习型的。权力型的基本管理模式是等级式的,逐级管下来,问题要逐级上报。这种方法的一个致命弱点是任何问题都是权力大的人在做主,虽然大多是正确的,但不可否认也有下级正确的时候,有许多工作在基层的员工有好的想法和经验,要充分发挥员工的管理积极性,实行"自主管理"。学习型组织是人性化组织,坚持以人为本的现代管理思想,真正把员工当作组织的主人翁。这是使组织成员能边工作边学习,把工作与学习紧密结合起来的好方法。通过自主管理,可由组织成员自己发现工作中的问题,自己选择伙伴组成团队,自己进行现状调查,自己分析原因,自己制定对策,自己组织实施,自己检查结果,自己评估总结。团队成员在自主管理的过程中能形成共同愿景,并以开放求实的心态相互切磋,不断学习新知识,不断进行创新,从而增强组织快速应变、创造未来的能力。日本企业几乎都实行自主管理模式,不定期地召开会议,气氛很活跃,领导们都坐在后面以示支持。一个聪明的领导要让员工的手动起来、脑动起来、自主管理,肯定其工作成果,让员工体会到人生价值,这样员工就乐于奉献,领导也就成功了,企业也就成功了。

6. 组织的边界将被重新界定

学习型组织尽可能地重新界定组织边界,推倒各式各样的隔墙,使部门与部门之间、员工与员工之间、组织与外界之间能够更便捷、更顺畅地沟通与交流。学习型组织的边界界定,建立在组织要素与外部环境要素互动关系的基础上,将超越根据职能或部门划分的"法定"边界。

通用电气公司第 8 任总裁杰克·韦尔奇提出了"无边界行为"。韦尔奇反对通用旧有的"不是土生土长的"观念,提倡员工之间、部门之间、地域之间广泛地相互学习,汲取新思想,他说"你从越多的人中获取智慧,那么你得到的智慧就越多,水准被提升得越高"。这种"无边界"的推广,使得通用公司将注意力集中在发现更好的方法和思想上,促使公司发展不断升级。"无边界"成为通向学习型文化和自我实现的关键一步。为了真正达到"无边界"的理想状态,韦尔奇坚决执行减少管理层次的决定,加强公司硬件建设;大力提倡全球化思维;创立"听证会"制度。"听证会"制度不仅使普通员工参与公司的管理,而且成为领导者和员工相互沟通、相互学习的场所,大大提高了工作效率。

7. 员工家庭与事业的平衡

学习型组织是人性化组织,坚持以人为本的现代管理思想,真正把员工当作组织的主人翁。学习型组织将努力使员工丰富的家庭生活与充实的工作生活相得益彰,学习型组织将对员工承诺,支持每位员工充分地自我发展,而员工也以承诺对组织的发展尽心尽力作为回报。这样,个人与组织的边界变得模糊,工作与家庭的界限也逐渐消失,两者之间的冲突也必将大大减少,从而达到家庭与事业的平衡。

8. 领导者的新角色

在学习型组织中,领导者是设计师、仆人和教师。领导者的设计工作是一个对组织要素进行整合的过程,它不只是设计组织的结构和组织政策、策略,更重要的是设计组织发展的基本理论;领导者的仆人角色表现在他对实现愿景的使命感,他自觉地接受愿景的召唤;领导者作为教师的首要任务是界定真实情况,协助人们对真实情况进行正确、深刻的把握,提高他们对组织系统的了解能力,促进每个人的学习和发展。

7.1.4　学习型组织的价值

在新的经济背景下,为了在新环境中获得和保持竞争优势,企业应该更快、更好地从成功和失败中学习,需要持续不断地进行变革,将自身改造成为学习型组织,以便所有员工个人与团队都不断参与到新的学习过程中来。学习型组织的本质是一个具有持久创新能力去创造未来的组织,就像具有生命的有机体一样,在内部建立起完善的"自我学习机制",将成员与工作持续地结合起来。其实质在于:一方面学习是为了保证企业的生存,使企业组织具备不断改进的能力,提高企业组织的竞争力;另一方面学习更是为了实现个人与工作的真正融合,使人们在工作中活出生命的意义。

扎波夫在《智能机器时代》一书中写到:"除了成为学习型组织,今天的组织可能确实别无选择。因为高度信息化的组织是一个学习机构,它的一个基本目的就是拓展知识——不是学术意义上的知识本身,而是怎样使组织更有效率的核心。学习不再是在教室里或者上岗前的孤立的活动,也不再只是管理者小团队独享的特权。人们不必撇开工作专门抽出时间来学习,相反,学习就是工作的核心。学习与效率是一项活动的两个说法。简单说来,学习将是劳动的新形式。"

1. 学习型组织的一个重大的价值就是它以共识的方式建立起企业的共同愿景

学习型组织的共同愿景,不像传统的组织那样,可以简单通过高层宣示的做法而产生,它是一个长时间的过程。圣吉指出:"当科技打破疆域,高度信息化,使全球一体共存,各类变化加速加剧,任何单个人的力量都相对有限,即使身居高位的领导人也是如此。集思广益,相濡以沫极为重要。企业生存的目的、价值和意义,要使每位成员的生命、工作目的、价值和意义契合在一起,变成生命的共同体。这些'软件'的重要性,超过了利润、市场占有率等'硬'指标。"共同愿景契合了员工内心真正的愿望时,将会产生出一种强大的驱动力,激发出一种勇气,一种无形的势、无形的场、无形的力推动着员工为了愿景的实现而努力奋斗。学习型组织的真正价值是组织成员在共同建立学习型组织的过程中,被激发出惊人的能力与能量。

2. 学习型组织的价值在于其学习文化对学习的倡导和推动

当今时代,全球企业正在形成一个共同学习的社会。当世界息息相关、复杂多变时,只有加强学习能力,才能适应变局。新经济到来之后,学习已经成为领导职能中不可缺少的一部分。彼得•圣吉表示:"我们对领导者的传统看法是,确定方向,做出关键性决定,并激励团队的特定人物。这种看法深深地根植于个人主观和非系统的世界观中。特别是在西方世界,领导者等于是英雄,他们常常在危机时刻挺身而出。我们对领导者的向往,仍然停留在骑兵队队长率领麾下部队冲锋陷阵、从印第安人手中救出移居者的印象。只要这种传奇存在一天,它们就会强化这种大刀阔斧式的具有传奇色彩的英雄形象,而不是去强调依靠制度的力量和集体的学习精神。"新时代的领导者必须同时身为教练、启蒙者以及问题解决者来为企业增加价值;必须因为成败而接受奖励和承担责任,必须持续地评估并强化本身的领导者角色。

3. 学习型组织的价值在于企业组织知识创造

企业组织的知识创造是一个隐性知识和显形知识不断发生相互作用的动态过程。然而,组织内部的许多员工其实并不能自由地共享他们所掌握的知识。因此,为了创造出新知识,他们必须超越个人的范畴。组织内部的各个团队必须将它们得到的新知识清晰地表达出来,并把这些新知识和原有知识汇总组合,以便能与公司内部其他的小组或部门进行共享,从而创造出新的组织知识。这样,知识创造成为一个自我超越的过程,而组织也真正成为知识创造的场所。组织不应该控制它的员工,而应该支持他们,因为组织内部的员工才是组织隐性知识的来源。

7.2　学习型组织的五项修炼

彼得•圣吉提出学习型组织的"五项修炼",不是指企业的组织形态,而是说企业要建设学习型组织而必备的技能,这个技能主要是指领导者和员工的能力和素质,是一种思维方法而非操作方法。所以学习型组织的建立首先要求企业里的"人"在观念上和方法上进行改变,这一点必须借助"五项修炼":首先要改善心智模式,转变自己的观念;塑造组织和团队的共同愿景,让大家有共同的目标;进行团队学习,群策群力,集思广益;自我超越,唯有个人不断提高,才能带动团队和组织飞跃;系统思考,不局限于局部,要以整体和长远的眼光来看待问题。五项修炼是对团队中个人的内在要求,要求团队成员必备这五方面的技能,才能使企业成为学习型的组织,"五项修炼"是建立学习型组织的内在和软性的要求。

7.2.1　自我超越

1. 什么是自我超越

生活中各个方面都需要自我超越的技能,无论是专业方面还是自我成长。

所谓自我超越的修炼,是指突破极限的自我实现,或技巧的精熟。它有两个前提：认知自己的愿景和自己当前的真实状况。高度自我超越的人永不停止地学习。自我超越不是指一个人拥有的某些能力，它是一个过程，一种终身的修炼。高度自我超越的人，会敏锐地警觉自己的无知、力量不足和成长极限，但这却绝不动摇他们的高度的自信。在激烈的市场竞争中，企业要生存发展，必须不断否定自己，超越自己，才能立于不败之地。只有实现组织的自我超越，才能实现产品创新、管理创新、经营创新，只有组织里每个层次的人都学习自我超越，才能真正建立学习型组织。

自我超越的修炼是学习不断理清并加深个人的真正愿望，集中精力，培养耐心，并客观地观察现实。在这个过程中，心中会产生一种"创造性能力"。就其本质而言，"张力"就是寻求解决方法，最理想的办法是让现实更接近人们的愿望。自我超越的修炼是学习型组织的精神基础，因为企业对学习的投入和学习能力依赖于每个成员的投入和能力的提升，组织整体对于学习的意愿，是基于个别成员对于学习的意愿。如果不激励员工去挑战成长性目标，就不会有企业的成功与发展。精熟自我超越的人，能够不断实现其内心深处最想实现的愿望，对生命的态度就如同艺术家对艺术作品一般，全心投入、不断创造和超越，是一种真正的终身"学习"。

自我超越要求组织所有层次上的员工都要承担持续学习的义务。因此，要求组织采取多种措施，对所有成员的各项发展努力给予广泛而深入的支持。传统的培训和发展项目是不够的，组织必须树立这样的理念，即员工永远不能停止学习和实践。

自我超越的修炼以磨炼个人才能为基础，却又超乎此项目标；以精神的成长为发展方向，却又超乎精神层面。自我超越的意义在于以创造的现实来面对自己的生活和人生，并在此创造的基础上，将个人融入整个组织之中。自我超越是个人的学习修炼，是对一个人真正心所向往的目标，不断重新聚焦、不断自我增强的过程。如果用有形的标准来看，它是指在专业上具有某一水准的熟练程度。

2. 如何进行自我超越

（1）建立"个人愿景"。个人的"愿景"发乎内心。大多数的人对于真正愿景的意识都很微弱。因为我们有目标，但这些不一定是愿景。使愿景逐渐消逝的一种微妙形式就是专注于"手段"，而非"结果"。如果欠缺"上层目标"的概念，就无法了解真正的愿景。在有些组织中，"愿景"是一种内心真正最关心的事。上层目标和愿景是相辅相成的。愿景如果有了背后的上层目标，就更有意义和方向感，而能持续，进而更上一层楼；而上层目标若是有了愿景，就更落实、具体，容易衡量、描绘与沟通。

（2）保持创造性张力。愿景与现实的差距，可能成为一种力量。这种力量一旦被正确使用，就会朝愿景推动。此种差距是创造力的来源，被圣吉看作是"创造性张力"。创造性张力是自我超越的核心原理,它整合了这项修炼所有的要素。"张力"一词本身含有焦虑、紧张的意味,但是创造性张力是我们认清一个愿景与现状之间有差异之时,产生的那股正面的力量。著名画家梵高在总结自己的绘画经验时曾写道:"在艺术方面,诚实是最好的方针——宁可在严峻的研究中自寻烦恼,也决不以一种潇洒风流的态度取悦于观众;有时在充塞烦恼的一段时间中,我渴望一种潇洒风流,但认为它超越了我所说的——别让我自己总感到正确。"创造性张力也会产生负面情绪,并不是创造性张力本身,而是所谓的"情绪张力"。

(3)看清结构性冲突。有时连许多极为成功的人,也有一些根深蒂固的、与"自我超越"信念相反的成见,这些信念往往隐藏在意识的底层。在寻求一个愿景时,如果有无力感或不够资格的想法产生,结构性冲突的力量就会开始活动,成为成功的障碍。

对付这种"结构性冲突",通常有三种策略:一种是消极地让愿景被侵蚀,即承认自己实在无能力或无资格去达到愿景;第二种被称为"操纵冲突";第三种是意志力的作用,也就是全神贯注去击败达成目标过程中所有形式的抗拒力,多数非常成功的人有过人的意志力,他们把这种特性看作与成功同义。他们愿意付出任何代价以克服阻力,达到目标。但是,意志力所造成的也可能是没有效率的成功,这样的人,终其一生,潜在的无力感并没有真正去除。圣吉指出,如果结构性冲突起源于内心深藏的信念,那么,只有从改变信念开始。

(4)诚实地面对真相。诚实地面对真相的要义在于根除那些看清真实状况的障碍。未曾觉察到的结构囚禁着人们,一旦看清,它们就不再能够像以前那样囚禁人们。人们开始感到内心里生出一种力量,把自己从那种支配自己行为的神秘力量中解放出来,这对个人和组织都是如此。

(5)运用潜意识。意识和潜意识是个体学习过程中经常运用的两种意识形态。任何新的工作,开始时整个活动都必须在高度清醒的意识指挥下才能完成,而当熟练后,在潜意识的指挥下就可以很好地完成工作。日常生活中,人们借助静坐、默祷等方式,潜意识就能慢慢浮现出来,内心中真正专注的终极目标就能更加清晰地展现在脑海中。这种训练,使人们专注于某些特别重要的事情,或是愿景的某些方面,而不为外界的浮华所分心。

个人美梦通过组织才能实现,组织的发展必须以个人发展为基础。学习型组织将个人与组织融为一体。在一个学习型组织中,组织对于个人自我超越,是一个必要的条件,原因在于它提供了一个必不可少的环境。就像其他任何的训练一样,发展自我超越必须成为一个持续不断的过程。对于有心自我成长的人来说,没有什么比一个愿意支持这种发展的环境更为重要。相反,如果鼓励大家各行其是,只能有害于组织的发展,组织的发展得不到保证,个人的自我超越也难以实现。

7.2.2　心智模式

1. 心智模式的概念

心智模式的观念由来已久,这个名词是苏格兰心理学家克雷克在 1940 年提出的。在认知科学中,这个名词一方面是指在人们的长期记忆中隐含的关于世界的心灵地图,另一方面也是指日常推理过程中一些短暂的理解。这种短暂的心智模式潜移默化、日积月累后,会逐渐影响长期形成的根深蒂固的信念。彼得·圣吉指出:"心智模式是深植于我们心灵之中,关于我们自己、别人、组织以及世界每个层面的形象、假设和故事。就好像一块玻璃微妙地扭曲了我们的视野一样,心智模式也决定了我们对世界的看法。假如没有认知上的心灵地图,人类就无法探究这个复杂的世界,而所有这些心灵地图在本质上都有其缺陷。"简言之,心智模式是根深蒂固于人们心中,并影响人们如何了解世界,以及如何采取行动的许多假设、成见、思维方式,甚至可以是图像或印象。

一个人的心智模式的形成受到时间和空间、主观和客观等多方面因素的影响。一是环境因素。包括父母、老师、朋友、书本、学校、社会言传身教、耳濡目染等潜移默化的影响。二是性格因素。性格也在很大程度上影响人们对事物的看法。多血质的性格比较豪放外向,看问题比较乐观,但有时容易把问题简单化;胆汁质的性格比较稳健内向,考虑问题比较周全,但容易过于谨慎;而抑郁质的性格看问题常常比较悲观,容易从事物不利的一面考虑问题。一个人的智商、情商和逆商也能影响心智模式的形成。

2. 心智模式的特点

心智模式的特点可以概括为:

①根深蒂固,深植于每个人的心中;

②人无完人,每个人的心智模式都有缺陷,但自己往往毫无觉察,大多数人自我感觉良好;

③心智模式有时效性。

组织是由个人构成的,个人的心智模式是组织心智模式的基础,但组织的心智模式并非个人心智模式的简单加总,事实上,个人心智模式之间存在着很大的差异。具有不同心智模式的人观察相同的事件,会有不同的描述。因为心智模式不同或与固有的心智模式相抵触,组织内部新的变革、新的设想、新的发展计划等的推进,往往会遇到重重阻力,甚至在组织成员普遍赞成的情况下,都可能无法实施。

因此,学习如何展开心智模式,并加以检视和改善,有助于改变对于周围世界如何运作的认识,有助于提高行动能力和行动效果,对于组织作出准确的决策,改善管理,提高组织的凝聚力具有重要的意义。

3. 如何检视与改善个人心智模式

心智模式的问题不在于它的对或错,而在于不了解它是一种简化了的假设以及它常隐藏在人们的心中不易被察觉与检视。要改善心智模式首先必须检视并了解自己隐藏的心智模式,觉察自己的心智模式存在哪些缺陷,即找出它与真实情况之间的差距。

(1)辨认"跳跃式的推论"(留意自己的思维如何从观察到概括性的结论)。心智模式在形成的过程中,一般经过这样一些典型的步骤:观察得到的资料→解释资料→作出假设→形成信念→根据信念采取行动等若干阶段。

在跳跃式推论中,常常隐含着顽固持有的、未经检验的信念,以这些信念为基础,常常直接从所观察到的现象推断出概括性的结论,把假设当作了事实而不加以验证,同时这一过程只发生在脑子里,而且往往是不自觉的,能够意识到的往往只是可观察到的原始资料和所决定采取的行动,中间的推论过程则都被飞快地跳跃过去而无所意识。

(2)练习"左手栏"(写下内心通常不会说出来的话)。选择你在近期(两个月以内)碰到的难题,将一张纸,在中间画一条竖线分成左右两栏,回想曾经发生过的一段令你沮丧的谈话,右手栏写下确实发生过的那段对话内容,或是写下你很确定会发生的对话内容,包括你自己和对方所说的话。左手栏中写下你在谈话当时心中的想法和感觉,把你的情况写好后,搁置一周,再重新看看你所写的东西,你便可从写下的材料检验你自己的思考过程。练习左手栏经常可成功地将隐藏的假设摊出来,并显示这些假设如何影响行为。通过反思,可以领悟到心智模式存在哪些缺陷,应当如何改善。

(3)兼顾的探询与辩护。大多数的人都被训练成善于提出与辩护自己的主张。但辩护的技巧有时反而会产生反效果——会把自己封闭起来——只为自己辩护而不在意对方的看法,无法真正相互学习。然而,组织所需要的是综合运用辩护与探询来增进合作性的学习。在这里,应注意的是心态,即人们或许真正开始对对方的看法感兴趣,但是仍保持全然的辩护心态。最初每一方都理性而心平气和地为自己的观点辩护,但只要辩护较为激烈一点,局面就会变得愈僵。缺乏彼此探询的辩护过程,只会产生更激烈的辩护。当对立情势愈来愈僵、愈来愈两极化时,则徒然耗人心力、伤人感情,以至于此后人们避免公然表达任何不同意见。

4. 如何改善心智模式

要改善心智模式,首先要把镜子转向自己,一事当前,先照照自己的心态正不正,反思自己的责任或过失,经过这种修炼,再看事物,就会采取截然相反的态度,这也是心智模式修炼的起步。发掘自己内心世界的图像,让这些图像浮上表面,并严加审视。

改善心智模式要求改变固有的思维习惯,学会改善,学会活用知识,通过不断学习学会有效表达自己的想法,并以开放的心灵容纳别人的想法。

彼得·圣吉指出:"旧的心智模式如果不去掉,所有新的管理理念和方法都会踢到'心智模式'这块隐藏在暗处的'顽石'。"

实际上,改善心智模式本身就是一种学习,是对于怎样学习的一种学习,因此,当心智模式存在一定的缺陷时,无论个人还是组织,其学习能力都会受到损害,相反,当心智模式得到改善时,其学习能力就能获得提高。

7.2.3 共同愿景

1. 共同远景的概念

建立共同愿景是学习型组织理论提出的"五项修炼"之一,它是激发组织活力、增强组织凝聚力的重要途径。在学习型组织中,共同愿景为学习提供了焦点与能量。除非人们对他们真正想要实现的愿景感到振奋,否则整个创造性学习的概念——扩展自我创造的能力——将显得抽象而毫无意义。

个人愿景是人们心中或脑海中所持有的意象或景象,共同愿景则是组织中人们所共同持有的意象或景象,包括组织存在的价值、使命和目标,组织未来发展规划以及达到目标的手段。共同愿景把个人愿景和组织愿景结为一体,激发个人为着一个远远超出个人利益之上的目标而奋斗,由此产生的力量远远大于一个人仅为一己私利进行的努力。

愿景是引导组织成长的一个重要因素,但它并不能取代推动组织成长的其他因素。圣吉指出:"尽管这项修炼叫作'建立共同愿景',但是这个说法纯粹是为了方便而已。实际上,愿景只是引导组织成长的深层次要素中的一个组成部分。"

在学习型组织内,工作被看作是某种神圣的事情,每个人都在忘我地工作,无私奉献,实际上却能"极彻底地完成自私的目的"。这种管理学上的"无为而治""无管理的管理",只有把个人愿景与组织愿景的实现最大限度地统一起来,"打造出生命共同体",才能真正实现。

共同愿景包含了三个方面的要素:①组织目标,是立足于组织生存发展的需要,为组织"量身定做"的某一时期或某一发展阶段的规划或远景;②组织价值观,是组织成员在实现既定目标的过程中所遵从的行为方式和价值趋向,是帮助人们迈向共同目标的行为指南;③组织使命感,让组织成员明确自身在实现奋斗目标中所肩负的使命和职责,从而对组织产生忠诚的归属感。

在一个组织中,如何将个人愿景转化为能够鼓舞组织所有成员生命力的共同愿景,使组织成员选择更高的目标,在组织成长的同时成就自我,打造出生命攸关的命运共同体,是此项修炼的核心目的。

2．建立共同远景的三个阶段

建立共同远景可以分为三个阶段：提出、分享和形成。

(1)个人愿景提出阶段。彼得·圣吉认为共同愿景可以源自企业领导者的个人愿景，也可以源自非权力核心的其他阶层。虽然谁都可以提出愿景，但一般说来由企业的中层管理者提出愿景更好些。因为一方面中层管理者直接向企业高层领导者负责，对其思想学习掌握得较透彻；另一方面中层管理者更容易了解现实情况，更容易看到现实的变化及方向。在这一阶段，企业成员特别是中层管理者一定要经过认真深刻的思考，提出自己的愿景。对共同愿景的描述要尽可能的简单、诚实而中肯。要防止建立负面的愿景。因为负面的愿景会把注意力用在防止不想要的事情上，并微妙地在人群中造成无力感，还无可避免地只有短期效果。因此种种，负面的愿景往往限制了组织的发展。

作为建立愿景的第一步，由于价值观念和道德规范的不同，提出的愿景可能差别很大，甚至完全相反。但此时，就是要人人都提出自己的愿景，挖掘出自己真正关心和希望的，从而充分调动起大家的积极性，使每个人都参与到这件关系企业兴衰成败的大事中来。

(2)个人愿景分享阶段。在这一阶段，企业上下要展开广泛深入的讨论，让各个愿景间相互激荡，从而互动成长，形成新的愿景。企业成员间要坦诚相待，互相宽容，用心聆听，让别人分享自己的愿景，也主动去分享别人的愿景。分享愿景的过程远比愿景源自何处重要。除非共同愿景与组织内个人愿景连成一体，否则它就不是真正的共同愿景。要注意的是，在分享愿景的同时，要主动去分析愿景形成的内部原因，分析其是否符合先进的价值观念和道德规范。当然，先进的价值观念和道德规范也并不是唯一的，在不同的方面有不同的表现。如以人为本、服务社会和诚实信用、保护环境等。愿景应紧密结合行业特点，并维护先进的价值观念和道德规范。

(3)共同愿景形成阶段。经历了前两阶段后，企业已经可以形成自己独特的、全体成员共同追求的共同愿景。在此阶段有三项工作要做：

①公布共同愿景。对内公布，可以统一企业全体成员的思路和工作方向，使企业高速、高效前进。对外公布，可以在他人心中塑造一个鲜明的企业形象，也有利于企业的成长。

②维护共同愿景。共同愿景不是短期目标，一旦形成，就有一定的稳定性和权威性，不能朝三暮四，说改就改，也不能因为某位领导的突发奇想就无疾而终。企业成员都要主动维护共同愿景。

③发展共同愿景。共同愿景也不是一成不变的，它随着环境的变化而发展。研究表明，共同愿景一般可以存在 3～5 年。这就要求企业成员始终保持敏感的心

理,时刻注意观察环境的变化。在共同愿景已实现或不适应环境时,提议修改共同愿景。作为企业的领导,此时就要审时度势,根据现实情况,适时作出修改愿景的决策,以建立新的共同愿景。

7.2.4 团队学习

1. 团队学习的概念

团队学习是发挥组织的整体作用、提升团体智慧的最佳途径。团队精神要靠团队学习来培养,团队是最佳的学习单位,而团队学习必须精于有效沟通,并应用深度汇谈和技巧性讨论,才能达到共同提升的效果。这是一门高深的艺术,需要用心、刻苦地研习、修炼。

所谓团队学习,就是开发团队的集体智力,发挥团队成员的合作精神和相互配合能力,将个人才智导向共同愿景的过程。企业内部个体在提高愿景的引导和驱动之下,能够积极地交流共享,协作共享。为了能够实现共同愿景,学习就成了必要的行动。

当今的企业尤其需要团队学习,无论是管理团队、产品开发团队,还是跨职能的工作小组。在某种程度上,个人学习与组织学习是无关的,即使个人始终在学习,并不表示组织也在学习。但是如果是团队在学习,团队变成整个组织学习的一个小单位,可将所得到的共识化为行动,甚至可将这种团队学习技巧向别的团队推广,进而建立起整个组织一起学习的氛围与机制。

团队学习与团队培训有着根本的不同,它包含了更多的其他技能的获取。团队学习强调自我学习、创造力和思想的自由流动。一个成功的团队学习系统能确保团队与组织中的其他群体分享他们的经验,不论是成功的经验还是失败的教训,因而可以促进企业智力资本的不断增长。

团队学习的重点是促使团队协同工作,不断提高团队集体的能力,从而达成既定的学习目标和成果。一个真正的团队具有共同的方向,个体成员之间协同一致,没有精力与能量的浪费。这样的团队"形成了共鸣或协同,会产生巨大的能量,就像是一束激光,而非一个光线散乱的灯泡"(圣吉)。

团队学习要求具备三个要素:一是通过集体智慧处理复杂问题;二是采取创新性的协同行动;三是鼓舞和激发其他团队的学习能力。在团队层次的学习需要实践和反思,深层次的团队学习能促进高层次的集体思考和交流,并能使团队像一个整体般地创造性、建设性地工作。

2. 团队学习的意义

(1)促进个人成长。由于个体间差异的存在,每个人都可以发现自身的比较优势。团队学习可以有效发挥队员个人的比较优势,来达到团队内部的互助;同时,通过团队学习能使团队智慧融入个人化理念中,以不断适应新形势下开展业务的工作需要;可以免费享受别人的工作技巧和有效方法,更可以展示你的理解和独特设想,接受别人的启发和灵感。

(2)提高团队核心竞争力。团队核心竞争力不仅仅是个人的核心竞争力的简单累加。为了促进团队核心竞争力矢量叠加,必须开展团队学习,提倡知识共享。同时,团队中人人都可以找到个人核心竞争力发展的支撑点,崇尚互信和无缝配合的一种氛围。

3. 如何提升团队学习

(1)深度汇谈。深度汇谈按照古希腊的原意是:"思想在人们之间自由流淌,就像流荡在两岸之间的水流那般。"既没有条条框框的限制,又没有任何思想顾虑,彼此互相信任,坦诚相见。深度汇谈可以定义为有深度地集体探询人们习以为常和视为理所当然的经验。深度汇谈的目的是超过任何个人的见解,让每个人无拘无束地表达自己的想法和愿望,进行得当,人人都是赢家,个人可以获得独自无法达到的见解,使团队智商大于个人智商。通过深度汇谈,交流经验、切磋探讨、互相启发、共同提高,这样就能使人们对问题的认识更加深刻和明了,干工作就会方向明、目标清、劲头足。

有效的深度汇谈必要的三个基本条件:所有的参与者必须将他们的假设"悬挂"在面前;所有参与者必须视彼此为工作伙伴;必须有一位"辅导者"来掌握深度汇谈的精义与架构。

(2)克服智障。智障就是思想障碍。首先在大是大非面前容易出现思想障碍。比如在事关企业前途命运的关键时刻、在事关个人前途命运的关键时刻、在事关他人前途命运的关键时刻,自己的真实思想和态度如何,往往需要左思右想,不敢轻易表态。其次是在公开场合下讨论问题时,为了照顾多方面的利益和关系,不敢轻易表态。再次是遇到自己没有把握,特别是分歧性问题时,为了求得团结和不使人难堪,而不敢发表自己的意见和见解。这些都属于学习的智障。

(3)从更高层次上取得共识。取得更高层次的共识有两种:向下聚焦型共识,就是在共同学习讨论中,找出每个人观点上的共同部分,取得共识;向上发展型共识,就是要以大家提出的意见为基础,取其精华,集思广益,建立更高层次的共识,使每个人看到自己没有看到的更本质、更深刻的东西。这就要求领导者要有很高的个人修养,以海纳百川的胸怀,广泛听取别人的意见和建议,以进一步修正和完善自己的观点。任何人的意见和建议都有一定的局限性,怎样才能把正确的意见和建议听进去,这里有一个过滤的过程。为此,要学会用心听,用心思考,用心分析,取其精华,去其糟粕,形成更加正确的主张和见解。

7.2.5　系统思考

1. 什么是系统思考

系统是由相互联系、相互作用的若干要素结合而成的、具有特定功能的有机整体,它不断地和外界进行物质和能量的交换而维持一种稳定的状态。系统思考是五项修炼的核心技术,是由片段看见整体的一项修炼。它跨越了众多不同的领域,如物理、社会科学、工程、管理等,也是一套特定的工具与方法。系统思考修炼的精义在于"心灵的转换"。

系统思考的管理观念是指管理主体自觉地运用系统理论和系统方法,对管理要素、管理组织、管理过程进行系统分析,旨在优化管理的整体功能,取得较好的管理效果。

学习型组织系统思考的基础是系统动力学。系统动力学强调的是相互作用,作为系统动力学研究对象的社会经济系统本身处于千变万化的运动过程,其构成要素(生产力、人力、物力、财力、技术等)都表现出系统动力学的相互作用的本质。

彼得·圣吉把人们的思考方式归结为三个层次:

第一层次是事件层次上的思考,也是最浅显的层次。采取反应式的行为,结果是"专注于个别的事件、局限思考、归罪于外等"。这种思考方式只看今天,不看明天和后天。

第二层次为行为变化层次的观点,与事件层次相比较为深入。会根据行为变化形态探索与研究事件的趋势,做出一定的预期评判和估量,反映了对事件原因的重视。这一层次虽然打破了短期反应的局限,在一段时间里能顺应变动中的趋势,但未能把握行为变化的结构本质,未达到驾驭全局的能力,容易造成学习障碍。

第三层次为系统结构层次的观点,是最高层次。能改造行为的变化形态,超越了事件层次和行为层次的局限,专注于解释是什么造成行为变化的形态,例如:对于制造和销售一体的企业,系统结构层次的观点必须显示出发出的订单、出货、库存如何变动,从互动中寻找货物不稳定与扩大的效应。由于结构才能触及行为背后的原因,进而进行行为改造。

经过系统思考的五项修炼之后,企业成员最大的收获是能深刻体会到自己的问题以及改善的可能,全都受到自己思考方式的影响。真正具有创造性的学习,在一个以事件思考为主的组织里,无法持续。它需要一个结构性或系统性的思考框架,也就是找出行为背后所有结构性原因的能力。

2. 系统思考的核心价值

彼得·圣吉把系统思考叫作第五项修炼,并将它作为学习型组织五项修炼概念的基石,所有的修炼都关系着心灵上的转换。其核心价值体现在:

(1)系统思考和自我超越的修炼。用系统思考的语言和方式指导自我超越的修炼,在系统思考的指引下,个人修炼将彰显自我超越的几个方面,如对环境的认同感、对整体的使命感。

(2)系统思考与团队学习。系统思考的工具对于团队学习是至关重要的。在团队学习中,讨论和深度汇谈能够持续下去,必须克服许多障碍。系统思考的方法帮助我们从组织发展的整体上认识出现障碍的原因,从而跳出个人的圈子。

(3)系统思考与改善心智模式。管理者必须学习如何反思他们现有的心智模式,直到习以为常地假设公开接受检验。根深蒂固的心智模式将阻碍系统思考的产生,反过来,系统思考对于有效改进心智模式而言至关重要。

(4)系统思考与建立共同愿望。系统思考是建立共同愿望的沃土。共同愿望描述的是未来的状况,而系统思考则揭示了通向未来的必由之路。有了系统思考,组织中的人们可以清楚地了解现有的政策和行为如何创造或改变现状,找到启动现实的杠杆。这样,一个信心来源就建立起来了:适合建立共同愿望的沃土就开发出来了。

7.3　学习型员工

7.3.1　学习型员工概述

1. 学习型员工的概念

福特公司 CTO(首席技术官)路易斯·罗斯有一个著名的观点:"在你的职业生涯中,知识就像牛奶一样是有保鲜期的,如果你不能不断地更新知识,那你的职业生涯便会快速衰落。"在知识经济时代,知识作为蕴含在人力资源和技术中的重要成分,已成为诸多生产要素的核心,成为了决定分配的主要因素。因此,知识经济就是人才经济。知识的积累、知识向生产领域转化为生产力,其载体、推动力都是人才。人力资源只有掌握知识,掌握科学技术,才能成为生产力中最积极、最活跃的因素。

传统的企业管理观念所培育出来的员工一旦离开了自己的工作岗位,就基本上意味着丧失了生存能力。在知识经济时代,员工不仅是能熟练操作机器的人,而且应是能从工作中不断学习新知识并且能把所学到的知识有效地应用到工作中去的"学习型"员工。

学习型员工就是具备学习能力的员工。这种学习能力不是单纯的读书能力,它是学习行为全过程和学习与工作相联系过程中的全面的学习能力。

学习能力是指个人、团队和更大的社区所具备的技巧和能力,它能帮助人们有效地学习,并取得确实重要的学习效果。学习能力不是强加给学习者的,而是学习者本身就有的学习愿望。彼得·圣吉所说的这种学习涉及整个思维方式的转变,它已不限于学会或学懂某一领域的某一具体知识,而是深入到哲学的方法论层次,这种学习要求改变多年来养成的思维习惯,要强制和约束自己形成新的思维方式,破旧立新,摈弃陋习,以实现心灵的感悟。

从广义上讲,学习型员工符合"自我实现人"假设。学习型员工是将自我实现作为人生的最大需求,有明确的学习目的,能主动地寻找学习的机会,能把学习和工作系统地、持续地结合起来,并把自身的学习看作是一个持续的、一生的过程的员工。与其他员工相比,学习型员工更加追求自主性、个性化、多样化和创新精神。他们更加重视能够促进他们不断发展的、有挑战的工作;他们对知识、对个体和事业的成长有着持续不断的追求;他们要求给予自主权,使之能够以他们认为有效的方式进行工作并完成企业交给他们的任务,能获得一份与自己的贡献相应的报酬,并使得自己能够分享到自己创造的财富。由于学习型员工具有很强的自我学习的能力,所以即使离开了自己目前的工作岗位,也能很快获取新的知识,适应新的环境,找到新的谋生手段,具有了"终生就业的能力"。

2. 学习型员工的特质

(1)自我学习。自我学习是指学习者对自己的学习活动负责并自我管理,学习者根据自己的需要,设定学习目标,确定学习需要的资源,自己选择学习方法并评价自己的学习结果。自我学习以学习者为中心,而传统的学习方法则以培训专家、教师为中心。学习型员工的学习不再是跟在别人背后的学习,而是积极主动的学习,这种学习使得学习型员工建立了信心。科学管理之父泰勒说过"我时刻盼望自己多学一点东西,我常为自己见闻有限而感到不足"。

(2)自我管理。自我管理指的是员工对自己本身,对自己的思想、心理和行为表现进行的管理。学习型组织理论认为,自我管理是指组织成员能边工作边学习,并使工作和学习紧密结合的能力。通过自我管理,组织成员可以自己发现工作中的问题,自己选择伙伴组成团队,自己选定改革、进取的目标,自己进行现状调查,自己分析原因,自己制定对策,自己组织实施,自己检查效果,自己评估总结。自我管理能力要求员工具有很强的主体意识、自我意识和责任感。自我管理的能力充分体现了人的自主性。学习型员工通过自我管理,能对自己本身、自己的思想和行为表现有一个客观的清醒的认识,并能与社会规范、企业要求相对照,在自我评价、自我反省的基础上,调整或修正自己的行为方式,主动而积极地参与到企业的管理工作中去,并在工作中发挥其聪明才智和创造性,从而找到一个既合乎企业发展又有利于自身全面发展的途径和平衡点。

(3)自我超越。自我超越是指学习型员工能够不断为自己订立新的愿景,并能够为之奋斗,最终突破极限,实现自我,从而取得不断的发展。自我超越以磨炼个人才能为基础,以精神的成长为发展方向。自我超越的意义在于以创造的现实来面对自己的生活和生命,并在此创造的基础上,将自己融入整个世界。自我超越是个人成长的学习修炼,是对一个人真正心之所向的愿景,不断重新聚焦,不断自我增强的过程。高度自我超越具有以下特征:永不停止学习、有非常清晰的个人愿景、正视现实、学会心灵的自我安慰。企业应当正确地引导学习型员工建立起与企业目标相一致的愿景,只有在这个基础上,员工对个人的追求才不会增加组织的困扰,反而会强化组织。

(4)自我启发。自我启发是指员工自己加强学习,提高修养,不断开发和提高自身能力。自我启发有三种类型:

一是无意识的自我启发。这是指以本人的个性为基础所作的自我启发,是在职业训练以前就存在的,这种无意识的启发具有强烈的影响力,能在不知不觉中产生潜移默化的作用。

二是有意识的自我启发。这是了解自身的优点和缺点,为了取长补短而有意识地进行的自我启发。但由于人的强烈的自我意识,这种有意识的自我启发必须有他人对自己优缺点的评价,否则效果就会大打折扣。

三是依据目标的自我启发。这种自我启发是指为了完成较高层次的具体目标,自行选定必要的启发课题,计划到什么时候,加工多少东西,用什么方法完成的一种自我启发。

学习型员工的自我启发属于较高层次的依据目标的自我启发。它以学习为前提,通过学习型员工不断地学习有关工作的知识和技术,同时结合自身的工作不断提出疑问,并寻求解决疑问的各种手段,以研究的态度进行的自我启发。

(5)自我经营。有良好的自我经营能力是学习型员工的一大特点。

自我经营包含两方面的含义:

从短期来看,它是指员工不仅要有扎实的理论知识、熟练的操作技能,更重要的是员工要对工作保持高度的热诚。学习型员工能够很好地理解并全面接受企业的经营理念,从而对自己的工作具有较强的使命感。学习型员工对于工作的态度不再是为了简单地获取物质上的回报,而是将工作看作是一种真正的事业来经营,将工作的成功视为自己人生的成功。

从长远的角度看,自我经营能力是员工能够根据自己的特点及社会发展的趋势,对自己的职业生涯做出很好的规划。学习型员工可以对自己做出客观、公正的自我评价,明白自己的优劣势所在。

此外,学习型员工还能敏锐地察觉到环境的变化、新知识的产生,且能够根据自身的需求迅速对其做出反应,以最快的速度学习并掌握最新的知识和技能。就是这种长远的自我经营的能力使学习型员工在这个急速变化的时代中获得了终身就业的能力,这是学习型员工区别于普通员工的关键所在。

7.3.2　学习型团队概述

1. 学习型团队的概念

团队是学习型组织的基本工作单位和学习单位，是学习型组织达成组织目标的实体，在学习型组织的团队运作模式中，团队是学习型组织架构中的关键。按照曼彻斯特商学院研究人员对两千多个团队的调查研究，把团队分为三种类型：创造性团队、常规型团队和糟糕的团队。这三种类型的团队呈前大后小的枣核形的分布状态。创造性团队数量不多，在前端被称为梦之队；枣核后端的数量更少，是他们称之为地狱之队的糟糕团队；居于中间的是数量巨大的常规型团队。一个学习型的团队实际上就是曼彻斯特团队模型中的创造性团队。因为学习使团队进步，而进步就体现在能做过去所不能，创造过去所不曾有。

团队的基本功能特征是协作，协作的实质是分享和共享，分享或共享资源、知识、经验、技能，当然还有风险、挫折和成功的果实。在团队中，每一个成员都处在一种特殊的团队文化之中，这种特殊的团队文化主要体现在行为方式和规范上。对于一个企业，这种文化还贯穿到决策形成的机制之中。学习型团队，是将终身学习、在工作中学习、团队学习等有关学习的价值观和方法融入团队员工的脑海中，融进团队的日常工作中，融进团队的运行机制中，真正用学习来武装每一个团队成员，提高整个团队的工作和变革的综合能力的一种新型团队。因此，构建学习型团队就是在团队中营造一种协作学习的文化机制和环境氛围，构造团体协作学习的交流平台，鼓励队员们在这个平台上共享知识、经验和学习能力。

2. 如何建设学习型团队

（1）以共同愿景为基础，培育团队合作文化。团队学习是发展团队成员整体搭配与实现共同目标能力的过程，它是建立在发展共同愿景的基础上的。团队合作必须建立共同的目标，而这个共同的愿景必须吸纳团队成员个人的目标，因为如此才有益于每个成员，使每个人都为实现团队目标全力以赴。

研究人员在对创造性团队的研究中发现，像索尼、3M、惠普、宝洁这样的公司都创造出了一种开放动力的学习系统，这种系统能使每一个员工不断地学习、更新自己。在这些公司文化中，占有核心地位的就是源于合作的创新精神。在一个没有合作精神的团队里，团队成员运用各种手段以达到个人目的，没有一种价值和目标可以整合员工的行为方向，没有共同的目标和价值，就不可能形成健康的团队行为规范。共同的价值和目标的建立，需要的是企业领导人与员工及员工之间的理解和沟通。

在一个企业团队中，理解和沟通是共享知识的必要条件，也是团队成员协作的必要条件。因此，需要培育一种能够增进理解和沟通的团队文化，而团队文化的形成不是一朝一夕的事情，它是在团队成员的互动过程中逐渐形成的。在这个过程中领导人的作用至关重要,因为领导人和领导层有制定政策的权力,在公司的规章制度中要坚定不移地贯彻一种鼓励理解、沟通与合作的思想,这是一种有形的力量。领导人所采取的决策过程和程序,实际上内嵌了对合作、沟通、理解的扬、抑态度,在某种程度上这种无形的力量更加能够鼓励员工的沟通和合作行为。一个持有沟通和合作态度的团队,成员之间有比较充分的机会互相学习,共享各自的知识和经验,同时也能够不断地引导员工自身的学习和提高。

(2)建立培训制度。建立员工培训制度,是构建学习型团队行之有效的手段之一。技术的发展和市场的变化要求企业员工不断地学习新的知识和技能,否则就不能适应市场的变化,甚至不能胜任工作。一些大企业纷纷把企业培训看作是提高企业竞争力的重要手段,甚至专门建立了企业大学来培训自己的员工。有没有培训制度已经成为员工选择就业岗位的一项重要条件,企业也把培训机会作为工资之外的一种回报手段。对于一个学习型的团队来说,企业培训并不是由于技术和经营上的落后才进行的,企业培训已经成为持续不断地学习和创新的手段和工具。

需要强调的是:团队式的学习绝不是简单的培训,而是在传统学习基础上的创新。传统的学习是为生存而学,随之产生的是知识垄断;创新的学习是在求变中发展,更多地强调知识共享。作个比较吧,传统式的学习培养了 100 名水手,其中有 1 至 2 名水手能做船长;团队式的学习同样培养了 100 个水手,但是人人都能做船长,这就是本质的差异。团队的培训可以融合在业务运营和公司活动之中,形式可以多种多样。团队员工的培训必须是有计划的、普遍的,不能是随机的,那样会挫伤员工学习的积极性,并且损害企业的沟通交流氛围,最终破坏公司的合作文化。

(3)有效的深度汇谈。在深度汇谈中,团队的成员可以以多样化的观点探讨复杂问题,每个人都摊出自己心中的假设,并且自由地交换他们的想法。在这种开放的环境下,可以激发出员工深藏的经验和想法,让员工发现自己的想法与其他员工不一致的地方,从而得到员工独立思考时无法达到的见解。定期举行深度汇谈的集会,可以在同一时刻激发每个人的灵感,增进集体思维的敏感度,结合团队的智慧,使团队智商高于个人智商。在团队学习中,将讨论与深度汇谈交互运用能达到良好的学习效果。通常深度汇谈主要是用来探究复杂的问题,以发现新的思想,而用讨论来得出问题的结论或找到行动的途径。

7.3.3　如何成为学习型员工

对于学习型员工个人来说,学习力使他们具备了终身就业的能力,对于企业来说,学习型员工学习新知识、运用新知识、创造新知识的能力会为企业带来巨大的财富,因为学习力是他人所模仿不了的,所以拥有高素质的学习型员工是企业取得竞争优势的关键。从这个意义上来讲,培育学习型员工应从企业和员工个人两方面来着手。对员工个人来说,应该改变传统的学生时代的学习观念,树立起新的学习理念。

1. 在工作中学习,在学习中工作

对于学习型员工来说,学习和工作是紧密结合在一起的,学习的知识是和工作密切相关的。它是学习行为全过程和学习与工作相联系过程中的全面的学习能力。学习型员工应善于从工作中洞察和发现新知识、新技能,并能根据工作的实际需要,学习、掌握和吸收新知识、新技能。学习知识的目的是为了应用知识,学习型员工应具有很强的学以致用的能力,他们可以将所学知识正确运用于工作实践中,在工作中将所学的知识转化为价值。学习型员工在工作中具有很大的主动性和独立性,他们期望自己的工作能够获得发展,所以他们从不停止学习。

2. 创造性学习

创造性学习是超越现有的认知框架,创立新的认知体系。它是一种能动的学习,也称为双环的学习,它调整了原来的设想以适应外界环境的变化。学习型员工具有对知识不断学习、更新,对新技术不断探索、追求,并促进自我完善的意识和自觉性。在学习兴趣上,学习型员工有强烈的好奇心,有旺盛的求知欲,对智力活动有广泛的兴趣,能排除外界干扰而长期地专注于某个感兴趣的问题;在学习动机上,学习型员工对事物的变化机制有深究的动机,渴求找到疑难问题的答案,喜欢寻找缺点并加以批判;在学习态度上,学习型员工愿意把大量的时间花费在感兴趣的事物上;在学习方法上,学习型员工会创设创造性学习的环境,懂得运用一定的学习策略。总之,学习型员工的学习是为了创造,为了重新创造自我。

3. 终身学习

学习对于员工来说是一个终生积累的过程。学到的东西越多,就越觉得自己欠缺很多,员工永远都不可能达到永恒的卓越,必须不断地学习,才能持续成长。学习是人的天生本能,它可以不断进行知识结构重组———一边遗弃旧的,一边吸收新的,并不断创造新的知识。学习型员工作为知识经济时代财富的创造者,善于不断地学习是他们的根本特征。他们能够有效地利用认知的策略,适当地学习“如何学习”来指引自己的学习,并养成自我学习的能力,建立终身学习的习惯和态度。他们可以系统地结合日常工作学习,不断补充新的知识和掌握最新信息,并不断寻求解决问题,进行变革、创新的新途径。

7.3.4　培育学习型员工的环境支持

环境造就人才,企业要完成将员工由普通型员工向学习型员工的转化,就要创造良好的企业文化、高效便捷的信息流通渠道、创新的工作环境,使员工在这样的

环境中培养出学习的动力、毅力和能力。

企业文化为学习型员工树立了共同的价值观和共同的利益追求,可以把员工的思想、观念和行动引导到企业所确定的目标上来,同心协力为实现企业的目标而奋斗。而且,共同的价值观、信念和利益追求把全体员工凝聚到一起,激发员工的群体意识,使员工产生对工作的自豪感、使命感和责任心,增强对本企业的集体感、认同感和归属感,凝聚成一个协调有机的整体。再次,良好的企业文化能激励员工不断发挥自己的特长和潜能,与企业同呼吸,共命运。

学习型员工的最大特点就是能不断地学习知识并能将知识有效地运用到工作中去,进而取得创造性的成果。学习知识的前提是要获得知识,企业要想促进学习型员工的学习,充分发挥学习型员工的作用,就必须建立畅通的信息流通渠道,使企业的知识共享,以便员工可以及时获取自己所需要的知识。在这样的环境下,员工之间不仅可以进行沟通和学习,避免工作中的重复作业,还可以在工作中相互协作,相互尊重,提高工作的满意度和荣誉感。建立畅通的信息流通渠道就应该降低金字塔层次,打造扁平化组织,加强企业的内部沟通,让信息和人员可以自由流动。

学习型员工具有很强的自我超越能力和自我实现意识,他们喜欢具有创造性和挑战性的工作,美国著名管理学家汤姆·彼得斯说过:"只有创新,才能超越。"因而企业要想发挥学习型员工的这种创造能力,就必须为员工提供一个具有创造力、充满挑战的工作环境,为员工创造一个广阔的发展空间。促进创新的最好方法就是宣传创新,激发创新,树立"无功便是过"的新观念,从而营造一种人人谈创新、时时想创新的气氛,使每个人都能去探索新的工作方式,找出新的程序,以获得留在组织中的资格。只有在这种宽松的创新环境中,学习型员工才能最大限度地发挥自己的潜力和优势,为企业的发展带来勃勃生机。

本章思考题

1. 组织学习和团队学习有什么区别?
2. 什么是学习型组织? 它的特征有哪些?
3. 如何改善心智模式?
4. 为什么说系统思考是五项修炼的核心?
5. 学习型员工有何特点?

案例分析

GE:成就学习型企业的十一步

　　韦尔奇刚刚接任 CEO 的时候,GE 的总市值为 130 亿美元,2000年春 GE 已经成为世界上最值钱的公司,达到 5960 亿美元的天价(不过,2001 年和 2002 年股票市值大幅度下滑)。毫无疑问,韦尔奇的学习型文化在将 GE 从一家老迈的制造业官僚机构改造为世界上最大、最有价值的跨国企业之一的过程中起到了显著的作用。

　　1.在开始着手全面培育学习型文化这样的事情之前,韦尔奇最优先的措施是夯实公司的财务根基。1981 年的 GE 拥有 2.5 万位经理人员和好几十个管理层级。韦尔奇认为,除非公司有强大的财务基础,否则建立学习型文化会很困难,甚至对生产率提高会产生负面影响。

　　2.确定权威的战略方向,确保向企业所有的人解释清楚战略构想。1986 年,韦尔奇花了 60 亿美元购买了美国无线电公司(RCA),从而为公司购得了国家广播公司(NBC),使 GE 成为全国最大的服务公司之一。这是将 GE 从一个年迈的工业制造商改造成一个增长潜力巨大的、灵活的服务提供商的关键步骤。(GE 资本基金作为公司金融服务的臂膀,2002 年为公司贡献了大约一半的利润。)一个重要之点是:韦尔奇将公司的一切都纳入他的改组行动之中。许多企业内部人对他的大规模变动很不高兴,但是他们都理解他的构想,能够理解即将到来的更大前景。韦尔奇也作了一些其他的战略决策。其中最重要的一点是他的"必须居全行业领先"的战略,提高了 GE 所有业务的门槛。他公开宣扬,他的唯一目标是让 GE 成为世界上最具竞争力的企业。

　　3.确保公司有一套确定的价值观。价值观念充当了 GE"宪章"的角色,有助于指导公司顺利应付在韦尔奇领导下经历的变化。这种价值观有时被修正用以反映 GE 最新的优先事项或全公司的首创精神。例如,1985 年通用电气的价值观包括"变化是持续的""自相矛盾是一种常态"等话语。与之相对照的是,2002 年通用电气宣传的价值观包括"对消费者要有感情"(这是第一位的)、"每个人、每个思想都是有价值的""要有进取精神"。韦尔奇将这些价值观视为企业文化蓝图中的关键部分,他说,经理人如果不能做到,就要被解雇,即使他们实现了自己的财务目标。

4. 建立一个信任和开放的环境。韦尔奇总结道,经理不能倾听工人的意见(他知道经理与工人之间如果没有有意义的对话),那么形势就很难有很大改观。

5. 创建一个"无边界组织"(Boundaryless Organization)。到 1989 年,韦尔奇已经了解到经理人员不与雇员对话的情况,他知道需要实施一个项目或创意来结束这种状况。韦尔奇认为,做这项工作的人对怎样办好事情有很好的想法。这是韦尔奇文化创意"群策群力"的推动力。"群策群力"活动期间(一般持续 3 天),工人们可以向经理们提出改进生产过程等重要工作流程的建议,经理们必须说"是"、"不是"或"我将在某某时间内去找你"。结果如何? 经理们 80% 以上会说"是"。"群策群力"活动是使企业成为更加符合韦尔奇企业理念的一个工具,他称之为"无边界",拆除了传统上挡在经理与雇员、市场营销与产品制造、员工与消费者之间的墙。20 世纪 80 年代后期到 20 世纪 90 年代中期,"无边界"运动开展得如火如荼。

6. 速度、灵活性、创新是无边界组织的三大特征。如果你的管理团队成员没有使用这些词汇描述你的公司,那么就说明你在通往无边界的道路上还有一些距离。多年来,韦尔奇一直强调他要把小公司的工作精神逐渐输入 GE 这样机构庞大的大型公司。他坚信,小公司更明白在市场中行动迟缓、犹豫不决带来的后果,GE 就应像小公司那样在市场中迅速、准确地做出反应。

7. 确保企业中的每个人都受到鼓励,随时准备去寻求最佳方案。韦尔奇多次指出,能够从某处获得好的建议是一种荣誉的象征。例如,他是第一个接受六西格玛的人,但是这最初并不是由他或通用电气开发出来的,而是由摩托罗拉提出来的。关键是确保企业中的人从每一个地方,特别是竞争对手那儿搜寻到新思想。在一个学习型企业里,学习并不断调节环境使之适应新思想,是每一个员工的责任。

8. 实施最优执行计划。最优执行是实现目标的最有效途径,是学习型组织的关键所在。在韦尔奇指导下,通用电气开始系统地周游世界,从世界上最优秀的公司那里学习做事情的更好途径。1989 年底,韦尔奇发起了一场全面的最优执行运动,持续了 3 个工作日。为了加强确保通用电气能够向优秀的公司学习,他布置下任务,要求公司一位高级业务开发经理寻找世界级公司加以学习。(福特和惠普是首批被研究的公司。)韦尔奇将 GE 描述为"精神饱满具有无限求知欲的企业",一家致力于寻找最优秀的人和"开发员工无限求知欲的企业"。

　　9.对那些促进学习型文化的行为和行动给予褒奖。韦尔奇认为，与公司目标相配套的公司报酬和奖励制度至关重要。相应地，他督促GE高级管理人员要做到褒奖与结果相称，他是这样要求别人的，自己也一直是这么做的。他成为首席执行官的时候，股票期权只给予几百个公司高级管理人员。他离任的时候，已经有3万个GE经理人员参加了公司盈利颇丰的股票期权计划。

　　10.建立充分利用学习收益的基础设施。为了确保学习和治理能够让企业各部门分享，需要有计划地举办会议、评论、培训等活动。每年为GE培训7000多名经理人员。韦尔奇以身作则，不仅频繁地到GE的学习机构中接受培训，而且还到那里任教。

　　11.利用遍及全公司的创新活动传布福音。任期内，韦尔奇发动了五项遍及全公司的创新举措，永久改变了韦尔奇称之为GEDNA的东西。这些创举包括：全球化、改进管理方式（公司唯一的文化创新）、服务、六西格玛（一项质量计划）和数码化（电子商务）。为了实施这些综合项目，韦尔奇创造了影响深远的方法，促进有关最新创举和培训经理的信息的传播。让每个人都参与到学习型文化中去是提高生产率的真正关键所在，这是韦尔奇担任CEO最后一年思考出来的结论。

案例讨论

1. GE成就学习型企业有哪些可取之处？对你有何启发？
2. 你认为构建学习型企业重要的步骤有哪些？请结合你所在企业进行分析。

参考文献

[1]徐芳.培训与开发理论及技术[M].上海:复旦大学出版社,2005.

[2]胡君辰,郑绍濂.人力资源开发与管理[M].上海:复旦大学出版社,1999.

[3]罗锐韧.哈佛管理全集(上、下卷)[M].北京:企业管理出版社,1998.

[4]郑晓明.人力资源管理导论[M].北京:机械工业出版社,2005.

[5]彭剑锋.人力资源管理概论[M].上海:复旦大学出版社,2005.

[6]李桂华.人力资源管理[M].北京:中国金融出版社,2005.

[7]李啸尘.新人力资源管理[M].北京:石油工业出版社,2004.

[8]马建新.人力资源管理与开发[M].北京:石油工业出版社,2004.

[9]王璞.人力资源管理咨询实务[M].北京:机械工业出版社,2005.

[10]张岩松,李健.人力资源管理案例精选精析[M].北京:经济管理出版社,2005.

[11]郭京生,张立兴.人员培训实务手册[M].北京:机械工业出版社,2003.

[12]谌新民.员工培训成本收益分析[M].广东:广东经济出版社,2005.

[13]欧阳洁,董国峰.员工培训[M].北京:清华大学出版社,2004:8.

[14]张德.人力资源开发与管理[M].北京:清华大学出版社,2004.

[15]徐庆文,裴春霞.培训与开发[M].济南:山东人民出版社,2003.

[16](美)劳伦斯·S.克雷曼.人力资源管理:获取竞争优势的工具[M].孙非,译.
    北京:机械工业出版社,2003.

[17](美)大卫·D.迪布瓦.胜任力[M].杨传华,译.北京:北京大学出版社,2005.

[18](美)华茂通咨询.员工培训与开发[M].北京:中国物资出版社,2003.

[19]雷蒙德·A.诺伊.雇员培训与开发[M].徐芳,译.北京:中国人民大学出版
    社,2001.

[20]孔杰,王洪伟.2003年度中国企业最佳案例——人力资源[M].上海:商务印
    书馆,2003.

[21]张岩松,李键,等.人力资源管理案例精选精析[M].北京:经济管理出版社,
    2005.

[22]于桂兰,等.人力资源管理[M].北京:清华大学出版社,2004.

[23]大卫·威坦,等.管理技能开发[M].王垒,等.北京:清华大学出版社,2004.

[24]谢晋宇. 人力资源开发概论[M]. 北京：清华大学出版社，2005.

[25]章哲. 职业经理十项管理训练（上、下）[M]. 北京：中国社会科学出版社，2003.

[26]杰克·菲利普斯. 培训评估与衡量方法手册[M]. 李元明，等，译. 天津：南开大学出版社，2001.

[27]周志忍. 现代培训评估[M]. 北京：中国人事出版社，1999.

[28]何国玉. 人力资源管理案例集[M]. 北京：中国人民大学出版社，2004.

[29]彼得·圣吉. 第五项修炼[M]. 上海：上海三联书店，1998.

[30]刘大星. 共同愿景[M]. 北京：北京大学出版社，2001.

[31]赵光忠. 企业文化与学习型组织策划[M]. 北京：中国经济出版社，2002.

[32]张声雄. 如何创建学习型组织[M]. 北京：中国社会科学出版社，2002.

[33]孙健. 学习型员工的培育[M]. 北京：企业管理出版社，2004.

[34]J. J. Philips. Handbook of Training Evaluation and Measurment Methods [M]. Houston：Gulf，1983：92.

[35]K. Kraiger，J. K. Ford，E. Salas. Application of cognitive，skill-based，and affective theories of learning outcomes to new methods of training evaluation[J]. Journal of Applied Psyhology，1983(78)：323.

[36]R. D Bretz. R. E Thompsett. Comparing Traditional and Integrative Learning Methods in Organizational Training Programs[J]. Journal of Applied Psychology，1992(77)：941－951.

[37]Overmyer-Day L. Benson C. Training success stories[J]. Training & Development，1996，50(6).

后　　记

　　知识经济时代,是人才制胜的时代,开发和管理人力资源是任何一个组织的核心任务。《培训与开发》是《英豪21世纪人力资源管理专业系列教材》之分册。著名人力资源管理专家、西北大学杜跃平教授主持了整个丛书的编写工作,提出了整个丛书的编写思路和规划。

　　《培训与开发》由西北工业大学管理学院的人力资源管理专业授课教师集体编写。西北工业大学管理学院杨生斌教授提出了本书的初步编写大纲,在杜跃平教授主持的各分册大纲的讨论审定会上通过。

　　本书编写分工如下:

　　杨生斌:绪论;

　　肖平:第1章、第5章;

　　王艳平、侯普育:第2章、第3章;

　　高凯元、黄勇虎:第4章、第6章;

　　华凤燕:第7章。

　　初稿完成以后,经过丛书编委会的讨论并提出修改意见,编委会主任、总主编杜跃平教授对修改提出了许多指导性意见和具体要求,最后由杨生斌统改定稿,杜跃平教授审定完成。

　　我们在编写本书的过程中,借鉴了国内外培训与开发研究的大量成果,参阅了许多资料,由于篇幅有限,没有在参考文献中全部列出,在此,谨向所有我们引用过的参考文献的作者们表示衷心的感谢。同时,西安交通大学出版社魏照民编辑对本书的顺利出版付出了大量辛勤劳动,在此并表感谢。

　　本教材首版后,得到了市场的广泛好评。随着市场需求的变化和培训理论的发展,我们对本教材进行了全部修订,推出第二版。

　　由于我们水平有限,加之时间仓促,书中难免存在不足,敬请各位读者和专家学者批评指正。

编　者

2017年2月